プラモデル製作

いまさら聞けない!? Q&A

森 慎二 著

大日本絵画

&A
00
問
します。

＊本書に掲載されている工具、マテリアル類の仕様／価格は本書制作時点のものです。仕様／価格が変更されたり販売が中止されたりする場合があります。また、なかにはメーカーの推奨していない用法もありますのでご了承ください。

ル、技法は増えるばかり……製作中にそれらについて疑問を抱いても、なかなかそれにきちんと答えてくれる場はありません。そこで、模型製作によくある疑問を厳選しまとめてお答えいたします。具体的なやり方の解説だけではなく、できる限り「どうしてそうなのか？」という理由を考えていくようにしましたので、製作の一助にしていただければ幸いです。　（森 慎二）

Q; クリアー塗料がいろいろありますが、どれを使っても同じでしょうか？
Q; 塗装で失敗したのですが塗料を剥がすことはできますか？
Q;「差し色を入れてアクセントに〜」これってどういう意味ですか？
Q; シルクスクリーン印刷のデカールは何がいいのですか？
Q; 模型雑誌に「デカールを自作して〜」とありますがどうすれば作れますか？
Q; デカールがうまく貼れません その① 曲面／スジ彫りのところになじみません
Q; デカールがうまく貼れません その② シルバリングします
Q; デカールがうまく貼れません その③ 細いラインデカールはどう貼る？
Q; デカールがうまく貼れません その④ ニスの余白は切ったほうがいい？
Q; 古いデカールが割れたり黄ばんでしまったのですが直すことはできますか？
Q; ガンプラなどのコーションマークをカッコよく貼るコツはありますか？
Q; ガンプラにウェザリングをしたのですがいまひとつリアルに見えません……。
Q; エッチングパーツのゲートはどうやって処理する？
Q; エッチングパーツの溶接はどうやったらいいのですか？
Q; こまかいエッチングパーツはいつどうやって塗装と接着をする？
Q; プラモデルのパーツは塗装前に絶対に洗ったほうがいいのでしょうか？
Q; 組み立て、塗装の順番はどうすればいいですか？ その① 飛行機の場合
Q; 組み立て、塗装の順番はどうすればいいですか？ その② AFV の場合
Q; 組み立て、塗装の順番はどうすればいいですか？ その③ ガンプラの場合
Q; 組み立て、塗装の順番はどうすればいいですか？ その④ カーモデルの場合
Q; 組み立て、塗装の順番はどうすればいいですか？ その⑤ 艦船の場合
Q; カーモデルのライトカバーやウインドウはどうやって接着すればいい？
Q; ウレタンクリアーのメリットとデメリットを教えてください。
Q; ゴム製タイヤは整形したりデカールを貼ったりできますか？
Q; カーボン地を模型で再現したいのですがどういう方法がありますか？
Q; メッキパーツのメッキを剥がしたいのですがうまく剥がせません。
Q; ガンプラの関節がだんだん緩くなるのですが対処する方法はありますか？
Q; 雑誌のガンプラの記事にときどき書いてある「C面」ってなんですか？
Q; ガンプラのパーツは接着したほうがいいですか？ しなくても大丈夫ですか？
Q; スナップフィットキットのダボに塗料がのるときつくなるのですが……？
Q; フィルタリングとウォッシングは同じことですか？ 何か違うのですか？
Q;「カラーモジュレーション」ってどういう効果がある技法ですか？
Q; チッピング、ドッティング、ピンウォッシュ、ストレーキングとは？
Q;「アルコール剥がし」は何を使ってどうすればいいのですか？
Q; エアブラシ塗装で持ち手がつけられないときはどうしたらいいのでしょうか？
Q; クリアーコートをしてからの研ぎ出しがうまくできません……。
Q; 飛行機のキャノピーを塗り分けてきれいに仕上げるには？
Q; 艦船模型のスミ入れはどうやってすればいいのですか？
Q;1/700 艦船模型の木甲板はどうやって再現するのが正解……ですか？
Q; 艦船模型に張り線を追加したいのですがうまく接着きません。
Q; 完成品を SNS/ ブログ用に上手に撮影したいのですが全然うまく撮れません。
Q; メタルキットを作ってみたいのですが気をつけたほうがいいことはありますか？
Q; 完成品をなるべく長く飾りたいのですが、どうすればいいですか？ 寿命は？
Q; レジンキャストキットの作り方がわかりません。
Q; 展示会に完成品を持っていったら家で塗ったときと色が違う……!?
Q; プロモデラーになりたいのですが、どうすればなれますか？
Q; 模型雑誌によく書いてある「スケール感」ってどういうことですか？
Q; 昔はもっと安かったのになぜ近年のプラモデルは高価なのですか？
Q; バリエーションのキットがなかなか発売されないのはなぜ？
Q; ジャンルによってスケールが異なったり 1/43 など中途半端なのはなぜ？

Q; プラモデルをはじめたいのですが、工具ははじめに何を揃えればいいですか？
Q; ピンセットはどんなものがおすすめですか？ 高価なほうがいいのでしょうか？
Q; 接着剤がたくさん売られていますが、どれを選べばいいのですか？
Q;「耐水性サンドペーパー」で磨く……って、普通の紙ヤスリと何が違うんですか？
Q; 接着剤がはみ出して汚くなってしまいます。どうしたらいいでしょうか？
Q; スジ彫りをキレイに彫る方法を教えてください
Q; スジ彫り後は流し込み接着剤を流すといいという噂を聞いたのですが……？
Q; 整形作業では、紙ヤスリの番手は何番を使えばいいのでしょうか？
Q; 金ヤスリの使いどころがわかりません。金ヤスリと紙ヤスリの使い分けは？
Q; スポンジヤスリが便利と聞いたのですが、どんなところで使えばいい？
Q;小さいパーツをニッパーで切ると折れたり曲がったりしますがどうしたらいい？
Q; 合わせ目を瞬間接着剤で消すとそこだけ硬くてうまく削れません
Q; ヤスっていくとエッジが丸まったり平面が曲面になってしまったりします
Q; 奥まった合わせ目消しの仕方と凹んだモールドの彫り方を教えてください
Q; ヒケの処理などのパーツの表面処理はどこまでやればいいのでしょうか？
Q; モーターツールはないと作れませんか？　どういうときに便利ですか？
Q; こまかい作業をしていると手がぷるぷる震えてうまく作れません
Q; メタリックカラーの種類がたくさんありますが違いを教えてください
Q; ニッパーがいろいろありますがどんなものがおすすめですか？
Q; エポキシパテとポリエステルパテの使い分けがわかりません
Q; クリアーパーツなどの小傷がコンパウンドで磨いてもなくなりません……
Q; セラミック刃のナイフは何がいいのですか？ よく切れるということ？
Q; ポリキャップなどの軟質樹脂は整形／接着／塗装できますか？
Q; パーツを接着すると隙間ができます。できないようにする方法はありますか？
Q; 模型雑誌には「筆よりエアブラシが簡単」と書いてありますが本当ですか？
Q; エアブラシで塗装をするといつの間にかザラザラになってしまいます
Q; エアブラシ塗装で「●周くらい塗って～」の“1周”とはどういうこと？
Q; 色を塗るとき、塗り重ねる色の順番はどういう順がいいのですか？
Q; 1本100円の筆と1000円を超える筆は何がどう違う？
Q; 筆塗りできれいに塗れません。なにかコツがありますか？
Q; ラッカーの塗料ならどれもすべて混ぜても大丈夫？
Q; ラッカー系塗料ではなくアクリル系塗料を使うメリットはなんですか？
Q; エナメル系塗料でスミ入れをするとパーツが割れると聞いたのですが……
Q; メタリックカラー／金属色がきれいに塗れません
Q; 白をエアブラシで塗ると厚ぼったくなってしまいます
Q; ガンプラによくあるABSパーツは普通のプラスチックと何が違うのですか？
Q; ソフビ用の塗料があると聞いたのですが何が違うのですか？
Q; シルバーの下地は黒がいいと聞いたのですが、何がどう変わるんですか？
Q; プライマーとはなんのために塗るのですか？
Q; ハンドピースのノズルの「0.3」や「0.5」って何が違うんですか？
Q; 高価なハンドピースと安いものは何が違うのですか？
Q; シングルアクションのハンドピースでも問題なく塗れますか？
Q; エアブラシ塗装のとき、うすめ液で何倍に薄めればいいのですか？
Q; サーフェイサーレスにすると塗料が剥がれませんか？
Q; スプレー塗装をしていたら塗装面が白化してしまいました……（泣）
Q; スミ入れがきれいにできません。ラインが滲んだりよれたりするのですが……
Q; スミ入れを焦げ茶色でするとよい、というのはなぜですか？
Q; できるだけキレイなツヤあり仕上げにするにはどうすればいいですか？
Q;ツヤ消しの具合をこまかくコントロールしたいのですがどうしたらいいですか？
Q; 調色すると思ったような色になりません。何かコツはありますか？

Q

模型製作 1… の疑… にお答…

“なぜ”そうするのかを考えてみることで模型がうまくなります。

プラモデルに代表される模型を作るという趣味は作業時間の大半をモデラーが1人で過ごすものです。SNSなどで製作過程を公開するにしても、コメントを読める環境でライブ中継でもしないかぎり工作しているときは自分だけです。模型製作は、基本的に誰かに質問しながら作っていくということがしにくい趣味ジャンルと言えます。

いっぽうで、工具／マテリア

疑問!! 模型店に行くと工具がたくさんありすぎて……どこまで買っておけばいいのかわからない

Q&A

プラモデルをはじめたいのですが、工具ははじめに何を揃えればいいですか？

質問その1

工具／ツール

プラモデルの世界で、ここ10年ほどでいちばん変わったところと言えば、模型用工具がとても豊富になったという点ではないでしょうか。むしろ模型店に行ってもたくさんあってどこまで買えばいいかわからない……というかような状況にもなってきています。まずはニッパーとナイフと紙ヤスリがあれば作れますが、それ以外は……どうする？

組み立て説明書に記載があることもありますが、プラモデルは、ニッパー、ナイフ、紙ヤスリ、プラスチック用接着剤、ピンセット（場合によりピンバイス）があれば最低限組み立てることができます。しかし、単に「組み立てることができる」というのと、「うまく作ることができる」「簡単／楽に作れる」ということは違います。

模型店を覗くとたくさんの工具があるのは、うまく、簡単／楽に作るために工夫されたいろいろな工具があるからです。ここでは、先述の最低限の工具のほかにできれば持っておくと模型ライフが豊かになり、きれいな完成品を作れるようにもなる工具をピックアップしてみましょう。

①静電気防止ハケ

模型の塗装の大敵は埃（ホコリ）です。パーツに削り粉などのこまかな埃がついたまま上に塗料を塗り重ねてしまうと表面がザラザラになりやすくなります。塗装前／中には埃を取り除きたいところですが、通常のハケや筆では、静電気で余計に埃が付くことも。そんなときに便利なのが静電気防止ハケです。飾っておいた完成品に積もった埃の掃除にも役立ちます。

②キムワイプ

模型製作では何かを拭いたり持ったりするときにティッシュペーパーをよく使いますが、普通のティッシュペーパーは紙の粉が結構出て、塗装面がザラつく原因になったり、完成品を粉まみれにしてしまいます。キムワイプという工業用紙製ウェスは紙の粉がほとんどでないので、これを使えばパーツに粉が付着しにくくなります。

③目玉クリップ／割り箸

塗装をするときにはパーツに持ち手を付けますが、パーツが多いと持ち手を用意するのも大変です。そこでおすすめなのが、安価に大量に揃えられる目玉クリップと割り箸。目玉クリップはパーツをはさんで、割り箸は両面テープでパーツを貼って使います。割り箸は、割って先端を削ることで筒状のダボや穴に挿すような使い方も可能。

③クラフトバサミ

模型製作では、キットの袋の開封にはじまり、デカールのカットなど、ナイフよりハサミを使ったほうが便利な場面が結構ありますので、使いやすいハサミをひとつ持っておくと重宝します。おすすめなのは、一般にクラフトバサミなどと呼ばれる切れ味の良いタイプのもの。刃先が小さく柄が大きくて力がかけられるもの、そして硬質刃のものだとプラ板を切ったりエッチングパーツの切り出しにも使用できます。

④家庭用粘着クリーナー

粘着テープのローラー式掃除機です。これはもちろん掃除にも使えますが、作業中に落としたパーツを探すときにとても便利。モデラーなら小さいパーツを飛ばしてしまって床に這いつくばって探した経験があると思いますが、これでコロコロして表面を見れば掃除とパーツ探しが一気にできます。

⑤作業用ライト

明るいところで作業するのと暗いところで作業するのとでは仕上がりが変わってきます。部屋の灯りだけでは手元が暗いので、模型を製作するときはなるべく手元用のライトを用意しましょう。作業箇所がよく見えるので工作精度が上がったり、ライトにパーツをかざすことによりパーツ表面の凸凹がしっかりと把握できて表面がよりきれいに仕上げられるようになります。■

▲ホーザンのヘビースニッパは金属もサクサク切れるハサミ。よく切れるハサミが1本あるととても便利です

▼もはや定番となった感もあるキムワイプ。紙の粉が出にくい紙製ウェスで、塗装作業中などに使うことで粉のパーツへの付着をかなり防ぐことができます

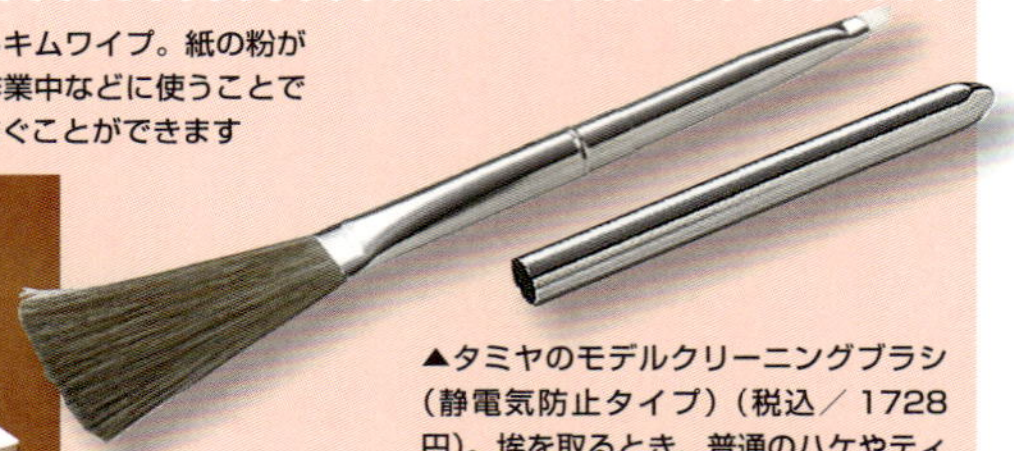

▲タミヤのモデルクリーニングブラシ（静電気防止タイプ）（税込／1728円）。埃を取るとき、普通のハケやティッシュペーパーなどでこすると、静電気が発生してむしろ埃を吸い寄せたりしますが、静電気防止のハケならそんなこともありません。1本持っておくと、塗装前のクリーニングから完成品の掃除まで幅広く使え重宝します

疑問!!

先端の形状はまっすぐがいい？
曲がったのがいい？　種類が多くてわかりません

ピンセットはどんなものがおすすめですか？高価なもののほうがいいのでしょうか？

質問その2
工具／ツール

Q&A

小さいパーツをつまむときに必ず使うことになるのがピンセット。モデラーなら誰しも、ピンセットを使っていてパーツを飛ばしてしまい、床に這いつくばってパーツを探した経験があるのではないでしょうか？　では、小さいパーツをつまむのに良いピンセットはどんなものなのか？　やっぱり高級な物じゃないとダメなのか？　はたして……

ピンセットは模型を製作するときには使用頻度が高い、「第二の指先」とも言える重要な工具です。これが使いやすいかどうかで作業の効率や完成度が大きく変わってきます。非常にいろいろな形状のものがあり、価格も数百円から1万円を超えるものまでピンキリ。どれを使えばいいか迷ってしまう方のために、模型製作のためのピンセット選びの基礎知識をお教えします。

もっとも重要なのが、先端の形状。ピンセットは掴むものによって適した先端形状になっているので、いくら高価なピンセットでも使用目的と先端形状が合っていなければ使いづらいです。それでは、どんな先端形状のものが使いやすいかですが、まずは模型製作でどんなものをどんなふうに掴むかを考えてみてください。模型製作では、エッチングパーツを除くと、掴むパーツは立体で、しかも一定の形ではありません。なかには平行な面がないパーツや円筒や球形のパーツもあります。なので、まずはパーツにしっかりと力がかけられるタイプを選ぶのが重要です。パーツにしっかり力がかけて保持できないものだと、掴んでいるときにパーツがずれたり、パーツを飛ばしてしまったりします。

どのようなものがしっかりと力をかけてパーツを保持できるかというと、①先端近くまでなるべく幅が広い、②合わせの精度が高いタイプを選ぶようにします。よくある勘違いで、「精密タイプ」などと銘打たれた先が極細のタイプのほうが小さいパーツが持ちやすいと思われていることがありますが、実際は逆です。先が細いタイプは力がかけにくく、はさんだときに先端同士が逸れやすいので、小さいパーツを飛ばしやすくなります。ただ、時計などに使われる極小ネジなどを掴みたいときなどは、先端が細くないと掴めないので先細精密タイプが必要ですが、模型製作では、極小リベットを掴みたいときなど特殊な状況を除けば、あまり使い勝手が良いとは言えません。先が細くて高価なピンセットを使うなら、ちょっと安めでも肉厚幅広のものを使った方がパーツが持ちやすくなるはずです。

また、ピンセットは先端が尖ったものが多いですが、模型のパーツを持つときは先端が尖っている必要はあまりなく、むしろあまり尖っているとパーツや塗膜、デカールに傷をつけることがあります。先述した極小リベットのような極小パーツを掴む機会がないのであれば、先端はむしろ平べったいタイプにしたほうが保持力が上がり、1本で接着からデカール貼りまでオールラウンドに使用できるでしょう。

鶴首（先端が折れ曲がっているタイプ）とストレートタイプは、構造上、ストレートタイプのほうが剛性が高く保持力が高くなりますが、それほど大きな差はないので、好みで選んでよいと思います。

ピンセットは同じような形状のものでも高価なものと安価なものがあります。どこに差があるかというと、素材、合わせの精度に差があります。高価なものはステンレス（INOX）などが素材として採用されていて腐食に強く剛性があります。価格がシビアに反映するのが合わせの精度で、価格が高く精度が高いもののほうがパーツに力をかけられます。また素材が良く精度が高いピンセットはヘタりにくいので長く使えます。ちなみに、素材と精度にこだわったよいピンセットの代表は時計用と医療用でしょう。ハードでシビアな使用状況に対応出来る品質、そしてさまざまな目的に対応できる種類の豊富さは模型用ピンセットの比ではありません。1本数千円以上しますが、一度使ってみると使いやすさと耐久性に驚かれるはずです。■

▲小さかったり細かったりするパーツは、同価格帯のピンセットならば、むしろ先細ではなく肉厚なものほうがしっかりつまめます。先細のものは合わせの精度が高くないとパーツを飛ばしやすくなります

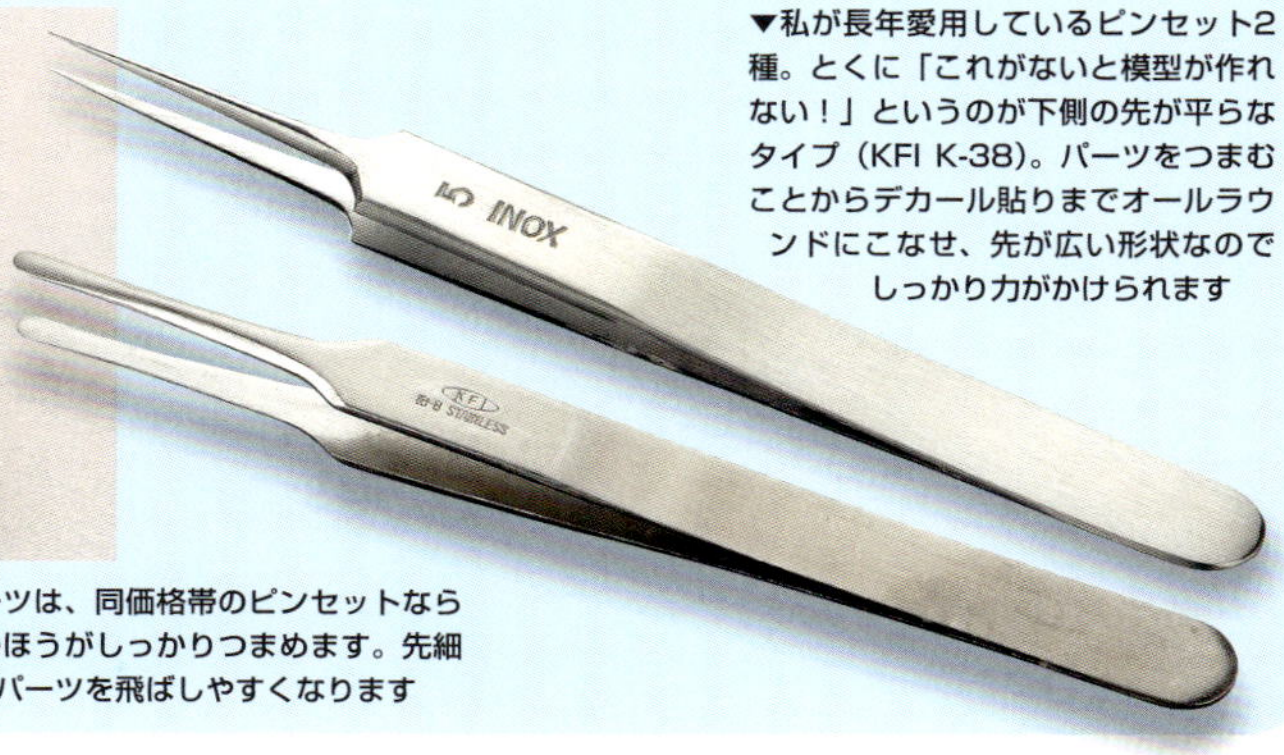

▼私が長年愛用しているピンセット2種。とくに「これがないと模型が作れない！」というのが下側の先が平らなタイプ（KFI K-38）。パーツをつまむことからデカール貼りまでオールラウンドにこなせ、先が広い形状なのでしっかり力がかけられます

疑問!!

模型店に行くと接着材がたくさんありすぎで……どれを使えばいいのかわからない

Q 接着剤がたくさん売られていますが、どれを選べばいいのですか？

質問その3
マテリアル

世の中には物の数だけ接着材の種類があると言っても過言ではありません。「なんでも接着できる超強力接着剤」なんてものはないので、結局は接着物同士の相性と使用用途で選ぶことになりますが、そうはいってもかなり種類が多いので戸惑うかもしれません。まずはそれぞれの接着剤の特性をしっかりと把握するようにしてみましょう。

& A

模型製作でよく使われる接着剤は、①プラスチック用溶剤系接着剤、②瞬間接着剤、③エポキシ系接着剤、④ゴム系接着剤、⑤紫外線硬化型接着剤。それぞれに特徴がありますので、特性をきちんと把握して適切に使い分けることが重要です。

①のプラスチック用溶剤系接着剤は、プラモデル製作では瞬間接着剤と並んで使用頻度が高い接着剤。金属パーツを使わない普通のプラモデルなら、これだけで製作することもできます。溶剤系接着剤はプラスチックを溶かすことで融着し、溶剤が揮発することでプラスチックが再硬化します（スチロール樹脂を溶かして接着をしているため、スチロール樹脂以外は接着できません）。一般に揮発が遅いタイプは高粘度で、揮発が早い速硬化のものは粘度が低くなっていて、前者はパーツに塗って使い、後者は流し込むようにして使います。溶剤系接着剤はプラモデルのパーツ素材同士を溶かして一体化させるように接着するため、接着面積が狭くても頑丈に接着できます。

使用上の注意点としては、パーツを溶かして接着しているので、多量に塗るとパーツが溶けすぎて外形を損なったり外寸が変わってしまう場合があること。パーツ表面に誤って付着させて溶かしてしまうと修復が難しいのでとくに要注意です。また、ラッカー系塗料の塗膜を溶かしますので、塗装後の接着に使う場合も注意が必要です。

Mr.セメントSなどの極速乾タイプを除けば、揮発／硬化にかかる時間は数分～数時間（種類と塗る量により変わります）程度と長めで、完全に揮発／硬化するまでは少しずつヒケますので、パーツの合わせ目消しを溶剤系接着剤のみで行なう場合は、整形するタイミングが早すぎると、あとでうっすらとヒケてくることがあります。

溶剤系プラスチック接着剤には、ABSも溶かして接着できる強力なタイプや、溶剤成分が有機溶剤ではなくリモネンになっているタイプもありますので、用途や好みに応じて使用できます。

②の瞬間接着剤は、シアノアクリレートなどを主成分として、水分と化学反応することで硬化するもの。一般に「瞬間」と呼び慣わされていますが、極速硬化のものから硬化時間が比較的長いものまで、いろいろなタイプが市販されています。

瞬間接着剤の特長は、硬化時間が短いほかに、プラスチック／レジン／金属などの異素材同士を接着できるところにあり（なんでも接着できるわけではなく、木材などの多孔質やPVC系素材などは、そのままではうまくくっつきません。念のため）、模型製作ではエッチングパーツなどの金属素材を接着するときに重宝します。硬化後は硬めになりますので、パーツの合わせ目にできる凸凹の修整、表面の傷埋めやスジ彫りの修整などをするときに薄く塗ってパテ代わりに使うととても便利です。

硬くなるため、衝撃には比較的弱く、接着面積が狭いとあまり強度が出ません（衝撃に強い瞬間接着剤の種類もありますが、ここでは一般論として）。ラッカー系塗料の塗膜を侵しませんが、作業環境の湿度などによって使用箇所周辺が白化することがあるので、クリアーパーツの接着にはあまり向きません（低白化タイプもありますが「無白化」ではありません）。

瞬間接着剤を使用するときのいちばんのポイントは、「量をできるだけ少なめにする」こと。瞬間接着剤は量が少なければ少ないほど速くしっかりと接着でき、量が多いと硬化不良を起こしやすくなります。それと、固まった瞬間接着剤の層の上にさらに瞬間接着剤を塗ってパーツを接着しようとするとてもくっつきにくくなります。接着に失敗したら、一度固まった瞬間接着剤の層を削り取ってから改めて接着するとくっつきやすくなります。

③のエポキシ系接着剤は主剤と硬化剤を混ぜて化学反応で硬化させるタイプの接着剤。硬化時間や強度によっていろいろなタイプのものがありますが、模型製作で使う場合は、5分～1時間程度で硬化するものが使いやすいでしょう。

エポキシ系接着剤の良いところは、塗膜を侵さないのと、硬化後に適度な粘りがあるので接着部の強度が高いところでしょう。硬化前ならエナメル系うすめ液などで溶くことができ、はみ出しを拭き取ることができるので、グロス仕上げのカーモデルの最終組み立てなどで使うと便利です。なお、硬化には時間がかかりますので、固まるまでパーツ同士が動かないようにするにはちょっと工夫が必要になります。

④のゴム系接着剤は、乾くと粘着力のあるゴム状になる接着剤で、ボンド Gクリヤーなどが代表的なものになります。ゴム／皮革／布などを接着できますが、模型製作に使う場合のポイントは、塗膜を侵さず、乾いたあとも比較的簡単に剥がせるところ。飛行機モデルのキャノピーなどを、塗膜を侵したり白化させずに接着できます。硬質なパーツを接着する場合、接合部の強度はそれほど出ませんが、硬化後ゴム状になるので、あとでナイフなどではみ出し部分を削除することもできます。

⑤紫外線硬化型接着剤は、紫外線を含んだライトをあてることで硬化する接着剤。模型用に販売されているものは、接着後に塗膜を侵さず白化しないで高い透明度を保つので、カーモデルのクリアーパーツなどの接着に便利です。ただし、光があたらないところは硬化しないので、色がついたパーツの接着には向きません。■

疑問!!

耐水性とそうでない紙ヤスリの違いはどこにある？

「耐水性サンドペーパー」で磨く……って、普通の紙ヤスリと何が違うんですか？

Q&A

質問その4

工具／ツール

普段なんとなく「紙ヤスリ」と言っていますがサンドペーパーにはいろいろな種類のものがあります。木を削るのに適したもの、空研ぎ用のもの、耐水性のもの、フィニッシングペーパーなどなど……プラモデルの製作では模型メーカーから市販されている耐水性サンドペーパーを使うことが多いですが、皆さん水研ぎされていますでしょうか？

サンドペーパー＝紙ヤスリは番手の違いだけでなく、用途に応じてさまざまな種類のものがありますが、台紙が耐水性で水をつけてヤスリがけができるようにしてあるものを耐水性サンドペーパーと呼びます。耐水性がない紙ヤスリと比べるとやや高価で、タミヤをはじめとする模型メーカーが模型用紙ヤスリとして販売しているものはほぼ耐水性サンドペーパーです。

耐水性サンドペーパーに水をつけてヤスることを「水研ぎ」といいます。水をつけないでヤスることは「空研ぎ」といいます。空研ぎは木材をヤスるときや荒削りのときに、水研ぎは表面をより滑らかにきれいに仕上げたいときに行ないます。模型製作の場合は、小皿やコップなどに水を入れておいて、ときどき紙ヤスリを水を浸けながら作業するようにしましょう。

水研ぎをすると、①紙ヤスリが目詰まりしにくくなる、②ヤスっているときにヤスリ傷が深く入りにくい、③削り粉が水でペースト状になり飛散しない、④表面のラインや凹凸が目視で確認しやすい、⑤摩擦熱が抑えられる、などのメリットがあります。

紙ヤスリは使っていくにつれて、削り粉がつまって削れなくなってきます。作業に適した番手であっても目がつまって削れない紙ヤスリを使っていると、削るのに時間がかかるだけでなく、不要にエッジを丸めたり、つい削りすぎるというようなことも起きやすくなりますが、水研ぎだと目詰まりしにくくなります。また、水研ぎでは、紙ヤスリとパーツの間に水の層ができるので、紙ヤスリの当たりが和らいで深い傷がつきにくくなります。また、空研ぎでヤスっていると削り粉がダマになってパーツや塗膜表面に小傷を付けてしまうことがありますが、水研ぎすることで小傷がつきにくくなります。なお、これらの水研ぎのメリットは紙ヤスリの目がこまかいときのほうが顕著に現れます。

それと、作業が室内で行なわれることがほとんどであろう模型製作では、削り粉が飛び散らないことも結構重要なメリットでしょう。模型の工作、とくに整形作業は、見方を変えると「粉を生産」していることにほかなりません。作業している部屋が粉だらけになると、見映えがよろしくなかったり家人に不評を買うのはもちろん、塗装時にその粉がパーツに付着して完成品の見映えが悪くなる遠因にもなります。

私の場合、４００番～６００番の紙ヤスリでパーツのゲート跡／パーティングラインを処理するときや接着後の合わせ目消しは普通空研ぎですが、８００番以上の磨き作業では水研ぎをしています。とくにカーモデルなどで１０００番以上の紙ヤスリでサーフェイサー表面を磨くときと、クリアーコーティング後の研ぎ出し作業では、必ず水研ぎをします。水研ぎをすることによって作業過程で大きめのヤスリ傷が入りにくくなり、最後にコンパウンドで磨いてツルツルにするのが楽になるからです。また、パーツに水が付いた状態を指でこすると、表面に水が均一にのった状態になり、光にかざして反射を見ることで、クリアーコーティング後に近い状態で表面の凸凹やラインの流れを黙視確認できるようになります。また、指先で触って凸凹やラインをチェックするときも、水があるほうが状態を掴みやすいように思います。なお、実車塗装では、「パテが水を吸うとトラブルの原因になるのでパテは水研ぎしない」というのがセオリーのようですが、プラモデルやレジンキットは素材が金属ではないので錆びませんし、私の経験では、これまでに模型のサーフェイサー塗膜を水研ぎしてトラブルが起きたことはありません。■

▲塗膜を磨くときは水研ぎが基本。水研ぎすることでより塗膜をきれいに平滑に磨くことができるようになりますのでやってみてください

疑問!!

失敗して接着材がはみ出したところがとても目立ってしまいました！

接着剤がはみ出して汚くなってしまいます。どうしたらいいでしょうか？

Q&A

質問その5
オールジャンル

プラモデルがうまく作れない原因、わかっていてもついついやってしまう失敗にはいろいろなものがありますが、そのなかでもいちばんよくやる失敗が、接着材のはみ出しではないでしょうか。接着材がはみ出さないように組み立てるにはどうしたらいいのか？　答えは意外と単純なことなのですが、いままで考えてみたことありますか？

完成品の見映えが悪くなってしまう原因は、きれいにヤスれていない、塗装がザラついてしまうなどいくつもありますが、接着剤がはみ出して汚くなってしまった、というのはもっともよくあるパターンのひとつでしょう。拙著『切る、貼る、削る。&塗る!!』にて「模型の工作とは（塗装を除けば）、突き詰めると切る／貼る／削る作業がすべてだ」というような趣旨の説明をしたことがありますが、この模型工作の３大要素のひとつである接着がきれいにできなければ、完成品がきれいに見映えよくできあがるはずもありません。

「接着をきれいにうまく行なう」ということがどういうことなのかをよくよく考えてみると、要素はたったふたつ。ひとつめは所定の位置にずれずに固定されていること。そしてもうひとつが、接着剤が外側にはみ出していないこと、です。

では、どうすれば接着剤をはみ出さずにきれいに接着できるのか？　ということですが、答えはいたって単純明快。接着剤をできるかぎり少なくすればいいのです。

接着剤が多すぎるから接着部に収まりきらないぶんがはみ出るわけですし、仮にはみ出してしまったとしても、接着剤が少なければ少ないほど目立ちません。このように言うと、「何をあたりまえのことを。そんなことわかってるよ」と思われるかもしれませんが、工作中に接着剤の量をどれくらい意識してコントロールできているか振り返ってみてください。結構アバウトに接着剤を塗りつけてはいないでしょうか？

また、模型工作で接着をする際には心理的な罠があります。パーツが細かったり接着面が狭くて接着しにくいところほど、「しっかりと接着しないといけない」と接着剤をたくさんつけてしまう感覚です。しかし、パーツが細かったり接着面が細かったりするところほど、接着剤のはみ出しは目立ちやすいので、このような「なるべくしっかりと接着しなくちゃ」という感覚どおりに作業していくと、結果的に完成品は接着剤のはみ出しだらけで汚くなってしまうというわけです。さて、先ほど「心理的な罠」と述べましたが、この過程には間違いがひとつあるのですがお気づきになられたでしょうか？　その間違いとは、「接着剤が多いほどしっかりと接着できる」わけではないということころです。

これは接着剤の種類にもよるのですが、少なくとも、プラスチック用接着剤と瞬間接着剤に関しては量が少ないほど早くしっかりと接着できます。プラ用接着剤は多く塗ると揮発に時間がかかりなかなか固まりません。また、瞬間接着剤は空気中の水分と反応して硬化するので、量が多いと体積に対して空気に触れる面積の比率が下がって硬化不良を起こします。このふたつの接着剤に関しては、「うまくくっつかない」からといって接着剤をつぎ足していくのは、さらに硬化を遅らせて、よりくっつかなくしていることにほかなりません。接着剤の量を増やしても強度が増すこともなく、なかなか固まらないので位置決めが難しくなり、同時にはみ出しやすくしているわけで、百害あって一利なしということになります。

ここで問題になってくるのが、接着剤の量はどうやれば減らせるか、ということなのですが、いちばん効果的なのは、接着剤を塗りつけるときに使うものを細くすることです。細いハケや細い棒状のもので接着剤をすくって塗れば簡単に接着剤の量を減らせます。とくに少量を塗りたいときは、0.5㎜径以下にした伸ばしランナーなどを接着剤をすくう「接着棒」として使えば、コストをかけずきれいに接着することができるようになります。■

▶接着棒を使うときは、流し込み用瞬間接着剤だけだと粘度が低すぎてうまくすくえないので、先にゼリー状瞬間接着剤を少量つけておくと極少量をすくい取りやすくなります

◀▼伸ばしランナーを切った「接着棒」を使うと少量の接着剤がすくいやすくなります。どんどん使い捨てる前提でたくさん作っておきます

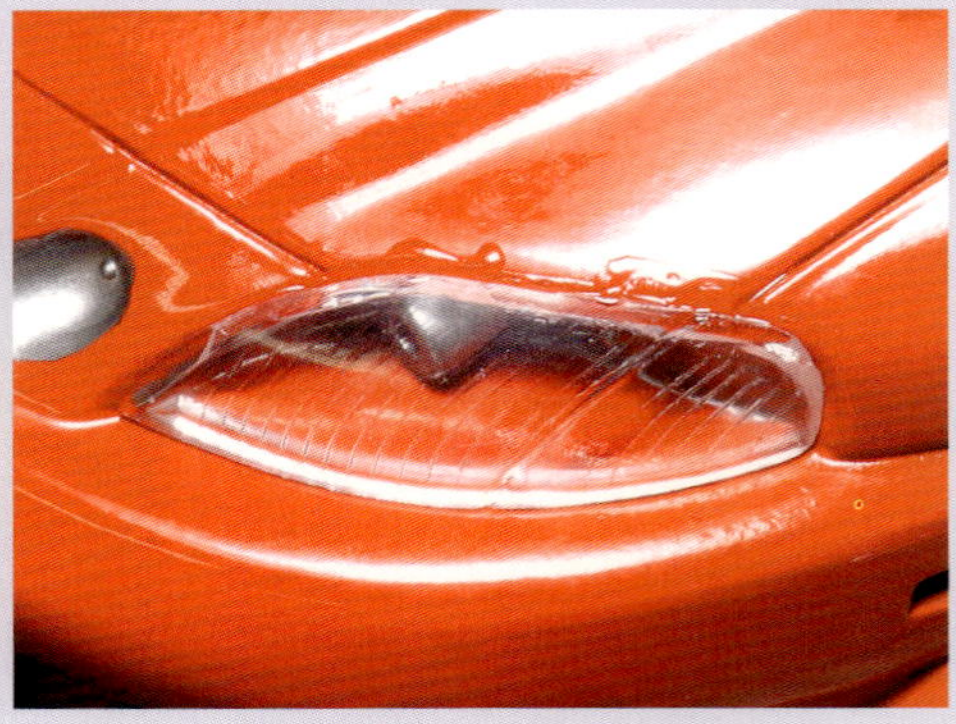

疑問!!

スジ彫りを彫ろうとしたら ラインがよれたり幅が不均一に……

スジ彫りをキレイに彫る方法を教えてください。

質問その6

オールジャンル

プラモデルのディテール表現の定番、スジ彫り。パネルラインなどを再現するためパーツにスジ彫りが彫られています。このスジ彫りを深く彫り直したり、合わせ目の工作で切れたところを彫ったり、新しく追加したりする場面は結構多いのですが、そんなスジ彫りの工作をきれいに行なうにはどうしたらよいのでしょうか？

Q&A

パーツ表面のライン状の凹モールドをスジ彫りと言いますが、大抵のプラモデルにはスジ彫りが施されていて模型のリアリティーや見映えを上げるのに一役買っています。このスジ彫りをきれいに仕上げることができれば完成品も見映えがよくなります。スジ彫り工作は、スクラッチビルドや改造箇所にあらたに彫る場合だけでなく、キットの合わせ目消し工作で消えてしまったところを復活させたり、塗装で埋まらないように深く彫り直したりと、さまざまな場面で必要になる必須テクニックと言えます。

スジ彫りを彫る方法はいくつかありますが、直線や緩い曲線で彫ったり、キットのスジ彫りを深くするなら、GSIクレオスのMrラインチゼルでの作業がおすすめです。Mrラインチゼルの特長は、均等な幅でエッジがシャープな溝が簡単に彫れるところで、ナイフを使ったV字彫りと比べて圧倒的に短い時間で簡単にきれいなスジ彫りが彫れます。刃幅も豊富にラインナップされていて、専用の柄を使えば刃先がワンタッチで脱着できます。

Mrラインチゼルで彫るときは、刃先を引いて（柄の方向に動かして）彫っていきます。溝のエッジ部分にケバだちができにくくサクッときれいに彫れます。溝の断面がV字ではなく凹字形に彫れるので、深くてシャープなモールドになり、きれいなスジ彫りに見えます。ただし、サクサク彫れるので、調子に乗って彫りすぎてパーツに穴を開けたり切断してしまったりしないように気をつけましょう。彫り初めは、パーツの元のスジ彫りが浅かったりスジ彫りのなかにちいさな凸凹があったりすると刃先がひっかかって逸れがちなときもあるので、そういうときは刃先をスジ彫りに入れて押すように数回なぞってから引くようにすると逸れにくくなります。

Mrラインチゼルの通常刃は非常にきれいな凹字状の溝が彫れますが、彫れる方向が決まっています。直線部や緩曲線はよいのですが、急な曲線や丸いパネルラインのようなところだと、柄ごと回して彫らないといけなくて彫りにくいので、そういうところは先端がニードル状の廻し彫り用替え刃を使いましょう。この刃で彫るときは、何度も繰り返しなぞるようにして溝を深くしていくようにします。

キットのスジ彫りを深くするだけなら、刃先を溝に入れてなぞればいいのですが、スジ彫りがないところに彫りたい場合は、ガイドになるものを使うとよいでしょう。よほど手先に自信があればフリーハンドで彫ってもよいのですが、失敗すると埋めて彫り直しになります。ガイドは彫りたい形になっていて適度な厚さがあればなんでもいいですが、エッチングパーツのテンプレートか厚めのガイドテープが使いやすいです。エッチングパーツテンプレートは丸や楕円のような定型のサイズ違いが並べられたものが市販されていて、曲げながら使うこともできます。ガイドテープは昔はラベリング用テープを使うのが定番でしたが、近年はスジ彫り用と謳われた製品も販売されていますので、彫る形状に合わせ使いやすいものを選んでみてください。なお、テンプレートやガイドを使う場合でも、鉛筆などで下書きをしておいたほうが位置を合わせてきれいに彫りやすくなります。

スジ彫りを彫っていて、ラインが逸れたり、よれたり、彫りすぎた場合は、流し込み用瞬間接着剤でいったん埋め、パーツ表面を整形してから彫り直すなどして修整します。パテでも埋められますが、瞬間接着剤のほうが彫り直したときに溝のエッジがきれいに仕上がり、埋めたところがヒケにくく、なにより手早く作業ができます。■

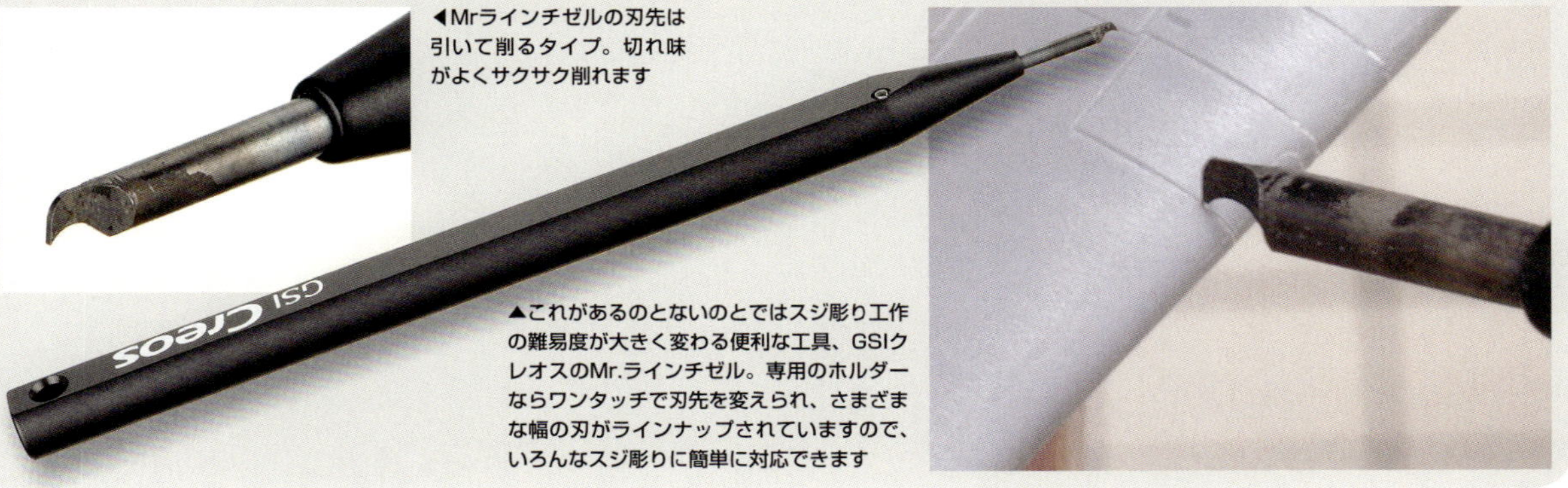

◀Mrラインチゼルの刃先は引いて削るタイプ。切れ味がよくサクサク削れます

▲これがあるのとないのとではスジ彫り工作の難易度が大きく変わる便利な工具、GSIクレオスのMr.ラインチゼル。専用のホルダーならワンタッチで刃先を変えられ、さまざまな幅の刃がラインナップされていますので、いろんなスジ彫りに簡単に対応できます

疑問!!

パーツに表面に接着材を塗ったら
表面が荒れちゃったりしないの!?

スジ彫り後は流し込み接着剤を流すといいという噂を聞いたのですが……?

超速乾プラスチック用溶剤系接着剤 Mr.セメントSはすぐ乾くのでサクサク組めてとても便利な接着剤。この接着剤の登場は、プラモデルの作り方に変化を生み新たな技法も生み出されましたが、そのなかのひとつがこの「スジ彫り後にMr.セメントSを塗る」というものです。では、この接着材を塗ることでなんのメリットがあるのでしょうか?

質問その7
オールジャンル

Q&A

プラスチックは比較的柔らかく粘りがある素材なので、ヤスったり削ったりするとケバ立ちがでることがあります。ケバ立ちはスジ彫りをしたときにも起きますが、溝の角のところにケバが残ったまま塗装すると、スジ彫りがシャープに見えなくなってしまい、せっかく彫り直したのに逆効果になってしまうことがあります。そこで、スジ彫りをしてケバ立ちが出たら、プラスチック用流し込み接着剤を使ってケバを処理するというテクニックがあります。

接着剤は、極速乾のプラスチック用流し込み接着剤のＭｒセメントSを使います。要は接着材でケバを溶かして整えるわけですが、この接着剤は少量を塗布すると一瞬で乾くので、ケバは溶けますが、パーツ表面はほとんど溶かしません。もちろん塗りすぎるとパーツ表面が荒れてしまいますので、極少量を付属の細いハケでスジ彫り部だけにさっと塗るような使い方をします。スジ彫り周辺の表面が多少荒れた場合は、乾かして硬化してから４００番～６００番相当のスポンジヤスリでひとこすりすると簡単にきれいに整えられます。ケバはスジ彫りの溝に紙ヤスリを挿し込み削って整えてもよいのですが、手間がかかるうえに形を崩しやすく、ＭｒセメントSを塗る方法なら、さっとひと塗りするだけで簡単に手早くきれいに整えることができます。なお、スジ彫り以外のところにでたケバもＭｒセメントSで処理することができますが、スジ彫り部以外は４００番のスポンジヤスリでひとこすりする方法のほうが簡単かつきれいに処理できると思います。逆にスジ彫り部のケバをスポンジヤスリで処理しようとすると、ケバがスジ彫りの溝のなかにつまってしまうことがあります

このＭｒセメントSを塗ってプラスチックパーツ表面を整えるテクニックは、スジ彫りのケバ取り以外でも使えます。

たとえば、艦船模型の小さい武装パーツなどのゲート跡／パーティングラインの整形処理をするとき、大きいパーツのように４００番～６００番の紙ヤスリで順に整形してきれいに表面を整えるのが物理的に難しい箇所がでてきます。こういったところは刃先を入れやすいデザインナイフでカンナがけをしてからＭｒセメントSを塗ると表面を整えることができます。ナイフのカンナがけだけだと表面が荒れた状態になってしまうけれど、紙ヤスリがあてにくい箇所では、この溶かして表面を整える方法が有効です。パーツが大きくても表面にこまかな凸凹があってヤスリがあてにくい場合などにもこのテクニックは使えるでしょう。

ここから少し話が逸れますが、スジ彫りをきれいに見せる後工作でもうひとつ必ずやっておきたいのが、スジ彫りの溝のなかにたまる削り粉の掃除です。

スジ彫りをＭｒラインチゼルなどで深く彫り直していたとしても、その後に他の箇所の整形作業を進めていくうちにスジ彫りに削り粉がたまってくることがあります。削り粉がつまったままサーフェイサー吹きや塗装に進んでしまうと、スジ彫りが埋まった浅い状態でパテ／塗料によってくるまれてしまい、せっかく彫り直した意味がなくなります。整形作業を終えてサーフェイサー吹き／基本塗装に移る前には、必ずスジ彫りの溝にたまった削り粉を掃除しておきましょう。パーツを水で流すだけではつまった粉は出てきませんので、毛先が細く尖った歯ブラシか毛の腰が強い筆でていねいに掻き出すようにします。また、サーフェイサー塗膜を磨いたりクリアーコーティングを研ぎ出ししたあともスジ彫り部に削り粉がつまりますので、同様に掃除をしておくようにしましょう。■

▶GSIクレオスの超速乾溶剤系接着材 Mr.セメントS。少量を塗れば瞬間接着剤なみのスピードで乾くので、パーツ表面側から塗ってもパーツ表面をほとんど溶かさない

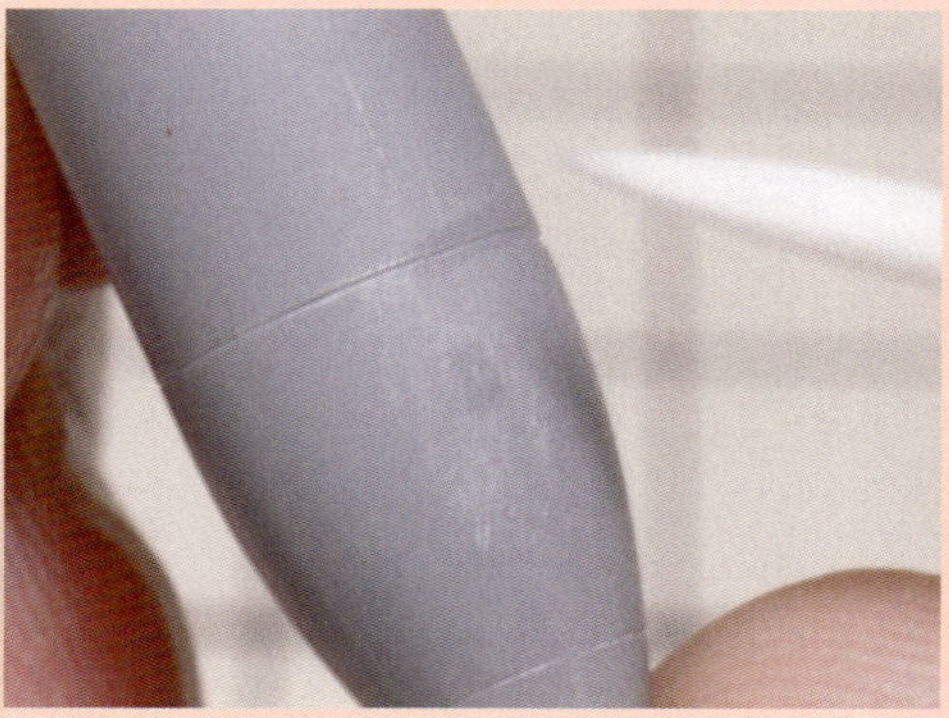

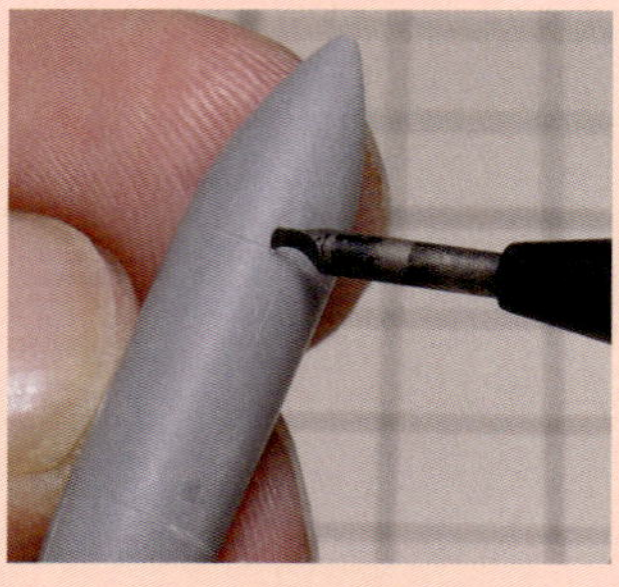

◀スジ彫りをしたところのケバ立ちが溶けてすっと消えます。もちろん塗りすぎるとパーツが溶けすぎるので注意しましょう

疑問!!

どれくらいの荒さからはじめて どこまで目をこまかくすればいい？

整形作業では、紙ヤスリの番手は何番を使えばいいのでしょうか？

Q&A

質問その8

工具／ツール

パーツの表面を紙ヤスリなどの研磨材で整えることを整形作業と言いますが、整形作業のとき目が粗いものでヤスればたくさん削れ、目がこまかいヤスリや研磨材で磨くと表面がより平滑になります。パーツ表面は滑らかなほうがいいように思えますが、番手を上げ出すときりがありません。では何番でどこまでやればいいのでしょうか？

カーモデルのツルピカグロス塗装仕上げをしたいのか、ウェザリングを重視した完成品にしたいのかなど、どういった仕上がりを想定しているかでどの段階でどの番手まで磨くかは変わってきますが、共通するおよそのセオリーがあります。まずはそのセオリーと、なぜそこでその番手を使うのかの理由についても解説してみましょう。

改造やスクラッチビルドではないキットをストレートに作るプラモデルの工程でヤスリがけをするシチュエーションを順に大きく分けて整理してみると、①ゲート跡／パーティングライン／合わせ目消しの処理、②パーツ表面を平滑に整える整形処理、③サーフェイサー塗膜を平滑に整える整形処理、④基本塗装時にできた塗膜の凸凹を平滑に整える整形処理、⑤クリアーコーティングを平滑に整える整形処理／研ぎ出し、といったところでしょう。なお、カーモデルのようなグロス塗装や粗が出やすいブラックのツヤ消し仕上げなど、表面を一定以上にきれいに整えたい場合以外は③⑤は行なわなくてかまいません。

①の「ゲート跡／パーティングライン／合わせ目消しの処理」では基本的に４００番の紙ヤスリを使います。この段階で６００番以上の紙ヤスリを使うと、なかなか削れず手間がかかるだけでなく、ヤスリをあてる回数が増えるぶん、不必要にエッジや平面を丸めてしまいやすくなります。逆にあまり粗い目の紙ヤスリだと、削りすぎたり深いヤスリ傷がついて消しにくくなります。なお、段差が大きい場合は部分的に３２０番を使います。非常に精度が高く合わせ目やパーティングライン部などに段差がほとんどできないキットでは、いきなり６００番を使ってもよいでしょう。

②の「パーツ表面を平滑に整える整形処理」では基本的に６００番を使います。サーフェイサーを吹かないで塗装に移る場合はそのあと８００番で磨くときれいに仕上がりますが、サーフェイサーを吹く場合は、ここで８００番以上のこまかい目の紙ヤスリで磨いてもあまり意味がありません。表面をより滑らかに仕上げたいならば、サーフェイサーを吹いて乾かしてから、③の段階で磨くようにしましょう。このようにグロス仕上げをしないなら４００番→６００番→塗装というのがセオリーになります。

③グロス仕上げなどで表面をツルツルに仕上げたい場合は、サーフェイサーの塗膜を平滑に磨いておくのが効果的です。下地となるサーフェイサー塗膜がザラついていると、その上に塗り重ねる基本塗装の塗膜はもっとザラザラ凸凹になってしまいます。サーフェイサーの塗膜を磨く際は、１０００番～２０００番の紙ヤスリを使って水研ぎしますが、フィニッシングペーパーやＭｒラプロスなどの研磨材を使うとよりヤスリ目がつきにくくなります。塗膜を磨く場合、１０００番でゴシゴシ磨いているとすぐに剥げてしまうので、ザラつきが大きい箇所のみ１０００番で軽く磨くようにして、全体は１５００番と２０００番で磨きます。また、エッジ部分は剥げやすいので紙ヤスリや研磨材をあてないようにします。

④基本塗装をしていると、吹きつけ具合によって塗膜表面にザラつきができてしまったり飛沫が飛んで凸凹ができることがあります。こういうところは、サーフェイサー塗膜の磨き同様、いったん乾かしてから１０００番～２０００番で磨いて修整しておくようにするときれいに仕上がります。

⑤のいわゆる研ぎ出しについては説明が長くなるので詳しくは別項（89ページ）に譲りますが、グロスで仕上げる場合は、１０００番～２０００番で磨いたあと、さらにコンパウンドで磨いて仕上げます。■

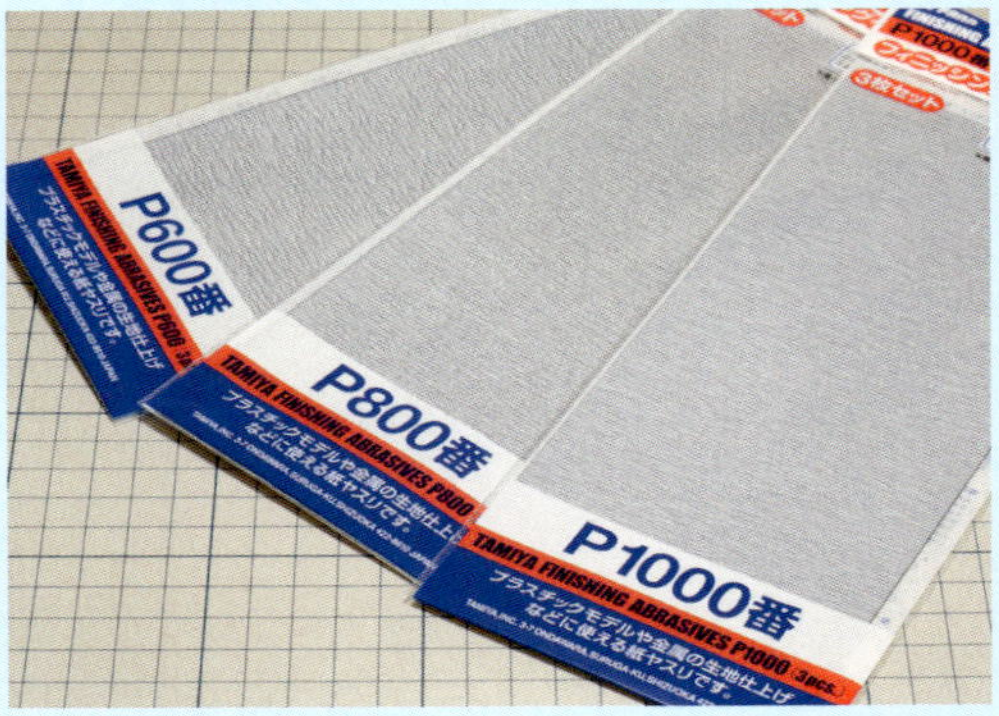

▶プラモデルで主に使用するのは400番→600番という組み合わせ。合いが良く繊細なモールドのキットでは、600番→800番にします。ツヤあり仕上げの場合は、サーフェイサー吹き後に1000番～2000番で磨いていくようにします

疑問!!

紙ヤスリがあればプラモデルは作れるような気がするのですが……

金ヤスリの使いどころがわかりません。金ヤスリと紙ヤスリの使い分けは?

質問その9
工具／ツール

普通のプラモデルを無改造で作るなら、ヤスリで削る必要があるのはゲート跡の整形や合わせ目処理をするところくらいでしょう。それほどたくさん削るわけではないので紙ヤスリでも充分作業ができます。ではなぜ模型用の金ヤスリが販売されているのでしょうか？　それは金ヤスリには金ヤスリのよいところがあるからです。

Q&A

たしかに、普通のプラモデルをゲート跡とパーティングラインと合わせ目消しの処理だけをして作るならば、紙ヤスリさえあれば完成させることができます。しかし、金ヤスリには金ヤスリのよいところ、使いどころがありますので、改めて金ヤスリについて考えてみましょう。

一般的には、金ヤスリは削る量が多いところの荒削りに使ったり、硬質な素材を削るのに使用するものというイメージがあります。荒削りを目が大きめで力が入れやすい大ぶりな金ヤスリで行ない、仕上げの表面処理を紙ヤスリで行なうという工程です。このような考え方を採る限り、プラモデル製作に金ヤスリはあまり必要ありません。プラスチックは柔らかいので、キットをそのまま作っていくのであれば5㎜も10㎜も削らないといけないようなところは出てこず紙ヤスリでほぼこと足りるからです。改造工作やスクラッチビルドでプラ材やパテを大きく削るときには粗目の金ヤスリが活躍することになるでしょう。

しかし、金ヤスリは荒削りだけが能ではありません。彫金用などの精密加工用金ヤスリを使うことで、きれいにエッジを立ててシャープな形状に仕上げることができます。紙ヤスリは、柔らかいことによりいろいろな形状の面に沿わせてヤスることができるのがメリットとなりますが、柔らかいぶん、ピシッと立ったシャープなエッジ出しや、きれいな平面出しはどちらかというと苦手です。いっぽう金ヤスリは硬いのでシャープなエッジや平面出しが得意です。どちらを使ってもヤスること自体はできますが、金ヤスリを使ったほうがエッジや面の精度が出しやすいということになります。

「いくらエッジや面がシャープになっても、金ヤスリでは表面が荒れてしまって、表面処理が大変なのでは」と思われるかもしれませんが、そう思うのは、荒削り用の金ヤスリしか使ったり見たりしたことがないからでしょう。精密加工用の金ヤスリを適切に使用すると、ヤスったあとは驚くほど滑らかに仕上がります。

精密加工用金ヤスリは何が違うのかというと、切れ味と目の精度です。金ヤスリは小さな刃がびっしりと並べられた「刃物」です。ひとつひとつの刃の切れ味が良いと削ったところはきれいに仕上がります。切れ味が良い刃のデザインナイフと切れ味が悪い刃のデザインナイフでカンナがけをした跡を想像してみてください。切れ味が良い刃で適切にカンナがけすれば、表面はかなりきれいに仕上がるはずで、金ヤスリの場合も刃が小さいだけでまったく同じことが言えます。また、目が均等に並んでいないとヤスった面にムラができて、それがヤスリ傷や凸凹になってしまいますが、均等に並んでいて切れ味が良ければ切削跡が均等になりきれいな平面が出せます。高品質彫金用ヤスリや、近年充実してきている模型メーカー製のプラスチック用高精度精密ヤスリは、タイプによっては削った跡が紙ヤスリの600番から800番で仕上げた状態に近い表面になりますが、そういったヤスリの表面をよく見てみると非常に目が美しく整っているはずです。

こういった高精度の金ヤスリは1本1000円から数千円しますが、シャープにモールドを彫りたいところや、せまくて紙ヤスリではヤスりにくいけれど目立つ箇所をビシッと仕上げたいときの「決戦用ヤスリ」として持っておくと、完成品の仕上がりをグッと上げることができるはずです。

ちなみに、カーモデルに多いホワイトメタル製キットを製作するときは、紙ヤスリではなかなか削れないので金ヤスリは必須。形状違いを4種ぐらい使い分けます。■

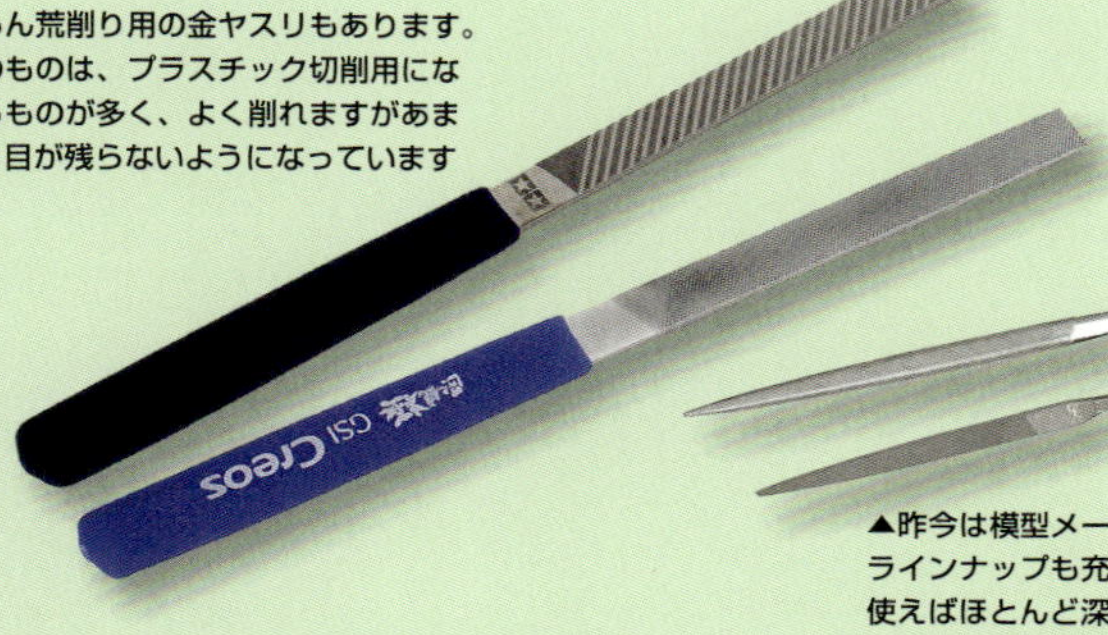

▶もちろん荒削り用の金ヤスリもあります。模型用のものは、プラスチック切削用になっているものが多く、よく削れますがあまりヤスり目が残らないようになっています

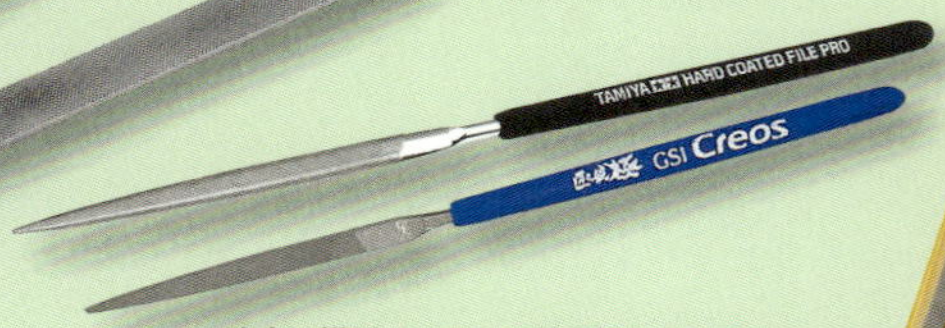

▲昨今は模型メーカーの精密切削用ヤスリのラインナップも充実してきました。これらを使えばほとんど深いヤスり目をつけないでシャープにパーツを削ることができますので、ここぞというところで活躍するでしょう

▶彫金用の精密ヤスリとして有名なのがバローベ。ちょっとお高いですがその切削性は抜群。ナイフのような切れ味で削れます

疑問!!

ヤスリにスポンジがついてるとフニャフニャしていて狙い通りにヤスれなくないですか?

スポンジヤスリが便利と聞いたのですが、どんなところで使えばいい?

Q&A

質問その10

工具／ツール

使ってみるまでは「なんか使いどころがよくわからないし、なくてもいいかな……?」と思っていても、いざ使い出してみると手放せなくなる工具は結構ありますが、その代表がスポンジヤスリではないでしょうか。たしかにスポンジヤスリは普通の紙ヤスリのようにパーツをガシガシ削ることはできませんが、だからこそ使い出があるのです。

私がプラモデル製作をはじめたころはなかったけれど、いまになってみるともう手放せない工具というのはいくつもありますが、そのなかのひとつがスポンジヤスリ。

その名のとおり、スポンジの表面にヤスリ面がついたもので、紙ヤスリ同様に目の細かさに応じた番手がありますので、作業内容に応じて使い分けていきます。

スポンジヤスリは柔らかく、面や角に馴染んでくれるのが特徴ですが、柔らかいということだけなら、紙ヤスリもそれほど変わりません。スポンジヤスリの最大のポイントは、スポンジがあることにより指から伝わる力がヤスリ面に比較的均一に伝わるところにこそあります。

紙ヤスリでは、ヤスリが柔らかくパーツの削っている面に広く接していたとしても、指などで押している狭い箇所だけに力が集中するため、そこだけ削れていきます。いっぽう、スポンジヤスリでは力が拡散するので、広い範囲を比較的均等な面圧でヤスっていくことができます。柔らかいから曲面がきれいにヤスれるというよりは、力が集中しないので曲面でも均一にヤスれると捉えたほうがよいでしょう。

もちろんスポンジヤスリには弱点もあって、柔らかいのでシャープなエッジ出しや、ヤスりたい箇所がせまく限定されている場合には向きません。無闇に広範囲にスポンジやすりをかけるとモールドのエッジを丸めていきますので注意しましょう。

さて、スポンジヤスリは曲面が均一にヤスりやすいと述べましたが、「スポンジヤスリ」が手放せない理由は、じつはあまりそこにはなかったりします。たしかに曲面は均一にヤスりやすいですが、ヤスリをあてたくないところのギリギリのコントロールは紙ヤスリのほうが圧倒的にしやすいですし、紙ヤスリと指でも、ヤスリの動かし方に気を配れば曲面はきれいにヤスれます。

私の場合、スポンジヤスリがあって便利だなあと感じるのは、ケバ取り、塗装前のパーツ表面の最終仕上げ、そして塗膜のザラつきをなくしたいときです。

プラスチックのパーツを400番などでヤスっていると、パーツのフチのところに削れた表面がめくれてできるケバが立ちます。このケバを取り除くとき、紙ヤスリでもできますが、紙ヤスリだとあて方に気を付けないとパーツ形状を損なったり、逆にケバが取れなかったりします。スポンジヤスリならヤスリ面がエッジに追従するので、適当にさっとひとこすりするだけできれいにケバが取れてしまいます（ヤスリの目は600番相当を使っています）。

それから、表面を最後に滑らかに整えるときにもスポンジヤスリは便利です。スポンジヤスリは、番手が「400番～600番相当」と緩やかな指定になっていたりしますが、使っていると目がつまって番手を上げたのと同じ状態になりますが、600番相当で目が詰まったスポンジヤスリは、800番相当で目が詰まっていない新しいヤスリに比べると削れ方が穏やかでヤスリ傷がつきにくいように思われます。そして、スポンジの効果により凸凹をあまり気にせずヤスれるので、最後にさっと表面をひとこすりすることで、あまり手間をかけずに表面の状態を整えることができます（なお、こすりすぎるとモールドがダルくなるので軽く整える程度に留めます）。塗膜のザラつきを削って整えたいときも、同様の理由でスポンジヤスリで軽くヤスります。塗膜は完全に乾いていてもわりと柔らかいので、ヤスるときに1箇所に力が集中するとそこだけ一気に塗膜が剥げてしまいがちですが、使いさしのスポンジヤスリなら、穏やかに削れてくれるので剥げにくいです。■

▲じつはもっとも使用頻度が高いのが、ヤスリがけをしたあとのバリ取り。粗めのスポンジヤスリでさっとひとなですればきれいに取れます

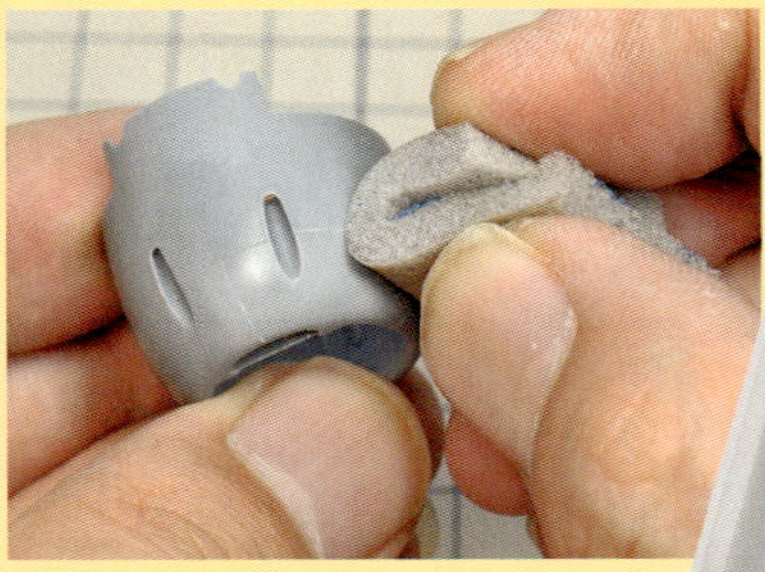
▲曲面部分の表面を均すときに使うのは一般的な用法。ちょっと目がつまってきたくらいが小傷がつきにくくて使いやすいです

疑問!!

パーツを切り出しているとパーツが折れて直すのがとても大変です

小さいパーツをニッパーで切ると折れたり曲がったりしますがどうしたらいいですか?

Q&A

質問その11
オールジャンル

プラモデル、とくに近年の精密再現化が進んだスケールモデルにはとても細いパーツがありますので、これを普通にニッパーでパチパチ切っていくと折れてしまうことが結構あります。また、それほど小さなパーツではないからと安心して切っていると、ゲートがついているところがもげてパーツが凹んでしまうなんてことも……。

ニッパーでパーツをランナーから切り出しているときに折れたり割れたり白化したりするのは、ニッパーの刃が原因です。

プラモデルのパーツの切り出しは、通常切れ味の良いプラスチック用ニッパーを使いますが、ニッパーで切っているときは、切っている箇所をニッパーの刃が刃に対して垂直な方向に押しのけているような状態になりパーツに力がかかります。この力がパーツの力が集中するところや弱いところに影響して、折れたり割れたり白化したりしてしまうというわけです。

この押しのける力は、刃が厚いほうが大きく、刃が薄いほうが小さくなりますが、ニッパーのように押し切るタイプの工具では刃の厚さをゼロにはできないので必ず発生します。厚い刃よりは薄い刃のほうがパーツを破損しにくくなりますが、ゲートの付き方やパーツ形状によっては薄刃のニッパーでも破損してしまうことがあります。とくに、細い棒状のパーツでゲートのほうがパーツより太い場合などは、力がパーツ側に集中して高確率で折れてしまいます。

どうしても破損させたくない場合のもっとも確実な対処法は、エッチングソーなどの「削って切る」タイプの刃物工具で切ることでしょうか。削って切るタイプなら刃がパーツを押す力が発生しないので破損のリスクは下がります。またデザインナイフで何度もなぞるようにしてていねいに切り出すという対処法もありますが、デザインナイフは押し切る工具なので、ニッパーよりは刃が薄いぶん破損リスクは下がるものの、万全ではありません。

これらの対処法は、破損リスクは下がるものの、ニッパーで切るのと比べると格段に手間と時間がかかります。破損しやすそうなパーツが1~2個ならまだいいですが、何十個もある場合はなおさらです。そこで、ニッパーを使っても破損しないで切り出す方法がないか考えてみましょう。

まず有効なのが、「二度切り」。初めはパーツの端から数㎜離れたところで切っておき、パーツをランナーから切り離してから、改めてパーツの端に近いところを切る、というテクニック。こうすると、パーツに刃が押しのける力が直接伝わりにくくなって、ゲートの付け根が破損したり白化したりしにくくなります。切り出しの手間は増えますが、ゲート付け根がえぐれたりして破損した場合の修整の手間や、完成後の見映えへの影響を考えると、二度切りをしておくメリットは大きいと言えます。

しかし、二度切りをしたとしても、初めにニッパーの刃を入れるときはパーツ側に力がかかりますので、細いパーツなどは破損してしまう場合があります。「これは折れそうだ」と思われるパーツを切り出す場合は、ほかの対処法が必要になります。

ひとつは、太いゲートと細いゲートがあるときに細いゲートから先に切る、という対処法。ニッパーの刃の断面はくさび形で、太いゲートを切るときのほうが刃の厚い側まで使うため、太いゲートだとパーツを押す力とパーツを押しのける移動距離が大きくなり、ランナーについたままの細くて弱いゲート側は破損しやすくなります。逆だと太くて強いゲートが細いゲートを切るときの弱い力を吸収してくれます。

また、刃を入れたときにパーツ側に力がいってしまうのは、パーツがランナーの枠内にあって、ランナー枠によって力が逃げないからです。なので、破損しそうなパーツ周辺のランナーを先に切り離しておくと、ゲート切断時に力が逃げるので破損を防げます。ランナーを切るときは、ゲートから少し離れたところに、パーツに力がかからない方向に刃を入れましょう。■

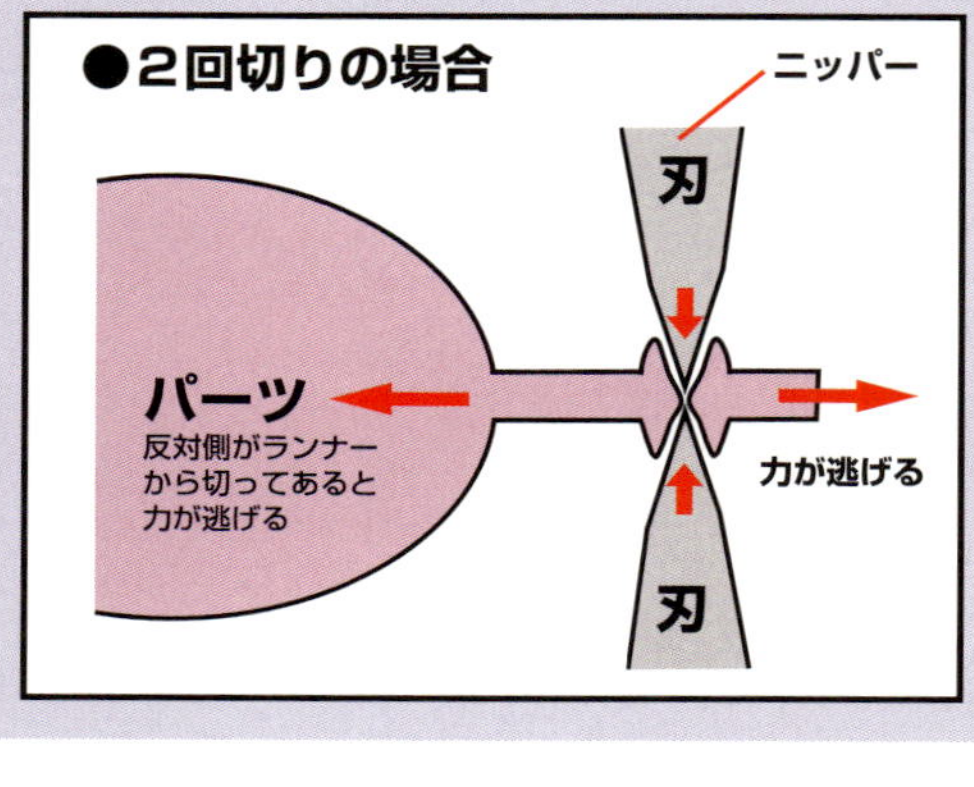

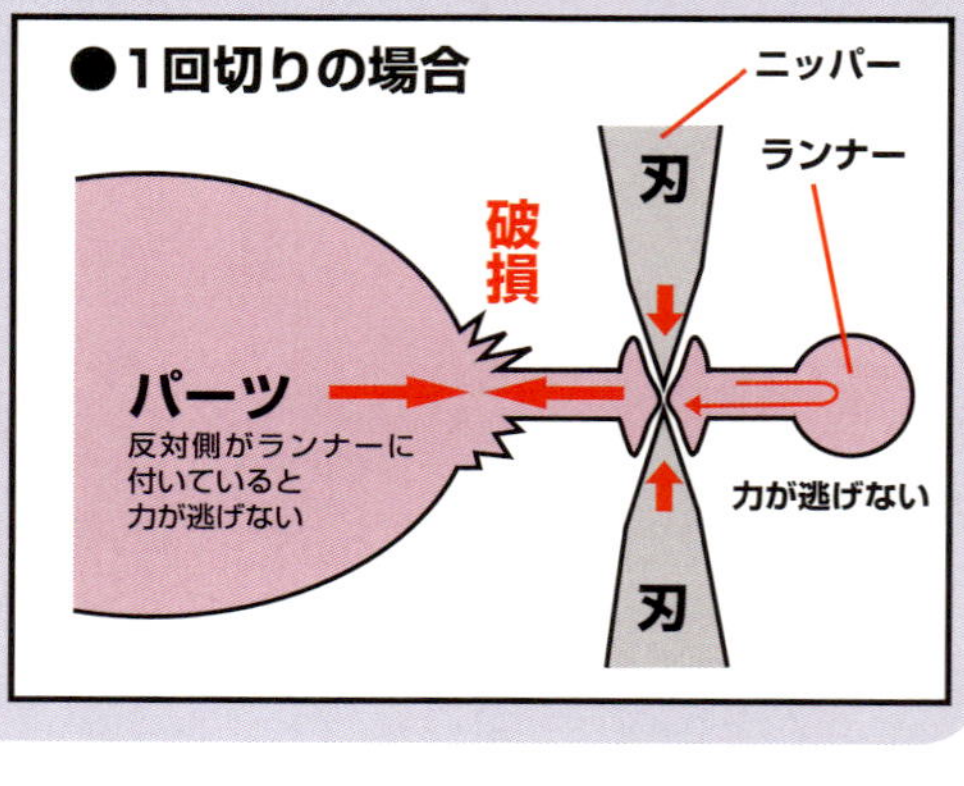

疑問!!

瞬間接着剤で合わせ目を消すと聞いたのですがやってみるとうまくできません

合わせ目を瞬間接着剤で消すとそこだけ硬くてうまく削れません。

Q&A

質問その12

オールジャンル

比較的最近一般化してきたテクニックとして、プラモデルのパーツの合わせ目を瞬間接着剤で消す、というものがあります。瞬間接着剤で合わせ目消しをすると、速く固まるので作業のスピードが上がるだけでなく、ヒケがほとんどできなかったりスジ彫りが彫りやすかったりしますが、ちょっと硬いので作業には少しコツが必要になってきます。

プラモデルのパーツの合わせ目を消したいときには、プラスチック用溶剤系接着剤が少しはみ出すように接着する、パテを使う、瞬間接着剤を使う、などの方法で合わせ目の凹みを消します。

昔はプラスチック用溶剤系接着剤をはみ出すように接着してはみ出しを削る方法と、ラッカー系パテで凹みを埋める方法が一般的でした。しかし、プラスチック用溶剤系接着剤とラッカー系パテは溶剤が揮発することで硬化するため、硬化に時間がかかり、完全に硬化してからヤスるようにしないと、あとで合わせ目部分がヒケてきます。そこで、硬化後のヒケがほとんどない瞬間接着材をパテ代わりに使う方法がモデラーの間でよく使われるようになってきました。

瞬間接着剤による合わせ目消しは、硬化が速いので手早く工作できる、あとでヒケない、ということのほかにもメリットがあります。それはスジ彫りがきれいに彫りやすいということ。プラスチック用溶剤系接着剤で合わせ目を消す場合は、接着部が完全硬化する前に彫ろうとすると溝がきれいに彫れず、完全硬化までは場合により数日から1週間以上待たないといけません。また、ラッカー系パテは硬化しても柔らかく脆いので、スジ彫りの溝のエッジをシャープに出しにくいです。瞬間接着剤は硬化後に硬くなるので、きれいなエッジのスジ彫りを彫りやすく、はみ出したり失敗したときもすぐに埋めてやり直せます。

合わせ目消しに使用するのは硬化が速い流し込み用瞬間接着剤で、パーツを接着したあとの合わせ目部分に少量塗り、硬化後に紙ヤスリなどで整形して凹みや段差を消します。流し込み用接着材は粘度が低いので、合わせ目部分以外に流れないように注意して、硬化不良を起こさないように少量ずつ塗り重ねるようにすれば、多少なら盛り上げることもできます。

ちょっとコツが要るのは、合わせ目に盛った瞬間接着剤をヤスるときでしょう。プラスチック用溶剤系接着剤やラッカー系パテで合わせ目処理をするときは、プラスチック製パーツを削るのと同じ感覚で削れますが、硬化した瞬間接着剤はプラスチックより硬くなるので、なんとなくヤスリを動かしていると周辺の柔らかいプラスチック部分ばかりが削れてしまいがちです。

対処法は言ってしまうと単純なことなのですが、硬い瞬間接着剤部分だけ粗めの紙ヤスリを使います。目がこまかめの紙ヤスリだと、硬い瞬間接着剤部分を削るためにヤスリをあてる回数が増えます。そのため、硬い瞬間接着剤部分はほとんど削れないのに周辺のプラスチック部分が削れていく、という現象が起きやすくなります。

ただし、粗めのヤスリは当然のことながらプラスチック部分もたくさん削れます。瞬間接着剤を盛った部分が削れたあとも粗めの紙ヤスリでゴシゴシとヤスってしまうとパーツ形状を損なうことになってしまうので注意が必要です。瞬間接着剤のところだけにヤスリがあてやすくなるように、必ず硬めの板をあてた紙ヤスリを使うようにし、数回ヤスリを動かしたらヤスリをどけてヤスっている箇所を目視で確認するようにします。コツは、盛った瞬間接着剤が周辺のプラスチック部分とツライチになる直前に、瞬間接着剤がほんの少し周辺より出っ張っている状態で400番でのヤスリがけを止めること。これは400番で周辺のプラスチックを削らないようにするのと、400番のあとで600番で表面を整えるので、その分をほんの少しだけ残しておくためです。慣れるまではよく見て慎重に作業したほうがよいですが、慣れると感覚的に止められるようになります。■

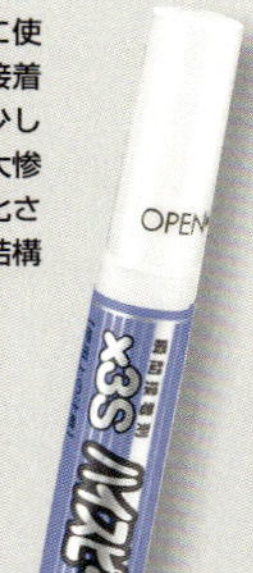

▶合わせ目消しでパテ代わりに使うのは粘度が低い流し込み用接着剤です。先細ノズルを使って少しずつ塗っていかないと流れて大惨事になりますので要注意。硬化させながら何度も塗っていけば結構盛ることもできます

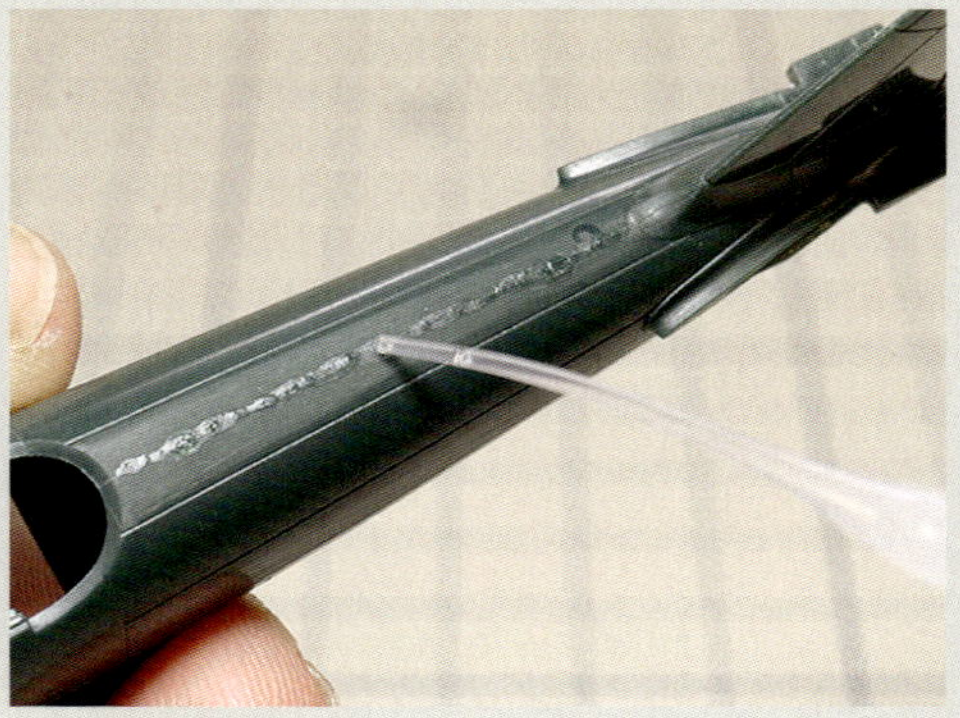

疑問!! 作っているといつのまにか いろんなところがダルくなっていました

ヤスっていくとエッジが丸まったり平面が曲面になってしまったりします。

Q&A

質問その13
オールジャンル

ゲート跡とパーツの合わせ目がきちんと処理されていて塗装色はバッチリ、スミ入れもデカールもきれいに貼れているのになんとなく見映えが悪い……。こんなとき、エッジや面がシャープに出ていなかったりしませんか？　プラモデルを作っていくうちにいつのまにかエッジがダルくなってしまう現象にはこんな原因があるのです。

ヤスリがけをしているとエッジが丸まってしまったり、面が丸まってしまったり、面が変わってしまったりすることがあります。こういった失敗は、パーツとヤスリが適切に接していないことで起きます。

ヤスリがけでは、自分がどの面にヤスリをあてているのか、ヤスリをどう動かしているかがイメージできていないとパーツの形状を損ないやすくなります。とはいえ、「イメージ」と言われてもすぐにはピンとこないかもしれませんので、具体的なヒントをいくつか紹介しましょう。

まずはヤスリの持ち方と動かし方について。ここでは話をわかりやすくするために平面をヤスる場合について考えていきましょう。平面にヤスりたいときは、ヤスリ面が平面上からそれないようにしないとヤスられる面は平面ではなくなってしまいます。しかし、この「ヤスリ面を平面上から逸れないように動かす」というのは、じつはかなり難しい動作だったりします。

人間の手首、腕は自在に動きます。なので、なんとなくヤスリを動かしていると、ヤスリ面はすぐに平面上から逸れてしまいます。そこで逆に動きをある程度限定することで、ヤスリを思ったように動かしやすくすることができます。具体的には、ヒジを机についたり手の平の下側を机に置くと動く方向が限定されて、ヤスリが不規則に動きにくいようにすることができます。

ヤスリの持ち方も重要です。ヤスリを持つときに、ヤスリの端を2本の指でつまむようにするとヤスリがブレやすくなりますので、3本以上の指でなるべくブレないようにしっかりと持つようにしましょう。手の動きを限定してもヤスリ自体が不規則に動いてしまっては、ヤスリが狙っていないところにあたってしまいます。

ヤスリを不規則に動かさないようにするコツとしては、ヤスる面に対してヤスリをピッタリと密着させるようにする、ということもあります。これは、パーツ自体をヤスリを動かすときのガイドにしてしまおう、という考え方です。ヤスリをパーツにあてるときに、人差し指か親指でヤスリをパーツに押しあてるようにすることで、ヤスっている面とヤスリが密着してヤスリが不規則にブレにくくなります。

うまくヤスれないときはヤスリ側にばかり意識がいって盲点になりがちですが、パーツがしっかり固定できているかどうかも非常に重要なポイントとなります。ヤスリ側が適切に動かせていたとしても、パーツ側が動いてしまうとヤスリが狙ったところ以外にあたってしまいます。このパターンは意外と多くて、パーツがしっかりと持ちにくい小パーツがきれいにヤスりにくいことの大きな原因となっています。

プラモデルの製作では、多くの場合はヤスるパーツを手に持って作業すると思いますが、ヤスリ側のところで述べたように人の手はいろいろな方向に動くうえに、パーツを持つ指先は柔らかいので、手で持ったパーツは、じつはとても動きやすい状態にあります。そこで、パーツを持つ側の手もヒジや手の平を固定するようにし、そのうえでパーツを3本以上の指でしっかりと保持するように心がけます。とくに小パーツは持ち方ひとつでうまく削れるかどうかが大きく変わってきますので、実際にヤスリをあてはじめる前に、きちんとパーツを持てているか、一瞬でいいので確認するようにすると失敗を減らせるはずです。

最後にもうひとつ。人が作業している以上、機械のように正確にはいきません。うまくいっていないときすぐに軌道修正するため、数回ヤスリを動かしたらヤスって箇所を目視で確認するようにしましょう。■

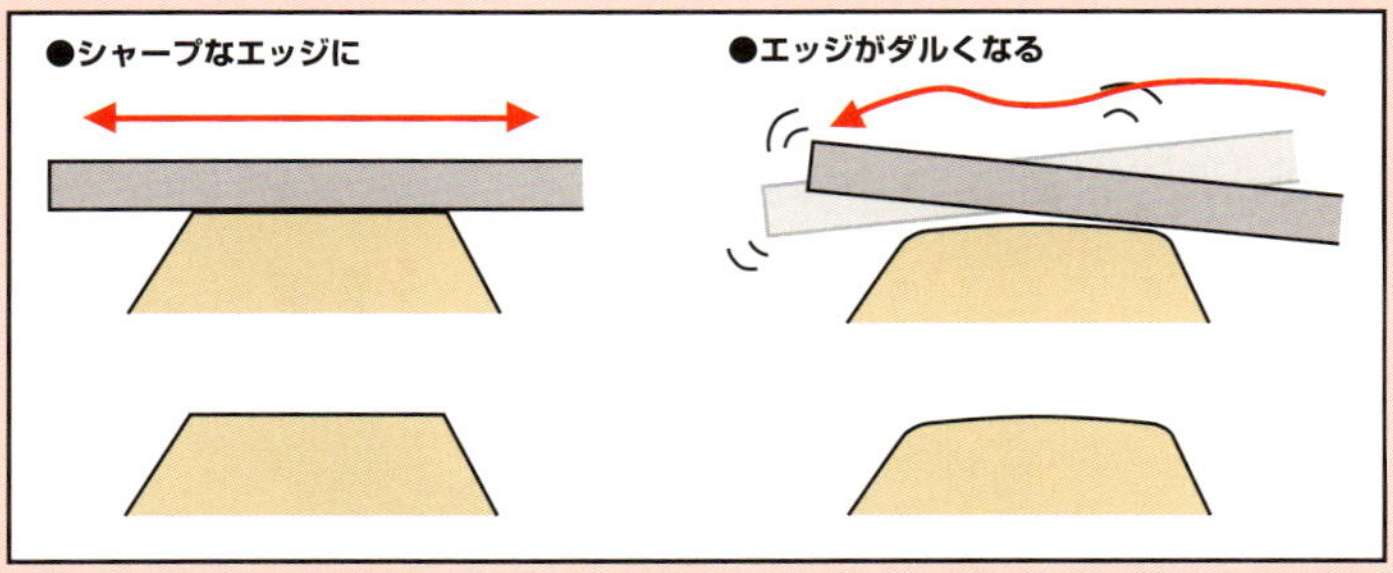

▲エッジを丸めてしまう原因のほとんどは、ヤスリが自由に動きすぎていることにあります。ヤスリの動きを平面状に限定できれば自然とキレイな平面やシャープなエッジを出せますので、どうやって「動きを限定するか」を考えましょう

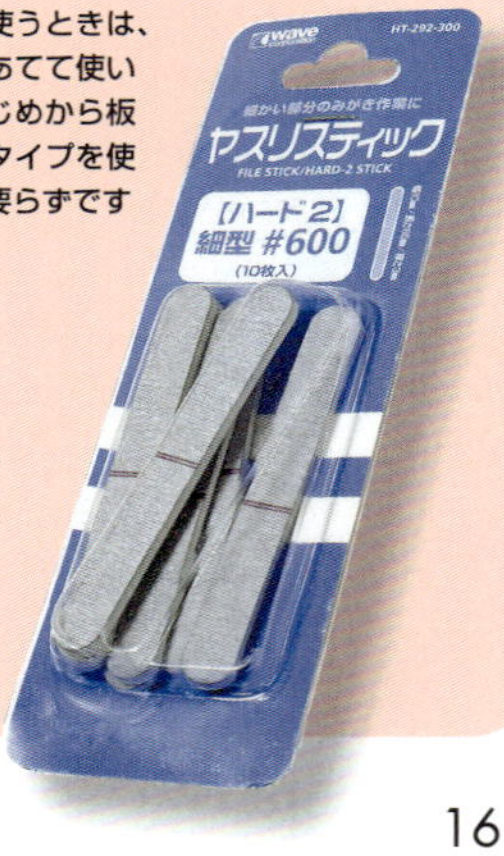

▶紙ヤスリを使うときは、基本的に板をあてて使いましょう。はじめから板に貼ってあるタイプを使うと貼る手間要らずです

疑問!!

パーツを整形していると紙ヤスリが入らないところがあります

奥まったところの合わせ目消しの仕方と凹んだモールドの彫り方を教えてください。

Q&A

プラモデルで切削や整形作業をしなければいけない箇所はいろいろな形状のところにあり、必ずしもナイフやヤスリなどの工具があてやすいところだけとは限りません。こういった切削工作がしにくいところの作業を上手に行なうためのヒントは、多くの場合、手先の使い方という技術的なことというよりは、使用する工具の選択にあります。

質問 その14
オールジャンル

切削工作を思ったとおりに行なうには、切削するところの形状と切削したい形状に合った刃物を選択することが非常に重要です。世の中に数え切れないほどたくさんの種類の刃物が存在するのは、それぞれが用途に合わせた形状になっているからです。どうしてもうまく切削できない、というときは刃物の種類を考え直してみましょう。

プラモデルを製作していると合わせ目やパーティングラインが奥まったところにある場合があります。普通の板をあてた紙ヤスリだと削りたいところに入らない、というときは、いくつかの選択肢があります。

それほど段差が大きくないパーティングライン程度であれば、ナイフのカンナがけできれいに削れます。段差があったり合わせ目を処理する場合は紙ヤスリを使うのがいいのですが、狭いところをヤスりたいときは、1㎜厚くらいのプラ板に紙ヤスリを貼ったものを削りたいところの形状に合わせて切り出して使いましょう。狭いところを整形するとき、板をあてずに紙ヤスリを指で持ってヤスると、狙ったところはあまりヤスれず周辺だけが削れがちです。切り出すときは、削りたいところの幅の8割くらいの幅にしておくようにするときれいに削りやすいです。あまり幅を狭く切ると、ヤスっているところに段差ができやすくなってしまいます。紙ヤスリはいちいち両面テープで貼りつけてもいいのですが、強めのスプレーのりを使って、切っていない四角いままのプラ板と紙ヤスリを貼り合わせたものを1枚作っておくと、そのあとしばらく切るだけで使えて便利です。

狭い箇所が曲面だったりする場合や、こまかめの番手の紙ヤスリで表面処理をするときは、小さなブロック状に切り出した消しゴムをあてるとヤスりがけがしやすいです。弾力があるので曲面にも馴染み、狙ったところだけにヤスリをあてやすく、ブロックの切り方を変えればいろいろなパーツ形状に対応することができます。

凹んだモールドを彫りたいときはとくに工具の選択が重要になります。基本的にはノミ=平刃の彫刻刀状の刃物で彫りますが、刃の幅が彫りたいモールドの幅にあっているかと刃の切れ味で工作の難易度が大きく変わってきます。模型用のノミは各社からいろいろなものが販売されていて、マイナスドライバーを自分で研いで使うことなどもできますが、その切れ味の良さとラインナップの豊富さからガンプラモデラーを中心に使用者が多いのがBMCタガネです。

凹んだモールドを彫るときに問題になるのが、底の面をどうやって整えるかです。細い角棒に紙ヤスリを貼り付けて整えることもできますが、底面の凸凹が大きいとなかなかきれいに整えられませんし、数㎜くらいの大きさの凹モールドだったりすると、そもそもヤスリが入らなかったり入ったとしても動かしてヤスれなかったりします。ここでBMCタガネのような切れ味のよい工具を使用すると、いきなり底面をきれいに削れるので、工作性が悪い凹み部の整形作業をほとんどしないですみます。

切れ味の良い刃物は高い精度で削れるので狙ったとおりの形状に彫りやすくなり、狙ったとおりの形に彫れるので工作の手間を減らしてくれます。切れ味が良いノミ系の刃物工具は少し値段が張るものが多いのですが、価格ぶんの効果はあると思いますのでぜひ試してみてください。

彫りたいのが大きめの凹みモールドで底面が広い場合は、プラモデルのパーツなら、開口してしまってパーツ裏側から平らなプラ板などを貼ってしまうという手もあります。この方式だとそれほど手間をかけずに底面をきれいに作ることができます。■

▲BMCタガネはさまざまな先端形状がラインナップされているので、加工するディテール形状に合わせて選ぶと彫りやすくなります

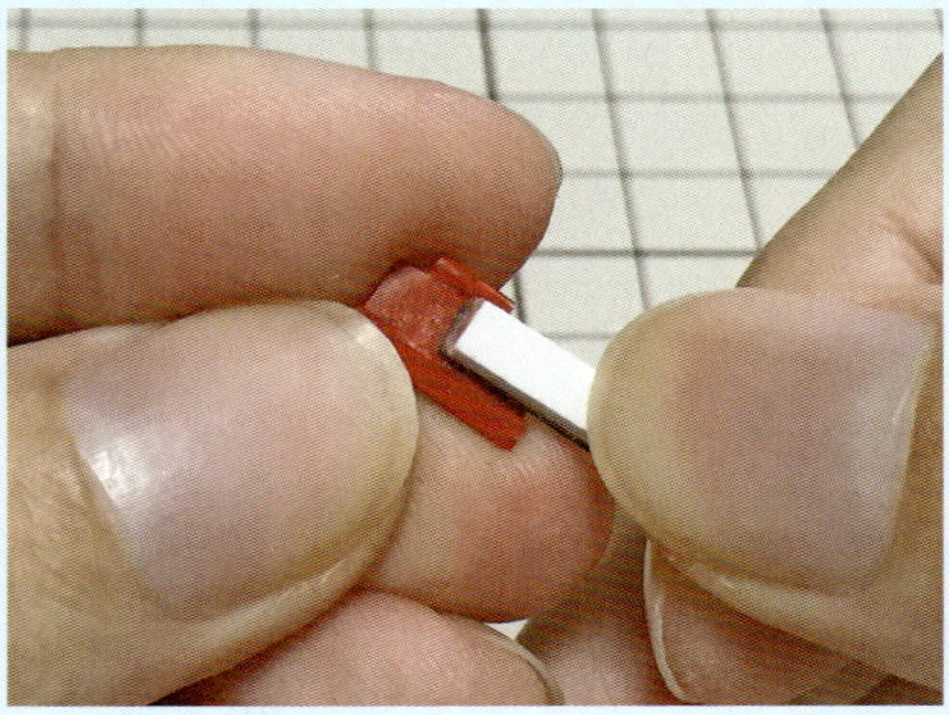

ヒミツ疑問!!

パーツの整形作業では、すべてのパーツの表面を平らに削る……!?

ヒケの処理などのパーツの表面処理はどこまでやればいいのでしょうか?

プラモデルのパーツによくある「ヒケ」とは、プラスチックの収縮によってパーツ表面が凹んだところ。大きいヒケはそのまま残しておくと完成後に見映えが悪くなるので、ヤスったり埋めたりして平らに処理するとよいのです。でも、なかにはそれほど大きくないヒケもあります。実際はどの程度までヒケの処理をすればよいのでしょうか?

質問その15

オールジャンル

Q&A

プラモデルは「インジェクションプラスチックキット」とも言いますが、これは「プラスチックを射出成型したキット」という意味で、金型に高温高圧の溶けたプラスチックを流し込んでパーツを作っています。高温にしたパーツは冷めると収縮しますので、プラモデルのパーツには収縮によっていわゆる「ヒケ」ができます。

プラモデルのパーツのヒケは本来の設計形状から変形した部分ですし、部分的に曲面状にヒケていると見映えが悪くなります。そこで、パーツ表面をヤスって平らにしたり、ヤスって消そうとすると周辺のディテールを損なうほどヒケが大きい／深い場合はパテで埋めて修整したりします。地味な工作ですが、パーツを成型する段階できちんとヒケの処理をしておくと、完成後の精密感は確実に上がります。

ところで、プラモデルのヒケに関して悩ましいのが、ヒケをどこまで処理するのか、ということでしょう。模型雑誌の記事などを読むと「●●のところにはヒケがあるので処理をします」などと書かれていたりしますが、ヒケは熱収縮によっておきる現象なので、実際はすべてのパーツでおきています。体積が大きいところはたくさんヒケるので厚みがあるパーツだと目立ちやすいのですが、体積が小さいところは少ししかヒケないので目立たないだけです。また、パーツ形状や成型条件などを工夫することで、「パーツ表面をまんべんなくヒケさせる」ことにより、ヒケているけれど目立たないという場合もあります。言葉どおり「ヒケているところは処理しよう」とするとすべての面にヤスリをあてることになります。

しかしながら、ガンプラなどのように面が多い模型や艦船模型のようにディテールが入り組んでいる場合、すべての面にヤスリを当てるのは物理的に難しかったりしますし、きれいにヤスれないと、ヒケを処理したつもりがエッジを丸めてしまったりして、むしろ見映えが悪くなったということもあり得ます。どこまでのヒケを処理するかは、製作するモデラーがどこまでのヒケを容認するか、ということにかかっていますが、どうしても気になる箇所以外はそのままにしておいたほうが無難と言えます。とくに白く塗るところなど膨張色のパーツは、ヒケていてもほとんどわかりませんので、よほど気になる箇所以外はそのままにしてしまってもよいと思われます。

一般論としては、このように「気になるところだけ凹みを修整する」ということでよいのですが、例外として、できる限りヒケを修整しておいたほうがいい場合もいくつかあります。ひとつはカーモデルなどでツルピカのグロス仕上げにする場合、もうひとつは黒で仕上げる場合です。

このふたつの仕上げの共通点は、色味ではなく表面のツヤ感で見映えが左右されるところにあります。グロス仕上げでは、ヒケがあるとそこだけ光の反射のハイライトが歪んで凹みが目立ちます。また、黒、とりわけツヤ消しの黒で仕上げる場合は、表面の凸凹の反射だけが見えているような状態になりますので、さらにヒケがはっきりと見えやすくなってしまいます。グロスと黒で仕上げる場合は、できる限りヒケを処理しておくようにしたいところです。

ヒケを処理するとき、ヒケている面のなかや周辺にスジ彫りなどのディテールがある場合は、凹みがなくなるまでどんどん削っていくとディテールが消えてしまうことがあります。そういう場合は、ヤスリで完全な平面まで削ろうとせず、適当なところで残った凹みをスポンジヤスリなどで均すようにするのもありでしょう。まったく処理しないよりきれいに仕上がります。■

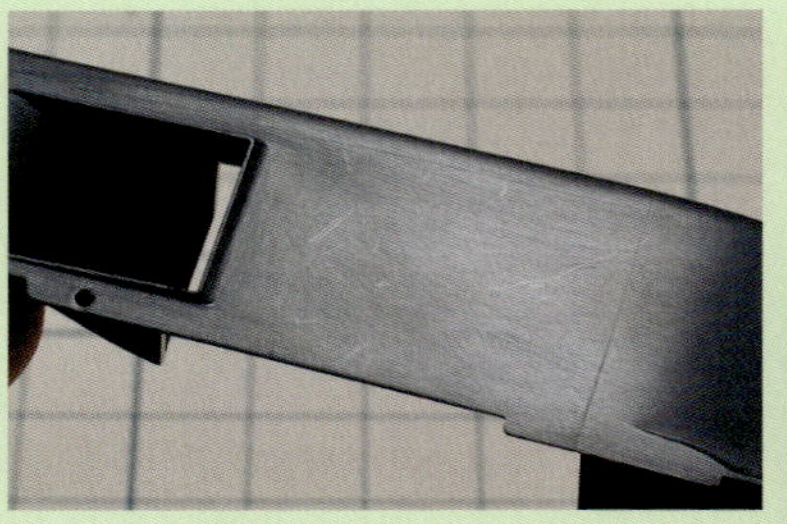

▲▶うっすら丸く見えるところがヒケですが裏にはダボがあります。パーツ裏側に塊があるところはヒケやすいのでパーツ裏側を見てチェックしましょう。ヒケのところは紙ヤスリなどで整えるようにします

疑問!! Q&A

モーターツールを買うか買わないか迷っているのですが……

モーターツールはないと作れませんか? どういうときに便利ですか?

質問その16
工具/ツール

なくても作れないことはないけれどあると便利そう、なによりちょっと上級者っぽくて憧れる工具の筆頭、それがモーターツールではないでしょうか。モーターツールというとなにやら硬い物をがりがり削るようなイメージがあるかもしれませんが、実際はそうとも限りません。あると便利なモーターツールの使い方を紹介してみましょう。

プラモデルを製作するときに使う工具で、持っていると便利そうではあるけれど絶対にそれがないと作れないわけではないので購入するかどうか迷うものがあります。その代表がモーターツールではないでしょうか(リューターとも呼ばれていますが、「リューター」はセロテープやアロンアルファなどと同じく製品名です)。

ここで言うモーターツールは、ビットを電動で回転させる方式のもので、ビットを交換することで、穴開け、切削、研磨をひとつの工具で行なうことができます。ビット取り付け部の形状、大きさやパワーによっていろいろなタイプがありますが、模型で使用する場合は小型のハンディタイプでもほとんどの場合はこと足ります。

結論から言うと、パテをゴリゴリ削ってスクラッチビルドをする場合やメタルキットなど硬い素材のパーツを削りたい場合以外は、モーターツールがなくても製作することはできます。しかし、モーターツールを適所に使うと、工作時間を短くできるだけでなく工作精度を上げることができます。模型の場合は、必要かどうかと言うよりは、あるともっとうまく作れるようになる工具と捉えるほうがよいと思います。

穴あけに関しては、手動の、いわゆるピンバイスでも穴を開けること自体はできます。穴開けでモーターツールを使うメリットは、たくさん穴を開けたいときや大きめの穴を開けたいときに省力化できること、それと、正確な径で開けやすいところでしょう。手動のピンバイスで穴を開けると多少なりとも刃が左右にブレますが、モーターツールを使うと刃がブレにくくなります。工作精度が上がるということもありますが、0・5㎜径以下くらいの細いドリル刃を使う場合はモーターツールを使うと刃を折りにくくなるというメリットもあります。

切削に関しては、モーターツールがとくに便利なのは、凹んでいてナイフの刃や板をあてた紙ヤスリが入りにくいところを削るときでしょう。穴のフチを薄く見せるためにパーツの裏側を薄く削ったり、ガンプラなどのパーツ内側の可動ギミックモールドを加工したいときなどはモーターツールだと簡単に手早く作業できます。

モーターツールのビットは非常にいろいろな形状、サイズ、素材のものが多数販売されていてます。そのなかでも模型製作に便利で早めに揃えておきたいのは、荒削りに使いやすい先端が球形や滴形の超硬刃ビット、穴を拡げるときなどに使いやすい細めの滴形のダイヤモンドビット、パーツを部分的に切り離したいときに使える円盤状のダイヤモンドカッター、エッチングパーツの整形に便利な砥石あたりでしょうか。もちろん製作するキットや工作内容によって適したビットは変わります。適したビットを使うか使わないかで工作のしやすさや精度が大きく変わってきますので、自分のやりたいことに合うものを探して使うようにしてみてください。

ビットを回転させるタイプではない電動工具でもうひとつ便利なのが、ヤスリを貼り付けて整形作業に使えるGSIクレオスのMrポリッシャーPROです。これを使うまでは電動系のヤスる工具は繊細なヤスりがけが必要な模型製作にはあまり適さないと私は勝手に思っていたのですが、このMrポリッシャーPROは模型に使っても削りすぎが起きにくく、うまく使うと手でヤスるよりきれいに整形ができます。

個人的なオススメの使い方は、スポンジヤスリを両面テープで貼り付ける使い方。紙ヤスリをあてにくい狭いところの曲面部の表面を整えたいときなどに手間をかけずに滑らかに整形することができます。■

▲GSIクレオスのMr.ポリッシャーPRO(税込1620円)は、左右の回転往復運動でヤスリがけを行なう電動工具。先端部に貼り付けるヤスリを変えればいろいろなシチュエーションに対応でき、意外とこまかいところもヤスリがけできます

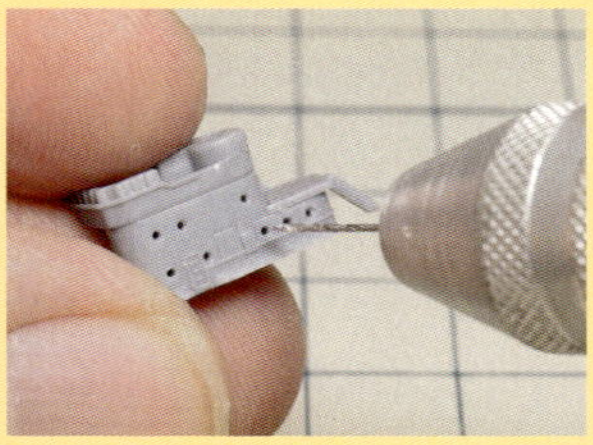

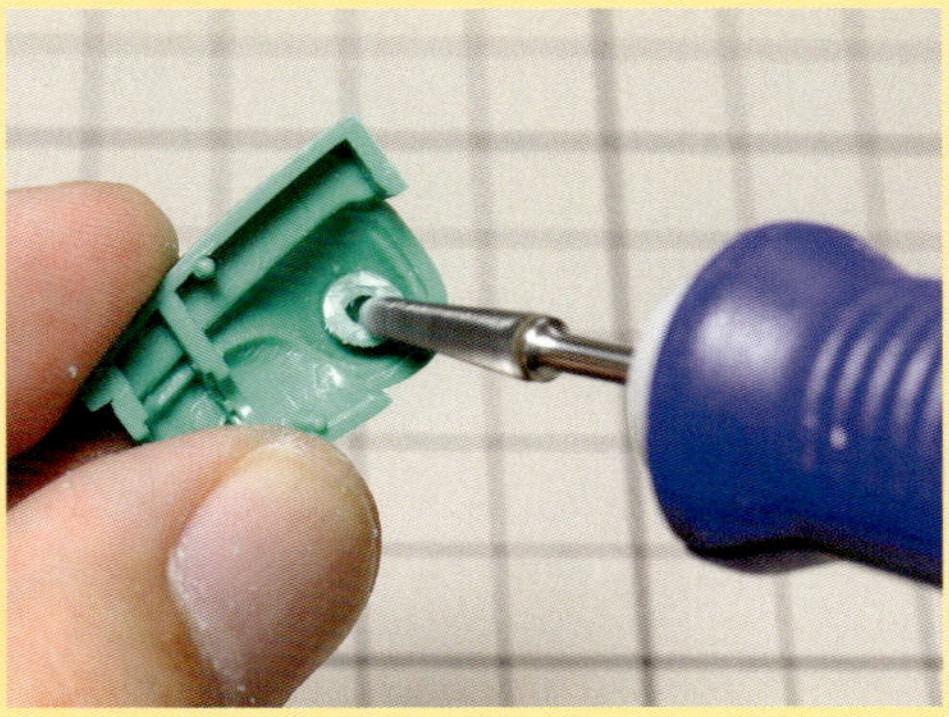

▲▶モーターツールがとくに便利なのは、奥まったところの切削と、穴開けのような同じ作業を繰り返すときです。使用することで作業時間が短縮できるだけでなく、適切な先端ビットを選んで作業することで工作精度を上げることもできます

疑問!! Q&A

こまかい作業のところほど
緊張して手が震えてしまいます……

こまかい作業をしていると手がぷるぷる震えてうまく作れません。

質問その17
オールジャンル

プラモデルを製作していると、非常にこまかい切削作業や接着作業に出くわすことがあります。そんなとき緊張で手が震えてうまく作業できなかった経験はありませんか？　手が震えてしまうと、思わぬところでカットしてしまったり、接着剤がはみ出したり、そもそもいまくくっつかなかったり……。これはどうしたらいいのでしょうか？

模型を製作するときに、こまかいパーツの接着やエッチングパーツの工作、面相筆により細部塗装などでで手がぷるぷると震えてうまくできない、という経験をされたことがあると思います。

人は、緊張すると自律神経のバランスが乱れ、それによって筋肉の震えが起きると言われています。緊張しているときは、交感神経の働きに偏っている状態で、汗、震え、動悸などが起き、心拍数の増加、血圧／体温の上昇などが表れます。模型製作でパーツを接着しているときなどは、集中した状態になりますし、こまかい箇所となればそのぶんさらに意識が集中するでしょう。そのような過度な集中が緊張を生み、それで手が震えてしまうわけです。

とくに指先以外がほとんど動かない状態での緊張した作業になるパーツの接着時には、このような震えが出やすく感じます。接着時に手が震えているとパーツの位置がずれてしまったり、不要な箇所に接着剤をつけてしまったりという失敗が起きます。

そこでこのような手の震えで失敗しないための対処法をいくつか紹介してみることにましょう。ここで紹介するのは、あがり症の克服法によくあるような「メンタルを鍛える」というような類いではなく、誰でも簡単にすぐ物理的に行なえる方法ですので、ぜひ試してみてください（なお、疾病により手が震えている場合もあり、その対処法ではありませんので念のため）。

ひとつめは、手首を机に付けた状態で作業をするという対処法です。手が震えるならば、震えないように固定してしまえばいいという考え方ですね。作業内容や工具の種類／持ち方にもよりますが、手首や小指の付け根あたりを机に置いて作業するようにすると手が大きくブレなくなります。ヒジを机に置くのもよいのですが、なるべく指先に近いところを机に置いて固定した方が震えによるブレが小さくなるでしょう。作業したい位置が高いところにあって手の平が机に置けない、と言うような場合は、発送を逆転して、手を置く台を用意し、そこに手を置くようにするのもおすすめです。

さらにそれでも手の平が震えてブレる、という場合は、工具（あるいはパーツ）を持っている手の使っていない指を、パーツを保持している反対の手につけるようにすることで、さらに揺れやブレをなくすことができます。普通、接着剤やピンセット、筆などの工具は親指／人足し指／中指の3本で持つことが多いですので、余っている薬指を固定に使うことが多いです。

また、両手にパーツと工具を持って作業をすると、震えてブレる要素がふたつあるため、ブレの幅が大きくなってしまいますので、接着や塗装を行なうパーツを机に固定しておく、というのも有効な対処法。たとえば艦船模型で張り線を追加するときなど、線を持つピンセットと艦本体を両方持って作業せず、艦本体は机に固定して作業するだけでも、格段に張り線を接着する際の位置決めがしやすくなるはずです。

もうひとつの効果的な対処法は、ゆっくりと息をはき出しながら作業を行なう、です。それだけ？　と思われるかもしれませんが、これがけっこう有効なテクニック。息を吐くときは、鼻ではなく口から、できれば力まない腹式呼吸で、唇をすぼめ気味にして10秒以上ゆっくりと長く息を吹き出し続けるようにしましょう。これで震えがかなり押さえられるはずです。呼吸は武道やスポーツでも重要なファクターとして見直されてきていますが、模型製作も体を使うと言う意味では同じで、呼吸法ひとつでも指先の動きが変わります。すぐにできるのでぜひ試してみてください。■

◀▼とくにこまかい作業をするときは何か手を置く台を用意するのがおすすめです。GSIクレオスからはMr.TAKUMIアームレストが製品化されています

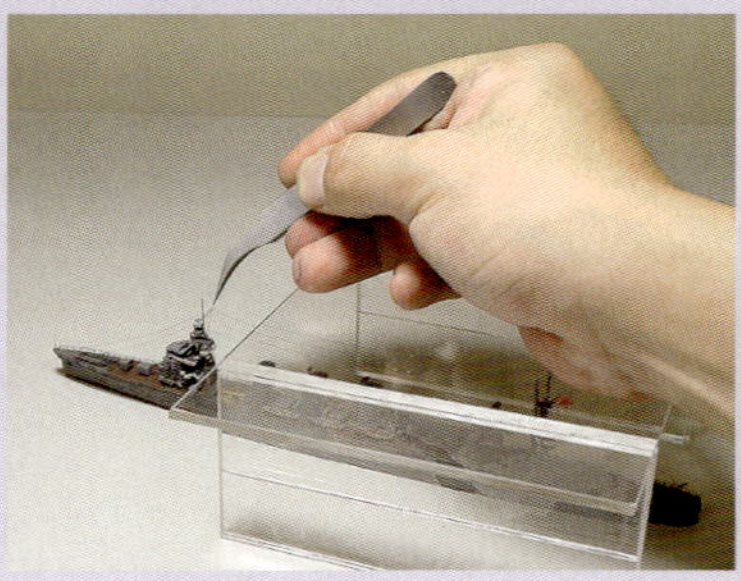

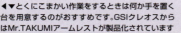

疑問!!

選択肢が多いのは良いことなのでしょうけれど いっぱいありすぎて正直選べません！

メタリックカラーの種類がたくさんありますがそれぞれの違いを教えてください。

Q&A

質問その18 マテリアル

ラメっぽい色から本物の金属のような質感のものまで、模型用塗料のメタリックカラーは本当に種類が豊富になりました。使い方次第でプラモデル完成品の見映えを大きく上げてくれるメタリックカラーですが、種類が多すぎてどれがどれやら……という方のために、模型用ラッカー系塗料の代表的なものを整理してみることにしましょう。

メタリックカラーは顔料の色や粒子感がそのまま塗ったときの色味／質感として出るので、色味だけでなく質感ごとに別の塗料として売られており、それぞれに特徴があります。近年はメタリックカラーの種類が豊富になって選択に困ることもあると思いますので、ここでは模型用ラッカー系塗料に絞って2社のラインナップを整理してみることにします（限定販売色は省きます）。

まずはGSIクレオスの塗料から。Mrメタリックカラ—GXは、高精製技術により超微粒化した特殊顔料を使用した塗料で、Mrカラーシリーズのメタリックカラーに比べて薄い塗膜でしっかりとした金属発色が得られるのが特徴。使い勝手はMrカラーシリーズとほぼ変わらず、混ぜて使用することもできますので、粒子感の違いや色味で選ぶことができます。現在17色と色数が多く中間色もラインナップされています。

Mrカラースーパーメタリックは、さらに微細な金属粒子を使うことで、金属地に近い質感が得られるシリーズです。金属光沢感が高いわりに塗膜が強く扱いやすいのが特徴です。同シリーズのなかで特筆しておきたいのは、メッキシルバーNEXT。この塗料は超微粒子顔料を使うことで、メッキ調と言いますか、ほぼ金属を磨いたような光沢を得ることができるというものです。あまりに粒子がこまかいため、下地の色と凸凹の状態の影響を受けやすいので、深みのある色味で鏡面仕上げにしたい場合は、下地をツヤありのツルピカな黒にして薄くきれいに吹き重ねていく必要があります。メッキ調塗料は塗膜が弱いことが多くエナメル系塗料でのスミ入れができなかったりしますが、このメッキシルバーNEXTは24時間以上かけてしっかり乾かせばスミ入れやマスキングも可能です。

Mrメタルカラーは、塗装後に磨くことで金属光沢を得られる塗料。簡単に金属質感を得られますが、塗膜が弱いので基本的に上からのスミ入れやマスキングはできません。速乾なので筆塗りしても筆ムラがでにくく、細部塗り分けに重宝します。なお溶媒が普通のMrカラーとは異なるようで、ラッカー系うすめ液で薄められますが他シリーズとの混色は基本的にできません。

Mrクリスタルカラーは使い方によって金属色にも見えるパール系の塗料です。メタリックカラーの上に重ねて使うというような用法もありでしょう。

次はガイアノーツ。ガイアカラーのメタリックカラーシリーズには「ブライト〜」と「スターブライト〜」があり、後者のほうが粒子がこまかくなっていて、Mrカラー／MrメタリックカラーGXと同様の関係性となります。使い勝手はほぼ同じで混ぜて使うこともできます。

プレミアムシリーズのプレミアムメッキシルバーは、GSIクレオスだとメッキシルバーNEXTに相当する超微粒子のシルバー塗料。使用上の注意点はメッキシルバーNEXTと同様になります。メッキシルバーNEXTと同条件で吹き比べると多少の質感の違いがありますが好みの範囲という感じで、両者ともにむしろ下地の状態による変化のほうが大きいです。

パールカラーは、粒子感がこまかいメタリック色で、光の具合や見る方向で色が変化する偏光色もラインナップされています。

リアルフィールカラーは、顔料に本物の金属素材を使用したというおもしろい塗料。鉄粉をベースにしたリアルアイアンブラック、アルミ粉をベースにしたリアルアイアンシルバー、黒鉛をベースにしたグラファイトブラックがラインナップされていて、水をつけることで錆びさせたり磨いて鈍く光らせたりすることができます。■

▲メッキ調のものを塗装する際は下地を平滑に磨いておくことがとにかく重要です。非常に粒子がこまかく下地の凸凹がそのまま表に出ますので、ザラつきがあったりすると塗料本来の光沢感が出せません

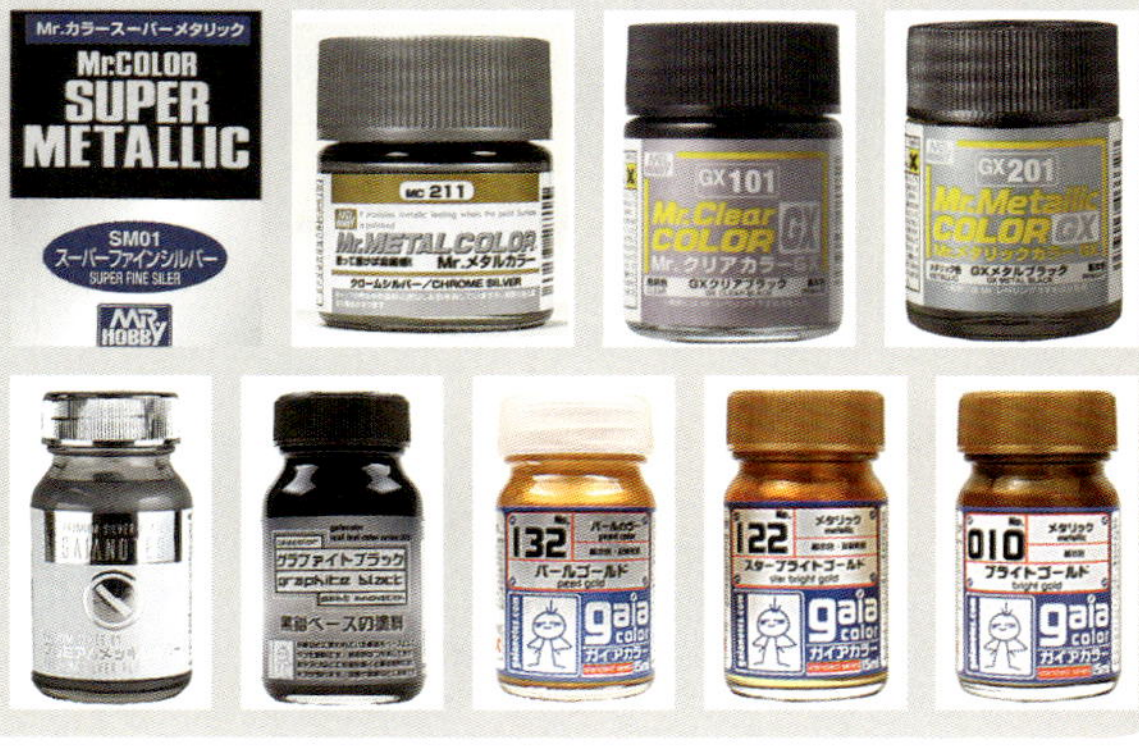

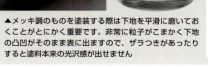

疑問!! プラモデル用の薄刃ニッパーがいろいろあってどれにするか迷ってしまいます

Q ニッパーがいろいろありますがどんなものがおすすめですか?

質問その19 工具/ツール

プラモデルのゲート切断にはプラスチック専用の薄刃ニッパーを使うのがよいです。薄刃で切れ味が良いニッパーを使うことにより、ゲート切断時のパーツの破損を防ぎつつ、ゲート処理の際の手間を減らすことができます。ただ……各社から同様の用途のニッパーが販売されているので、どれを選んだらいいのか迷ってしまいませんか?

&A

まず大前提として、プラスチックパーツのゲートを切るニッパーと金属線などを切るニッパーは分けましょう。プラスチック用ニッパーで金属を切ると刃が早く傷みますし、金属用ニッパーは刃が厚いのでゲートがきれいに切れません。

また、プラスチック用の薄刃ニッパーは「プラモデル上級者向け」の高級品というわけではありません。薄刃ニッパーはパーツ側を破損させるリスクを減らしてきれいにパーツを切り出しやすくしてくれるので、むしろ初心者こそ使うべき工具と言えます。きれいにサクッと切れないニッパーを使っていると修整に手間取ります。初心者はヤスリを使った修整作業をすると余計なところをヤスってしまってパーツ形状を損なうことが多々ありますので、切れ味の良いニッパーを使うことが手間を減らすと同時にきれいな完成品を製作する近道になります。

プラモデルのゲートカットに最適なプラスチック専用極薄刃ニッパーとして代表的なのが、タミヤの「クラフトツール 薄刃ニッパー(ゲートカット用)」、グッドスマイルカンパニーの「匠TOOLS 極薄刃ニッパー」、ゴッドハンドの「アルティメットニッパー5・0」でしょう。

タミヤ薄刃ニッパーは、プラモデル用薄刃ニッパーの先駆け的な製品で、愛用者も多くこれがないことにはプラモデル製作ははじまらない、というモデラーも多いです。後発の匠TOOLS 極薄刃ニッパーは、切れ味と長く使えることを狙ってプラモ出る製作用にいちから作り起こされたニッパー。最大の特徴は、バネが樹脂製で交換可能になっているところでしょう。切れ味に関しては両者ともに甲乙つけがたいのですが、どちらかを選ぶとなった際にポイントとなるのはグリップの仕方だと思われます。

ちなみに私は匠TOOLS 極薄刃ニッパーを普段使用しているのですが、これは私が「ニッパーのグリップの間に人差し指を入れない持ち方」のほうが好みだからです。匠TOOLS 極薄刃ニッパーは先述したように樹脂製の大型バネがグリップ間にあってグリップを戻す力が強いので、私のような手全体で包み込むような持ち方だと使いやすいです。逆に「グリップの間に人差し指を入れ、上側のグリップを親指と人差し指でつまむ」派の知り合いのプロモデラーは、グリップ間にバネがなく空間が空いているタミヤ薄刃ニッパーを愛用しています。匠TOOLS 極薄刃ニッパーだと間に挿し込む指が樹脂製バネの上にくるのでコントロールがしにくいとのことです。もちろん、それぞれ逆の持ち方だと作業できないというわけではありませんので、最終的には自分の使い方に合うほうを選んでください。

ゴッドハンドのアルティメットニッパー5・0はちょっと変わったニッパーで、最大の特徴は片刃構造なところでしょう。超極薄刃のアルティメットニッパーは、完全にプラモデルのパーツ切り出しに特化したニッパーで、切れ味自体は先の2製品とそれほど変わらないのですが、刃が片側にしかつけられていないことにより、切断面がより平面に近い状態に切ることができます(両刃だと刃が合わさるところが盛り上がったり小さな出っ張りが残ったりしやすい)。片刃なため右手用と左手用が別に製品化されているのもおもしろいところです。

超薄刃なのできれいに切れてパーツ側の破損リスクも低いですが、刃が薄いぶん切る際にねじったりすると刃が欠けやすく、扱いには少々注意が必要となります。また、先の2製品と比べると高価で、実勢価格4000円を超えますので、ニッパーにそこまで求めるかどうかはモデラー各人の判断になってくるでしょう。■

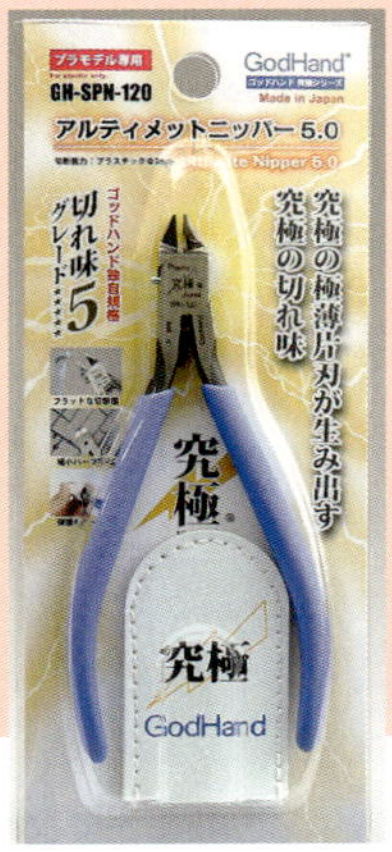

◀ゴッドハンドの［右手用］アルティメットニッパー5.0 SPN-120(税込5184円)。片刃で非常に切れ味が鋭く、使用箇所によっては非常に便利なニッパー

◀このジャンルの工具の先駆けとなったタミヤのクラフトツール 薄刃ニッパー(ゲートカット用)(税込3132円)。プラ用薄刃ニッパーは消耗品ですが、タミヤのものは入手しやすいのが◎

▶グッドスマイルカンパニーの匠TOOLS 極薄刃ニッパー(税込2675円)。樹脂製のバネは硬さが違うスペアも付属。バネの戻りがしっかりしているのが好みの人にはおすすめです

疑問!!

改造でパテ盛りをしたいとき どのパテを使えばいい?

エポキシパテとポリエステルパテの使い分けがわかりません。

質問その20

マテリアル

模型でよく使われるパテには、ラッカー系パテ、エポキシパテ、ポリエステルパテ、瞬間接着パテ、光硬化パテなどがありますが、そのなかでも使いどころが似ているのがエポキシパテとポリエステルパテ。改造やスクラッチビルドなど、形を大きく変えたいときに便利なこのふたつのパテですが、その使い分け方、ちゃんと知ってますか?

Q&A

パテは用途に応じていろいろな種類のものがありますが、模型でよく使うのはラッカー系パテ、エポキシパテ、ポリエステルパテ、瞬間接着パテ、光硬化パテといったところでしょうか。それぞれの特性と使い分けのポイントを整理してみます。

ラッカー系パテは揮発により硬化し硬化後も比較的柔らかいパテで、主にパーツ表面の傷消しなどに使います。硬化に時間がかかる(数時間以上)のと、柔らかいので、これだけで造形するのには向きません。また、揮発性なので、多めに盛ると硬化するにつれて表面がヒケてきます。

瞬間接着パテは化学反応ですぐに硬化し事後のヒケもほとんどないので、合わせ目消しやちょっとした穴埋めに便利なパテ。硬化後は脆いので、これも単体で造形するのには向きません。表面に「す」(こまかな気泡)ができやすいのとスジ彫りを彫るときれいにエッジが立たないので、表面を瞬間接着剤でコートするのがおすすめです。

光硬化パテは紫外線などをあてることで硬化するパテで、即硬化、ヒケが少ない、切削性が良いなどのメリットがあります。ただ、いまのところ高価なのと、光をあてたときに光が届く厚みを超えて盛ると硬化不良を起こすので、塊状のパーツを造形するのにはあまり向きません。

これら3つのパテは、表面処理や合わせ目消しでは非常に便利なパテですが、いちから立体を造形をするのにはあまり向かないという特性の共通点があります。逆に塊状のパーツを造形するときに便利なのが、ポリエステルパテとエポキシパテです。

ポリエステルパテは、ペースト状の主剤に少量の硬化剤を混ぜ化学反応で硬化させるタイプのパテ。硬化時間は製品によって差がありますが大体20分程度で、完全硬化する前ならばナイフでサクサク削ることができます。主剤の硬さは、塗りつけやすい柔らかめのタイプと盛りやすい粘りの強いタイプがあります。

ポリエステルパテの良いところは、切削性が良い、硬化時間が短めなので造形作業をテンポ良く行なえる、粘度が低めで盛りつけがしやすい、というところでしょう。また、造形用パテのなかではグラムあたりの値段が安価というのも魅力です。難点は、特有の刺激臭がきつめなところ、多少ヒケるところ、プラスチックやレジンに盛ると剥がれやすい、やや脆いなどです。

エポキシパテは粘土状の主剤と硬化剤を同量混ぜることで硬化させるパテです。硬化時間、硬さ(密度)によっていろいろな種類がありますが、強度がある高密度のものほど硬化時間は長い傾向があります。

エポキシパテの良いところは、粘土のように造形できるところと密度が高めのパテを選べば強度が高いところ。また、臭いがほとんどないのも特長でしょう。難点は、高密度タイプだと完全硬化に10時間以上かかるので造形のテンポが悪くなるところと、gあたりの価格が高めなところです。

ポリエステルパテは、基本的には盛りつけてから削ることで形を出すというのが造形の手順となります。流動性が高いので、型に流し込めば簡単にブロックが作れるので、そこから概形を削り出す、というような作り方ができます。いっぽうのエポキシパテは完全硬化するとかなり硬くなり、削って造形しようとするとモーターツールでの加工が必要になりますが、硬化時間が長めなので、硬化前に粘土をこねるようにして造形することができます。

つまり、塊を削って形を出すならポリエステルパテ、柔らかい粘土のような状態で造形したいならエポキシパテを使うのが一般的な使い分けとなります。■

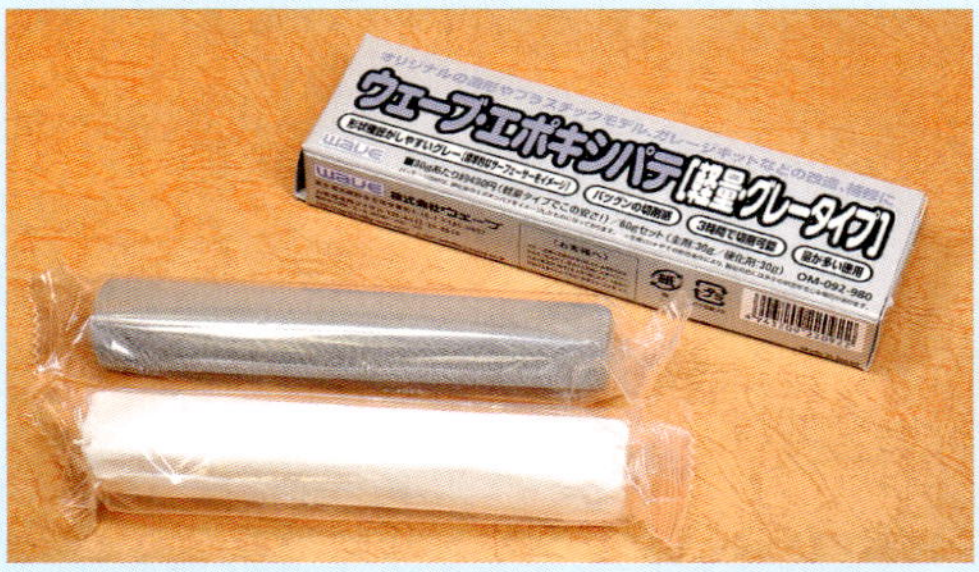

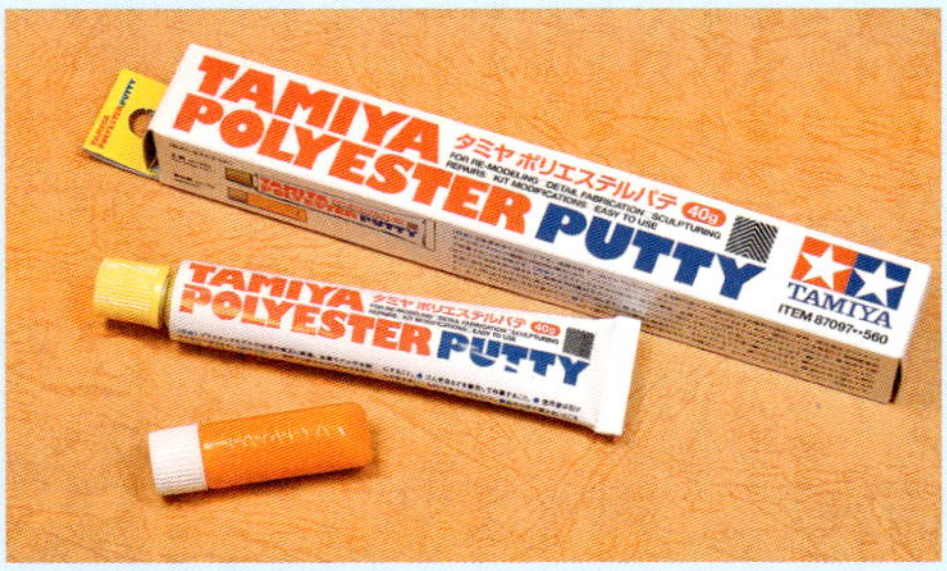

▲エポキシパテ、ポリエステルパテともに、硬化時間や硬化後の硬さ、色などによってさまざまな種類があります。作業可能時間と完全硬化時間がパッケージに記載されていますので、それらを確認したうえで自分の用途に合うものを選んで使うようにしましょう

疑問!!

クリアーパーツを一所懸命磨いているのですが
いつまでたっても終わらない……

クリアーパーツなどの小傷がコンパウンドで磨いてもなくなりません……。

Q&A

質問その21
オールジャンル

ツルピカのグロス仕上げにしたいときやクリアーパーツの整形後に元どおりりにきれいな透明にしたいとき、最後にコンパウンドを使って磨きます。しかし、磨いても小さな傷が消えてくれないことがあります。それならとより目がこまかいコンパウンドにしても全然傷が消えない……これってどこが間違っているかわかります？

クリアーパーツやツヤあり塗装面の表面の小傷を消してツルピカに仕上げたいときは最後にコンパウンド（ペースト状の磨き粉）で磨きますが、こうした作業は、単純にひたすら磨き続けていればいつかきれいになる、というものではありません。磨き作業にはいくつかのコツがあり、そのコツを知らずになんとなく磨いているだけだと、時間がかかるわりになかなかきれいに表面の傷が消えてくれません。

コンパウンドは紙ヤスリと同様に目のこまかさに種類があり、プラスチックパーツや塗膜を磨く場合は、模型用の「粗目」、「細目」、「仕上げ用」（製品により呼称は異なります）というような、3種くらいの目のこまかさが異なるコンパウンドを粗いほうからこまかいほうへと順に使っていきます。ここで注意したいのは、なるべくツルツルにしたいからと、いきなりこまかい目のコンパウンドで磨いてもなかなか傷が消えない、ということです。コンパウンドは粒子で削ることにより表面を平らにしますが、紙ヤスリと同じように目がこまかいものを使うと大きい凸凹（傷）はなかなか削れません。たとえば、320番の紙ヤスリでパーツ表面にできた深めのヤスリ傷は、いきなり1000番以上の紙ヤスリで磨いてもなかなか消えないのと同じです。順に粗いものからこまかい目のものに換えて磨いていくようにしましょう。

クリアーパーツやクリアー塗膜を磨くときに粗目のコンパウンドを使うと、白くスリガラス状に表面が曇ってしまい、「大丈夫なのかな？」と思われるかもしれませんが、粗目の段階でしっかりと磨いておくほうが、細目→仕上げと進んだときに、速くきれいに傷が消えてくれます。コンパウンドできれいに磨きたいときに重要なのは、細目→仕上げに移る前に、表面の大きめの凸凹（傷）をどれくらいなくしておけるか、です。粗目で磨いた段階で大きな傷が残っている場合は、そのまま目がこまかいコンパウンドでの磨きに進んでしまわず、2000番くらいの紙ヤスリ／研磨材にいったん戻って傷を消し、改めて粗目で磨くようにしましょう。遠回りのようでも最終的に磨く時間を短縮することができます。

数種の目のこまかさが違うコンパウンドを併用するときに気を付けないといけないのは、コンパウンドが混ざった状態で磨かないようにすることです。

ペースト状のコンパウンドは、分けて使っているつもりでも、前の段階で使ったコンパウンドが磨き布やパーツ表面に残っていて、結果的に混ざってしまっていることがよくあります。前の段階で使った、より粗い目のコンパウンドが残って混ざっている状態になると、こまかい目のコンパウンドに移ったあとも傷が消えていきません。なので、使う磨き布はコンパウンドの種類ごとに分けるようにし、コンパウンドの目をこまかいものに換えるときはいったんパーツを洗浄してコンパウンドを完全に落とします。単にパーツ表面を拭き取るだけだとスジ彫り部などにコンパウンドが残っていて、磨いているうちに混ざってきます。

また、磨くときは、磨き布を回すように動かしましょう。これは、直線状に往復するように磨くと磨き傷を深くしやすくなるからです。磨くときはなるべくランダムな感じの円運動を心がけると深い磨き傷がつきにくくなり、速く傷が消えてくれます。

最後に残った小さな傷が消えにくい場合は、市販のコーティング剤を使うのもよいでしょう。傷消し用のコーティング剤は自家用車の実車などでも使われていますが、ミクロなポリマーやガラス繊維が傷の凹みを埋めてピカピカにしてくれます。■

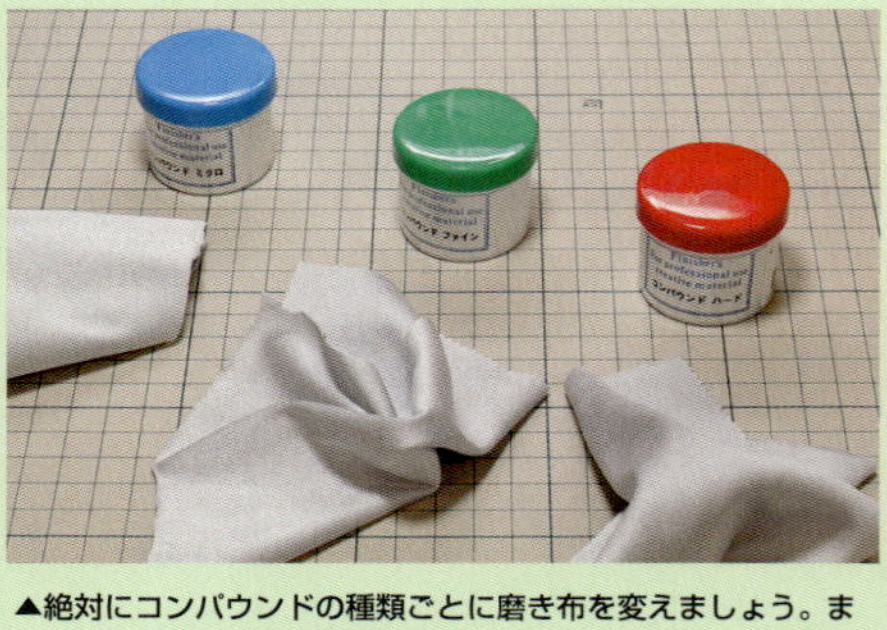

▲絶対にコンパウンドの種類ごとに磨き布を変えましょう。また、コンパウンドの種類を変えるときは、パーツを一回洗浄してコンパウンドを除去するようにします

疑問!!

金属製のナイフの刃でも不自由を感じませんがもっと切れ味がよいのでしょうか？

セラミック刃のナイフは何がいいのですか？よく切れるということ？

Q&A

質問その22

工具／ツール

セラミックは耐腐食性、耐熱性が高く、台所の包丁から宇宙船のスラスターのコーティングまでいろいろな場面で活躍している便利な素材ですが、模型用ナイフにもセラミック製のものがあります。セラミック包丁というと切れ味が良くて錆びない、というのが定番の売り文句ですが、模型用セラミックナイフは何が良いのでしょうか？

包丁やハサミにセラミック刃のものがありますが、模型に使えるナイフの刃にもセラミック製のものがあります。模型店などで購入しやすいものにガイアノーツのマイクロセラブレードというものがあり、これがなかなか便利なのですが、このセラミック刃は金属製のデザイン／アートナイフの刃と比べてどう違うのか、メリットはいったいどのあたりにあるかを紹介します。

セラミック包丁の長所はいろいろとありますが、なかでも「薄刃で切れ味がよい」、「軽量で扱いやすい」、「非金属なので錆びない」、「素材に金属臭がつかない」、「柑橘系果実を切っても酸に侵されない」といったあたりが重要なところでしょうか。

しかし、模型製作用途で考えると、金属臭がつかない、柑橘系果実うんぬんというのは関係ありませんし、金属刃が錆びるといっても、1本が高価な包丁と異なり、ナイフの替え刃は安価なのでどんどん換えて使えます。模型用ナイフは小さいので重量も使い勝手に影響しないでしょう。それに、デザイン／アートナイフの刃はかなり切れ味が良くこれ以上は必要ないという感じがします。「セラミック刃なんて必要ないのでは?」と思われるかもしれませんし、私もマイクロセラブレードを実際に使ってみるまではそう思っていました。

しかし違うのです。セラミック刃包丁は、切れ味が良くその切れ味の良さが長続きするところが特長ですが、模型用に開発されたこのマイクロセラブレードは、刃が適度に鈍い＝切れ味が鋭すぎないところが最大のポイントです。この「刃の鈍さ」が削りやすさと仕上がりの良さを生みます。

マイクロセラブレードは、バリ取りや、パーティングライン消し処理に特化したセラミック刃です。使用法は、刃を立てて刃渡りと垂直方向に刃を滑らせるようにして、段差やバリを削るようにします。一般的に「ナイフでのカンナがけ」と呼ばれる削り方ですが、このように削るときは、刃が鋭すぎると刃がパーツに刺さったりひっかかったりして表面に凸凹ができやすく、表面をきれいに仕上げにくくなります。マイクロセラブレードは適度に刃先が鈍いため、パーツを深くえぐりすぎることがなく、表面をなでるように削っていくことでパーティングライン部などの段差を手早くきれいに整形することができます。

デザイン／アートナイフでも同じようなカンナがけはできますが、デザイン／アートナイフの刃は切れ味が変化していくスピードが速いので、ちょうどよく削れるタイミングが短く、ちょうどよい状態をあまり長く保てません。このマイクロセラブレードだと、削りやすい状態がそのまま長持ちするのも使いやすいポイントです。

このマイクロセラブレードが教えてくれたように、刃物はなんでも切れ味がよいほうが良いというわけではなく、切れ味が鈍いからこそ使いやすいものもあります。

切れ味が鈍いほうが使いやすい好例としては、オルファのアートナイフ用替え刃の平刃があります。この刃は、切れ味の良さを活かした切削に使おうとすると、刃渡りが8㎜あるのでプラモデル用としては幅が広すぎてあまり使いどころがありません。しかし、刃が鈍くなった状態で使うと、パーツ表面に瞬間接着剤の飛沫が飛んだときなどに、プラスチックを削らずに固まった瞬間接着剤だけをきれいにこそぎ取ることができてとても便利だったりします（机の上に飛散した瞬間接着剤を除去するときなどにも大活躍しています）。このような「切れ味が悪い刃」の有効な活用法はほかにもいろいろあると思いますので、ぜひみなさんも考えてみてください。■

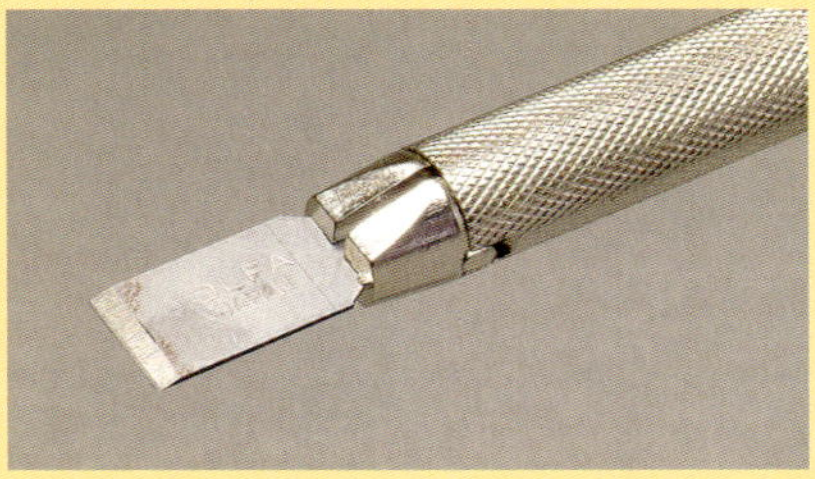

▲刃先が鈍った平刃ナイフは瞬間接着剤の飛沫の除去にとても便利。使い始めてからもう5年以上経っているので錆が浮いてきていますが非常に便利に使えている……と言いますか、使い込むとともにどんどん刃が鈍って使いやすくなってきていて、もはや手放せません

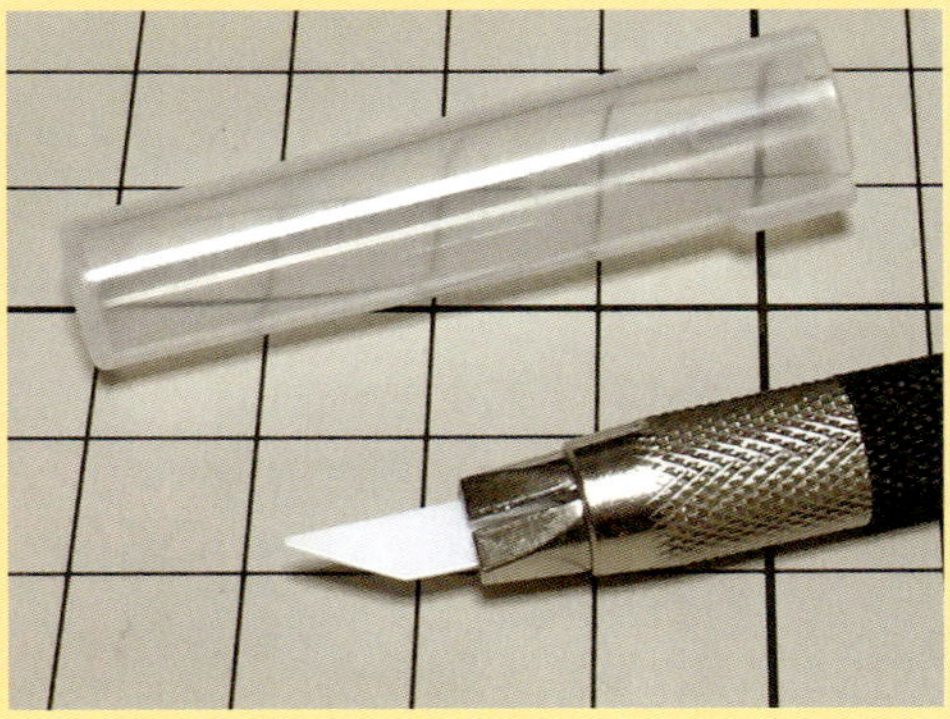

疑問!!

外側に見えてしまっているポリキャップを
もっと見映えよく仕上げたい！

ポリキャップなどの軟質樹脂は整形／接着／塗装できますか？

Q&A

質問
その23
マテリアル

可動ギミックなどでよく使われている軟質樹脂製パーツ、通称ポリキャップは、通常塗装や接着はできないということになっています。でもプラモデルを製作していると、外側に見えてしまっているポリキャップを塗装したり、外側にディテールを追加するためにプラ材を接着したいなんてこともあります。どうすればいいのでしょうか？

プラモデルには部分的にポリエチレンやアサフレックスなどの軟質樹脂が使われていて、そのまま塗装や接着ができるものとそのままだとできないものがあります。

ガンプラに付属しているフィギュアやしなやかな動力パイプなどのパーツ、ある時期以降のAFVモデルのベルト式履帯など、硬めのアサフレックス系の素材でできているパーツはプラスチック用溶剤系接着剤での接着と模型用塗料での塗装ができます（古いAFVモデルに付属する熱して留めるタイプの履帯はPP／ポリプロピレン製であることが多くそのままだと塗装が剥げます）。硬さは製品によってまちまちですが、粗めの紙ヤスリを使えば整形もできます。

可動ギミック部などに使われるいわゆるポリキャップの大半は、PE（ポリエチレン）でできていて、そのままだと塗装や接着をしてもすぐに剥がれてしまいます。また、近年のガンプラではPP（ポリプロピレン）製のフレームパーツや可動ギミックもよく見かけますが、こちらもそのままだと塗装が剥げやすいです。

ポリエチレンは、柔らかく機械的強度に優れ、水や油、薬品に強く、成型加工性に優れるプラスチックの一種。軟質から硬質まで様々な材種がありますが、ポリキャップでは比較的柔らかなものが使われています。ポリプロピレンは非常に軽く機械的強度に優れもっとも多く使用されているプラスチック素材のひとつです 耐熱性が比較的高いのでコンビニ弁当の容器などでも採用されています。折り曲げても破断しない「ヒンジ特性」に優れるため、ガンプラのフレームパーツに向く素材と言えます。両者ともにヤスって整形することもできます。

一般にPE、PP、シリコーンゴム、ポリアセタール、フッ素樹脂などは難接着素材と言われ、一般的な溶剤系／ゴム系／瞬間接着剤での接着が難しい素材です。しかし、専用のプライマーを使うことによってパーツを塗装したり接着したりすることができるようになります。

模型店で入手しやすい難接着素材塗装用プライマーとしては、タミヤの「ナイロン・PP用プライマー」とガイアノーツの「ガイアマルチプライマー」があります。

タミヤのナイロン・PP用プライマーは缶スプレータイプのRCカーやミニ四駆のホイールなどを塗るためのもので、ナイロン、PP、ABS、FRP、アクリル、酢酸ビニル、PETなどに塗料が食いつくようになります（PE、PSには適しません）。ガイアマルチプライマーは、染めQテクノロジィ社からプライマー「ミッチャクロン」の技術提供を受けて模型用に作られたプライマー。用途としては金属／レジン用が謳われていますが、PP、PEに塗ると塗装したときにかなり剥げにくくなります。PS素材に塗っても大きな影響はありませんが大量に塗ると変形する場合があり、用具の洗浄にはツールウォッシュが指定されています。このふたつのプライマーに限りませんが、プライマーはなるべく薄めに塗り、数十分しっかりと乾かすようにします。

なお、このふたつのプライマーはABSに塗れて、メーカー推奨用途ではありませんが、ABSパーツの割れ防止のためのコーティング剤として使用することもできます（関節ギミック部に塗ると関節の動きがかなり渋くなるので注意）。

PP、PEを接着したいときは、タミヤの瞬間接着剤用プライマー（PP・PE・POM）やセメダインのセメダインPPXのプライマーを使えば瞬間接着剤で接着できるようになります。また、GSIクレオスからはシリコーンが接着できるプライマーも販売されています。■

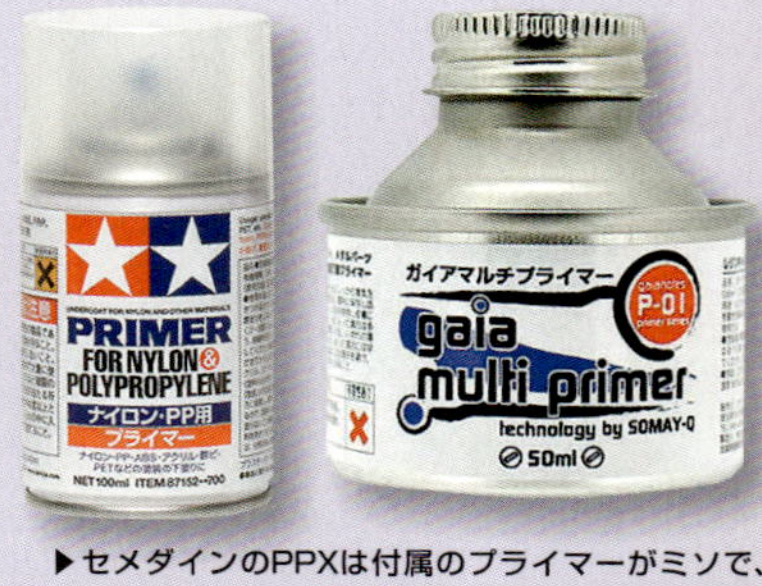

▶セメダインのPPXは付属のプライマーがミソで、これをパーツに先に塗っておくことでPE/PPの接着ができるようになります。プライマーはペンタイプのものや単品売りもあるので用途に応じて選べます

疑問!!

プラモデルを作っているとパーツの間に結構大きな隙間ができてしまいます

パーツを接着すると隙間ができます。できないようにする方法はありますか?

Q&A

質問その24

オールジャンル

プラモデルはパーツ同士を接着して組み立てていくものなので、うまく接着部分が合っていなかったり接着の仕方がまずいと隙間ができます。できた隙間はパテなどで埋めてもよいのですが、パテ埋めは、手間が増えるだけでなく完成後の見映えを悪くする原因のひとつとなります。そこでなるべく隙間ができない方法を考えてみましょう。

元々のパーツの設計が良くなかったり合いが悪かったりして隙間ができる場合もありますが、仮組みのときには合っていたのに組み立てていくうちにいつのまにか隙間ができてくることが結構あります。

隙間ができたらパテなどで埋めればいいといえばそうなのですが、本来寸法が合っている場合、どこかで隙間ができるように接着してしまうと、連鎖的に隙間が増えていってしまいます。まずは「埋めればいいや」と思わず、先にどうすれば隙間ができずに接着できるか考えるようにしたほうがトータルでみたとき楽に組めます。

パーツに隙間ができる原因はいろいろあります。よくあるのが、パーツを合わせえう面に押し出しピン跡があってそのままにしている場合。プラモデルは金型からパーツを剥がすときにピンで押すことがあります。この跡がパーツ表面に残っているのが押しピン跡で、普通は丸くうっすら凸部や凹部が残ります。押しピンは目立たないパーツ裏側にあることが多いですが、合わせ面にあることもあり、そのままにしておくと隙間の元になりますので、よく見てヤスっておきましょう。いわゆるアンダーゲートのパーツも合わせ面にゲートの跡の出っ張りが残りやすいので、合わせ面をしっかり整形するようにします。

次に多いと思われるのはヤスりすぎ。キットのパーツは基本的にパーツの状態で寸法が合うように設計されています。ゲート跡やバリ、パーティングラインをヤスって整形するときは、なるべくパーツ本体部分を削らないように心がけます。つい考えなしにゴシゴシと削っていると、どんどんパーツは合わなくなります。かといってあまり目が細かいヤスリで削るとなかなか削れず、どれくらい削ったかわからなくなって逆に削りすぎたりエッジを丸めたりするので、合わせ面を整形するときは、400番くらいの粗めの紙ヤスリを使って、ヤスリを当てる回数を極力少なくしたほうが、早くきれいに、なおかつなるべく寸法を狂わせずに整形しやすくなります。

レシプロ機の胴体と主翼のように、複数のパーツを組み合わせていく場合に隙間ができやすいのが、溶剤系接着材をはみ出させるようにして合わせ目を消す接着法。プラスチック用溶剤系接着材はプラスチックを溶かして接着するものなので、少しずつですが接着面のところでパーツ寸法が縮まっていき、乾きが遅い溶剤接着材を多く塗るとそれだけ溶ける量が大きくなります。合わせ目を消すためにパーツ同士をむぎゅっと押してはみ出させて……というふうにすると、溶けてはみ出したプラスチックのぶんパーツの寸法が縮んでいるということになります。2つのパーツを接着するだけならこの方法でも隙間はできませんが、そこにさらにほかのパーツを組み合わせることになると、先に接着した2パーツの寸法が変わってしまって、あとで接着するパーツの間に隙間ができやすくなります。

また、むぎゅっとはみ出すように接着しないにしても、プラモデルを溶剤系接着材で接着するということは、ほんの少しずつではあっても、確実にパーツを溶かして寸法を合わなくしていく作業です。1箇所の接着で溶けてできる誤差がほんのわずかでも、それが積み重なると見て隙間とわかる誤差になることがあります。なので、複数パーツを組み合わせて接着するようなところは、なるべく目立つところから接着して、誤差やシワ寄せを見えにくいところに持っていくのがセオリーです。同じ寸法でずれたり隙間が出たとしても、目立つところより目立たないところのほうが隙間埋めなどの修整作業も気楽にできます。■

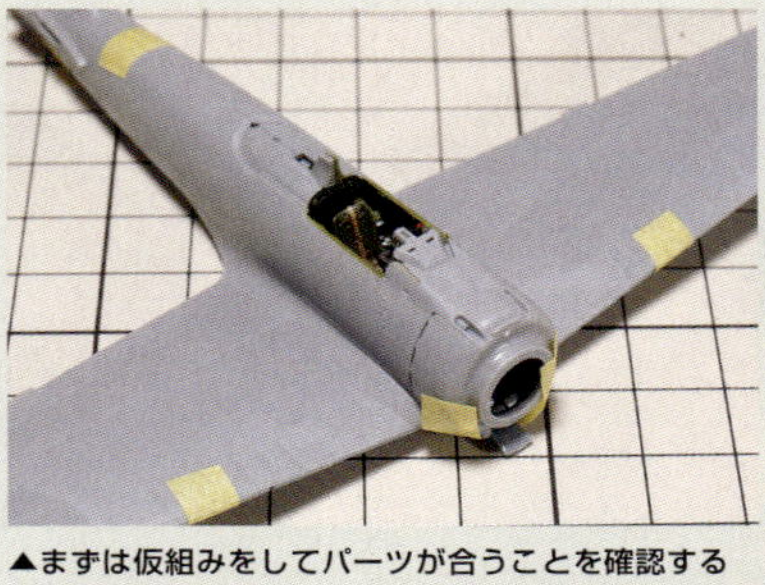

▲まずは仮組みをしてパーツが合うことを確認することも重要です。合っていないのにムリにぎゅっと押さえて接着してしまうのはやめ、合わない原因を究明してすり合わせをしてから接着しましょう

疑問!!

エアブラシ塗装より筆塗りのほうが手軽に塗れるような気がします

模型雑誌には「筆よりエアブラシが簡単」と書いてありますが本当ですか?

質問その25

工具/ツール

昔はエアブラシと言えば高級な上級者向けというのが共通認識だった時代もありましたが、安価な模型用エアブラシシステムの普及によりエアブラシはかなり一般化しました。でも筆なら1本で高くても1000円ちょっと。手軽に塗れるような気もする反面、手先の器用さが要求されるような気も……はたしてどっちが簡単なのでしょうか?

Q&A

個人的な意見としては「筆よりエアブラシのほうが簡単」という意見には賛成ですが、「筆よりエアブラシのほうが簡単」と言うと語弊があると言いますか、かなり言葉が抜けている感じです。「筆よりエアブラシのほうが簡単」と言う場合には、そこにいくつか前提条件があります。

そもそもエアブラシと筆は、同じ塗料を塗る道具とはいえ用途が違います。同列に語ること自体に無理があるのですが、それでは説明にならないので、まずはそれぞれの特徴を整理してみます。

筆塗りはタッチを活かした塗りができるところが最大の特長です。

塗料の濃さや筆先の動きをコントロールすることで無段階かつ連続的に塗り方を変化させられ、筆で塗料を混ぜていくぼかし表現や、筆目を活かした塗りなど、いろいろなテクニックを使うことができますが、無段階かつ連続的に変化するだけに、狙い通りに塗れるかどうかは塗る人の手先のテクニックに負うところが大きいです。テクニック次第ではマスキングをしないでもきれいに塗り分けができたり、非常にこまかな部分が塗り分けられたりします。

筆の価格は100円から数万円までピンキリですが、とくに高価なものは書道用のものなどで、模型に使うのであれば高級なものでも1000~2000円程度と比較的安価に入手でき、手軽に使用できます。

筆塗りがもっとも苦手とするが、均一に塗料を塗り拡げるような塗装。筆ムラが出にくいアクリル系塗料を使ったり平筆を使って薄めの塗料を塗り重ねるなどすれば比較的均一な塗面で塗ることは可能ですが、塗料の薄め具合や筆使いなどに一定以上の修練が必要になります。

いっぽうで、この「均一に塗料を塗り拡げるような塗装」が得意、と言いますか、均一な塗膜をなるべく手間をかけずに誰でも塗れるように考えられたのがいわゆるエアブラシ塗装。気体の圧力により塗料を霧状にすることで広い面積を均一に塗装できます。また、霧状の塗料を吹きつけるので、きれいなボケ足をつけることにも優れています。

エアブラシの優れているところは、一度塗料の薄め具合とエアー圧を適正なバランスに調整すれば、あとは比較的簡単に均一な塗面が得られ続けるというところです。もちろん吹きつけ距離や動かすスピードなどで塗膜表面のツヤの状態が変わったりはしますが、塗料が適正に霧状に吹き出す状態で極端に吹きつけが少な過ぎたり多すぎたりしないかぎりは、手先の器用さやテクニックのあるなしに関わらず均一な塗膜で塗ることができます。均一に塗るならば、塗装中の操作はボタンやトリガーのオン/オフだけでも済みますので、そこにテクニックが介在する余地があまりないとも言えます(なお、ダブルアクションのハンドピースでは、ボタンの引き具合で塗りの太さを変えられますが、均一に塗る場合はこの機能は不必要なので、模型の基本塗装では使わない場合がほとんどだと思います)。

ここまでお読みいただければわかると思うのですが、「筆よりエアブラシのほうが簡単」というのは、正確に言うと「模型の基本塗装のように多くのパーツに色を均一に塗りたいときには、エアブラシのほうが手先のテクニックに依存せず機械的に塗れる」という意味です。私が導入するか迷っている初心者にエアブラシをすすめる理由もここにあります。もちろん筆塗りには用具の簡便さや筆塗りにしかできないことがありますが、こと「均一に塗装する」ということだけに関して言えば、圧倒的にエアブラシに軍配が上がります。■

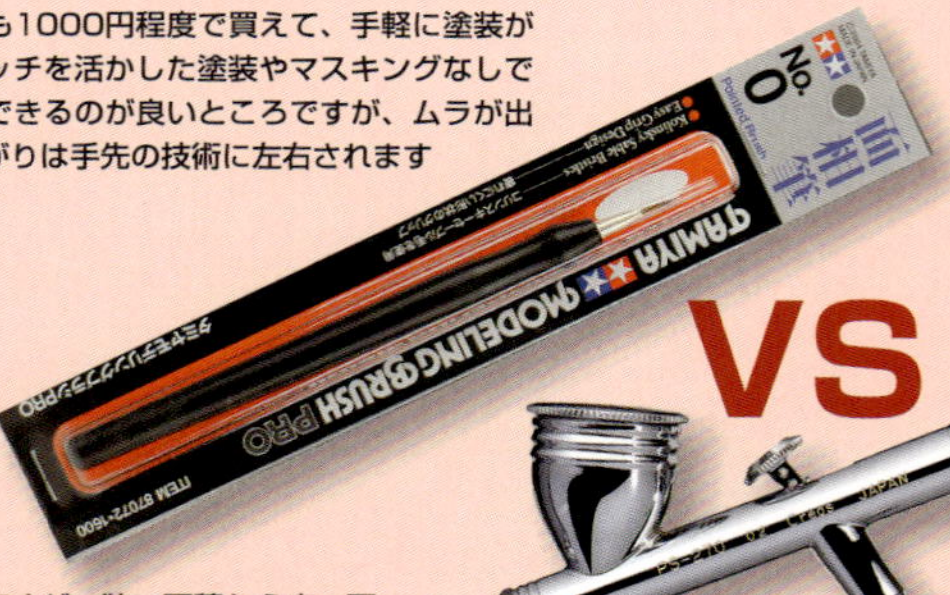

▶良いものでも1000円程度で買えて、手軽に塗装ができる筆。タッチを活かした塗装やマスキングなしでの塗り分けができるのが良いところですが、ムラが出やすく塗り上がりは手先の技術に左右されます

VS

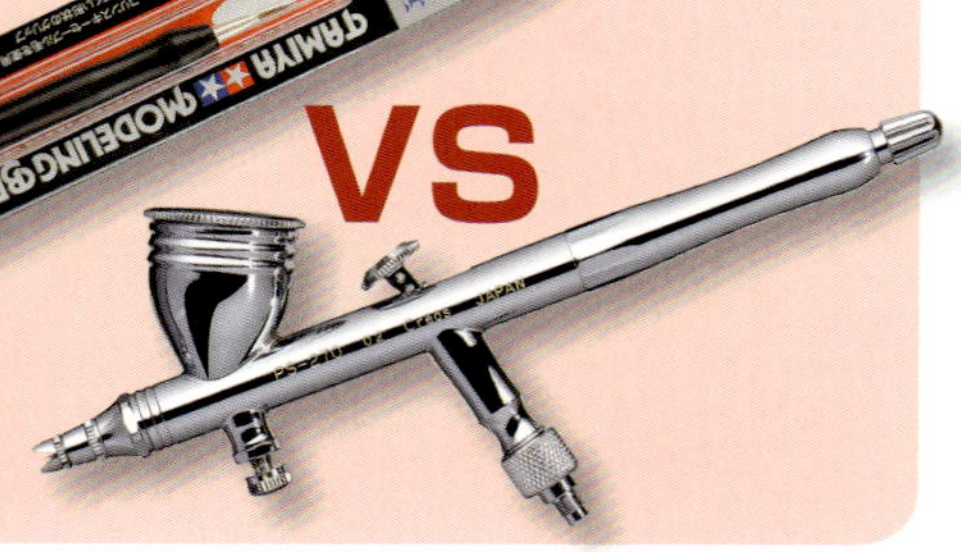

▶それなりの初期投資は必要ですが、狭い面積から広い面積までのスプレー塗装ができるエアブラシ。手入れをきちんとすれば長く使えるのも良いところでしょう

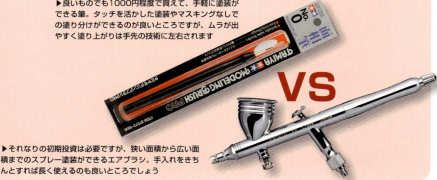

疑問!!

塗装を進めていくと、いつのまにかパーツ表面がザラザラに!?

エアブラシで塗装をするといつの間にかザラザラになってしまいます。

質問その26

オールジャンル

塗装の失敗でよくあるパターンのひとつが、いつの間にか塗装面がザラついてしまうというもの。ザラついてしまうと、それを直すには一回塗装を剥がすか表面を磨くしかなくなってしまいます。ときには塗料の薄め具合に気をつけていたのにザラついてしまうこともあります。塗膜がザラつかない秘訣を一緒に考えてみましょう。

Q&A

塗面のザラつきは、なんとなく見映えが悪いというだけでなく、デカールが密着しにくくなってシルバリングを起こす、スミ入れが滲んで拭き取れなくなるなどの失敗の原因となりますので、エアブラシ塗装の際はなるべくザラついていない平滑な塗面を目指すようにします。とはいえ、ほとんどの場合はザラつかせようとしているわけではなくて、いつのまにかザラついてしまって困るというパターンだと思われます。そこで、塗膜がザラつく原因と対処法をいくつかまとめてみることにします。

塗膜がザラつく主な理由はふたつ。ひとつは吹きつける塗料の状態で、もうひとつは塗装面に付着した微細な粒子類です。

スプレー塗装では、塗料をうすめ液で適度な粘度に調整することでノズルから霧状にして吹き出します。適度な薄め具合になっていると、塗料の霧がパーツにのったときにも液状の状態になって塗膜表面が滑らかになりますが、塗料が濃すぎたり遠くから吹くことで塗料がパーツに届くまでに薄め液がたくさん揮発してしまうと、パーツ表面に固体状の塗料粒子がのって、それがザラつきの元となります。また、パーツ表面に削り粉やホコリなどの微細や粒子が付着していると、その粒子の上に塗料がのって塗膜に凸凹ができるので、その凸凹もザラつきができる原因になります。

ザラつきとは、塗膜表面の大きめの凸凹ですが、これは一度できてしまうと上に塗料を塗り重ねるごとに大きくなっていきます。よほど上に塗料を厚塗りをして埋め込んでしまえば凸凹がなくなるでしょうが、そうすると今度はモールドが埋まったりエッジがダルくなってしまうので、あまり良い選択肢とは言えません。

結局、基本塗装ではなるべく最初から最後まで塗膜表面に凸凹を作らないようにして塗っていくのが最善の対処法です。そこで塗装の手順に沿って具体的な対処法を挙げていってみることにしましょう。

まず、塗装前にはパーツ表面に付着している整形作業でできた削り粉を除去しておきましょう。この際、筆や歯ブラシ、ハケでこすってもよいのですが、水洗いをしたほうが確実です。中性洗剤で洗浄すれば同時に手脂を除去することもできます。また、洗浄したとしても、塗装までの間や塗装中に室内に舞っている削り粉やホコリが徐々に付着してきますので、実際に塗る直前にはもう一度きれいな静電防止ハケで拭ったり、ブロワー（カメラのレンズを掃除するときなどに使う空気を吹き出す器具）を使ったりハンドピースからエアーだけを出してパーツ表面の付着物を取るようにします。

塗料は薄め（＝うすめ液が多い）のほうがザラつきにくくなります。ただし、薄めの塗料はたまったりタレたりしやすいですので、塗料の吹き出し量を減らす＝細吹き気味にして吹きつけるようにします。塗料がのったところが一瞬湿って乾くようにハンドピースをゆっくりめに動かす、というのを目安にするとよいです。濃いめの塗料を垂れる寸前まで一気に吹きつけることでツヤを出すテクニックもありますが、これは一発勝負になりますので、腕に自信がない方にはおすすめしません。

それでもザラついてしまったところは、なるべく早い段階で紙ヤスリなどで磨いて平滑になるよう修整するようにします。塗装中に塗膜にホコリが付着した場合もそうですが、見逃してそのまま塗り進めるとどんどん修整がやっかいになっていきますので、ザラつきを見つけたらすぐに塗装作業をいったん止め、乾かしたうえで１５００番の紙ヤスリなどで水研ぎして処理するようにするときれいに仕上がります。■

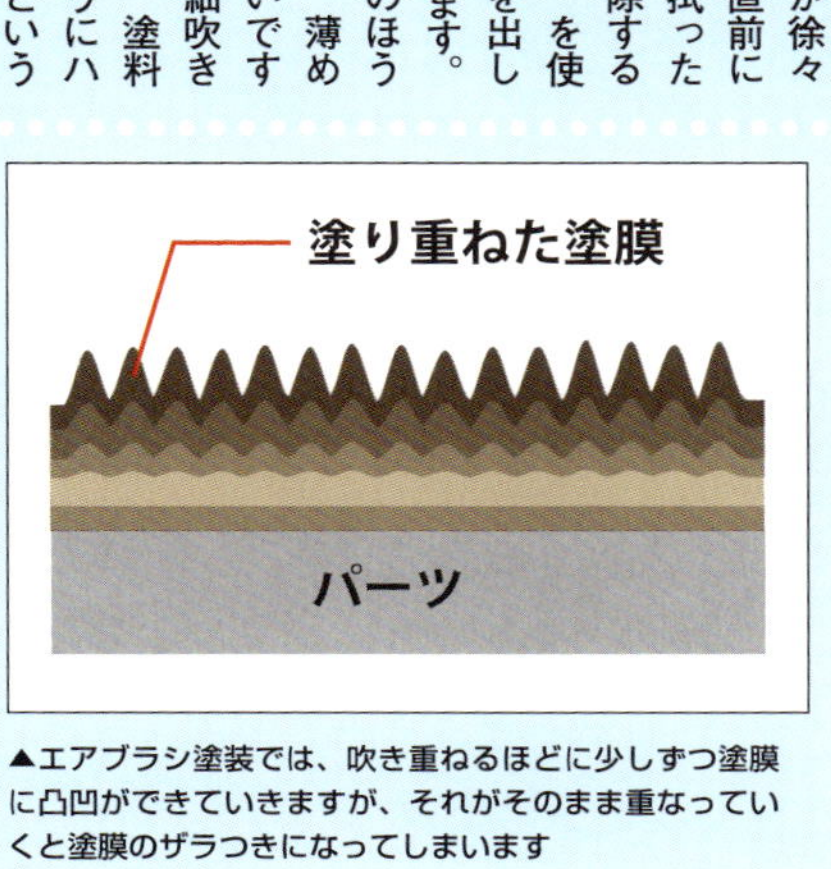

▲エアブラシ塗装では、吹き重ねるほどに少しずつ塗膜に凸凹ができていきますが、それがそのまま重なっていくと塗膜のザラつきになってしまいます

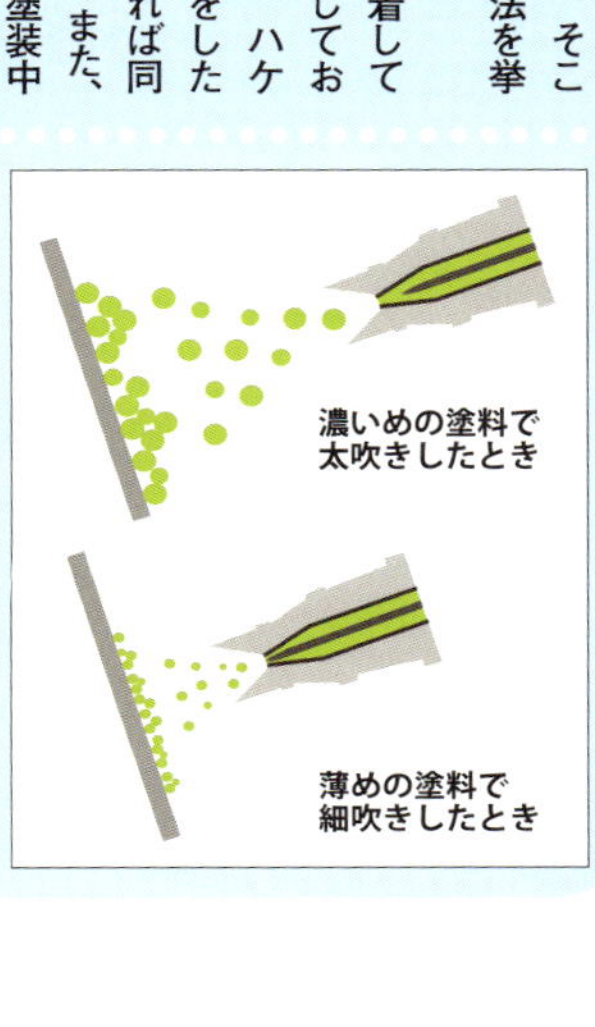

疑問!! Q&A

エアブラシで塗装していくときにどれくらいで塗り終えればいいの？

エアブラシ塗装で「●周くらい塗って〜」の“1周”とはどういうこと？

質問その27
オールジャンル

模型雑誌などの製作記事には、わかるようで実際にやってみるとよくわからない用語や言い回しが結構あります。エアブラシ塗装の説明でときどき書いてある「●周くらいに分けて塗って……」という表現もそんなもののひとつ。どこからどこまでが1周？　周回のところでぴったり終わるの？　などなど、実際にどうやるのかを解説します。

模型の製作解説記事では「白はエアブラシで4周くらいに分けて塗り重ねていきます」などと書くことがありますが、たしかにちょっとわかりづらい表現です。通常の製作記事では、紙幅の都合でなかなかすべての過程を書き切れないためこのような表現で済ませてしまうことが多いのですが、実際にはどのように塗っているのか、詳しく書いてみることにします。

エアブラシで塗るときは、1度に色を発色させようとすると厚塗りになって、塗料がスジ彫り部などに溜まったりタレたりしやすくなります。そこで乾かしながら数回に分けて塗り重ねていくことになりますが、「パーツをひとつずつ発色するまで数回塗り重ねては次のパーツに移る」というふうにすると作業時間が長くなり、パーツごとの発色も揃いにくくなります。そこで、たとえば4回重ねて発色させるとしたら、すべてのパーツに1回目を一気に塗っていき、ひととおり1回目が塗り終わったところで、今度はすべてのパーツに2回目を塗っていくようにし、これを4回繰り返します。1回ぶんすべてのパーツが塗り終わると、元のパーツに戻って2回目になるので、これを1周、2周と言っているわけです。4回塗り重ねて発色させる場合なら、「4周して塗る」ということになります。

何回もパーツを持ち替えないといけないのでめんどうなように思われるかもしれませんが、このように周回で塗っていくほうが時間を短縮できます。なぜなら、ひとつのパーツに連続して塗り重ねていこうとすると塗膜が乾くまで待たないといけませんが、周回で塗っていくと、1周する間に塗装が乾くので、作業としては乾き待ちの時間がなくなるからです。

また、数回で発色させるように塗り重ねていくときは、初回と最後に吹きつける塗料を薄め（＝うすめ液が多め）にするとより滑らかな塗膜を得やすくなりますが、このように塗り重ねる途中で塗料やエアーのコンディションを変えてコントロールしたいというような場合は、周回方式で塗ったほうが圧倒的に手間が減ります。

周回ごとに吹き方をコントロールする場合でよくやるパターンはこんな感じです。1周目は薄めの塗料で軽めに全体に塗るようにして、上に塗料の層が乗りやすい下地を作るようにしておきます。2周目からは塗料を少しだけ濃くします。2周目では奥まったところを中心に色をのせ、3周目以降は全体にまんべんなく塗料を重ねていきます。大体発色してきたら、最後の周はまた薄めの塗料でツヤを整える感じで軽めに吹き重ねて（このような仕上げの吹き方を「化粧吹き」などと言うことがあります）おしまいにします。また、クリアーでグロス塗装する場合は、1回目を濃いめにして表面がザラっとするように軽く吹くようにし（こういう吹き方を「砂吹き」と言うことがあります）、一回よく乾かしてデカールを保護する層を作るようにします。

なお、実際の塗装では、たとえば4周といっても、すべてのパーツが4回塗り重ねたところでぴったり塗装を終えるとは限りません。「●周で塗る」というのは、あらかじめどれくらいの感じで発色させるかの目算をつけ、すべてのパーツが発色した時点で結果的に「●周くらいしたかな」ということであって、何周したから塗装を止めると言うことではありません。形状や塗り具合によってパーツごとに発色の仕方は変わってきます。なので、すでに発色したパーツはそれ以上ムダに厚塗りしないように塗るのを止めますし、まだ発色が甘いパーツはさらに塗り重ねていくようにして周回を続けるようにします。■

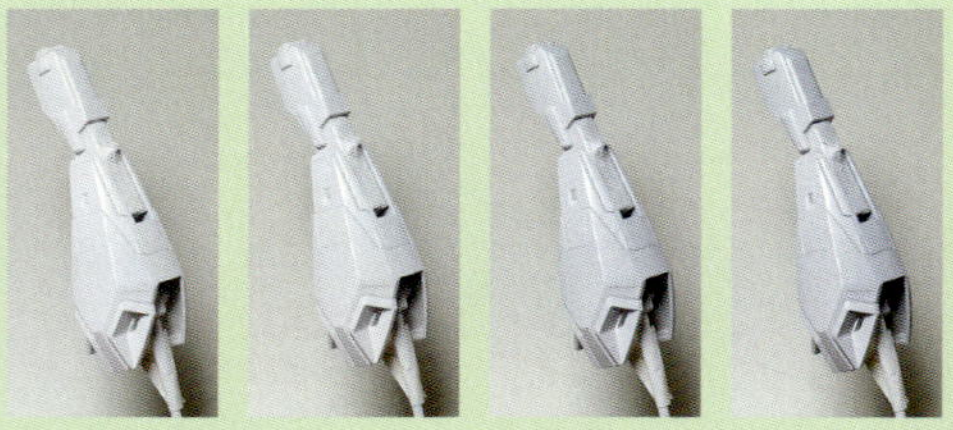

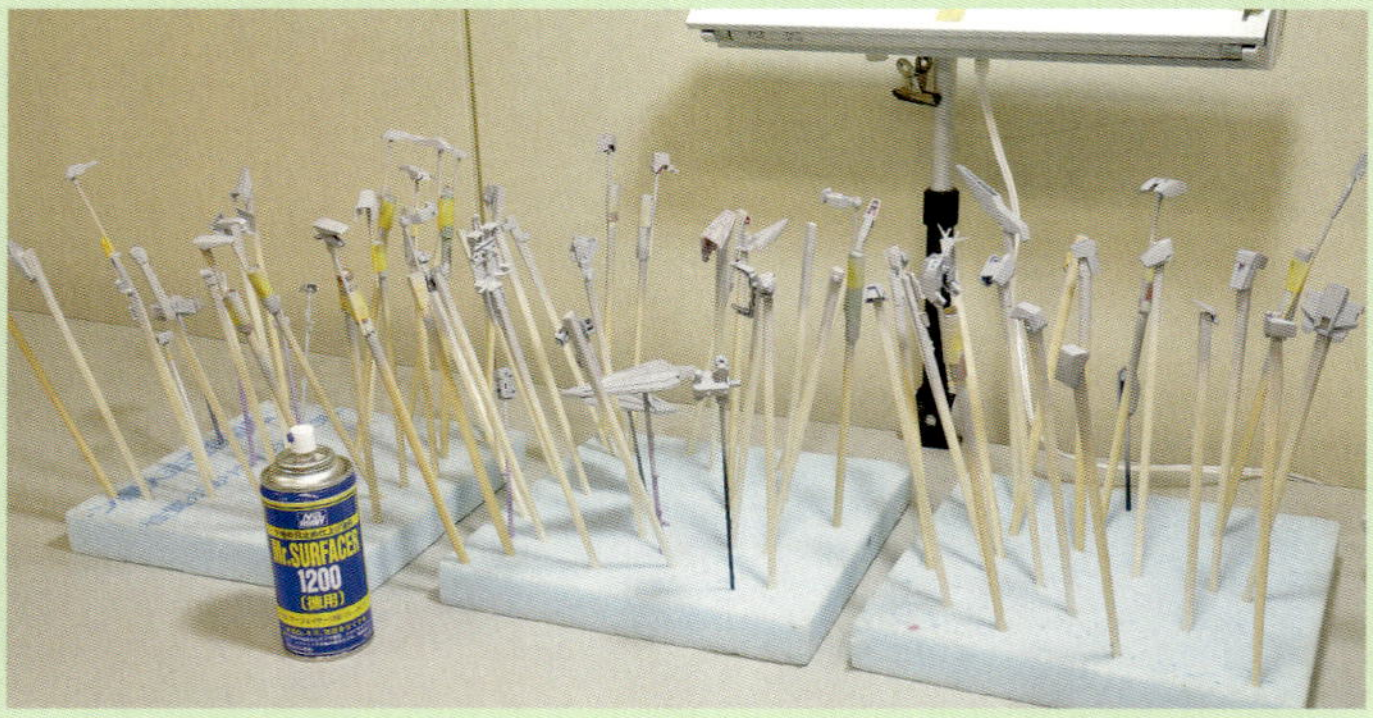

▲▶同じ色に塗るパーツを並べてパーツをとっかえひっかえしながら塗っていき、すべてのパーツを1回塗ったところで「1周」です。色によりますが、だいたい3〜8周くらいして発色する位の感じで塗ると薄くて平滑な塗膜で塗ることができます

疑問!!

普通に考えると色味が薄いほうから濃いほうへと順に塗るほうがよくないですか?

色を塗るとき、塗り重ねる色の順番はどういう順がいいのですか?

Q&A

プラモデルの塗装の「常識」のなかには、絵画の特定の技法のセオリーや、昔のマテリアルを使っていたころの常識が混ざっていることが結構あります。そのひとつが「色は薄い色から濃い色へと塗り重ねる」というもの。常に薄い色から濃い色へと塗り重ねようとすると作業がしにくいところが出てきますが……これはどうする?

質問その28
オールジャンル

「色を塗り重ねるときは、薄い色から濃い色に重ねると発色が良い」というのは、原則としては正しいのですが、模型の塗装をする場合、必ずしも薄い色から塗り重ねていくとは限りません。

水彩絵の具で絵を描くときなどは薄い色から重ねていきますが、これは隠蔽力が低い絵の具を使い下地の紙の白を透かすことで鮮やかに発色させる技法だからです。隠蔽力が高い塗料で塗る場合は透けませんので、下地色と発色は関係がなくなります。

昔の模型用塗料の明るめの色は、隠蔽力が低いものもあり、なるべく薄い色から塗らないとうまく発色しないことがあったのですが、現在は白を初めとして、模型用塗料の隠蔽力は比較的高くなりました。なので、鮮やかな黄色や青、赤など、一部の色を除けば下地の色に関わらずきちんと発色してくれますので、塗る色の順番にはあまりこだわらなくても大丈夫です。

では、実際に色を塗っていくときにどういう順番にするのがよいかについてなのですが、私の場合は、塗り分けの際のマスキングのしやすさが、塗る色の順番を決める際のもっとも大きな要素です。マスキングがしやすいということは、作業時間が短縮できるだけでなく、塗り分け部がきれいに仕上がりやすいということでもあります。

よくある例を挙げますと、たとえば飛行機モデルの脚収納庫内の塗り分け。ジェット機の脚収納庫内は作業性をよくするために真っ白に塗られていますので、エアブラシで塗装する場合は、マスキングで塗り分けることになります。このとき、先に脚収納庫内を白で塗ってからマスキングして外装色のグレーなどを塗ろうとすると、収納庫の内側部分をマスキングしないといけなくなり、作業がしにくくなります。逆に、外装色のグレーを先に塗ればマスキングが非常にしやすくなります。白を上から吹き重ねることになるので発色上はあまり望ましい塗り重ねとはいえませんが、実際にこの手順で塗ると白が発色しないということはありませんので、マスキングのしやすさを優先して順番を決めています。

もうひとつ例を挙げると、艦船模型の甲板の塗り分けもマスキングのしやすさで順番を決めています。艦体色のグレーを塗ってから甲板色を塗ろうとすると、甲板舷側のフチのところを1㎜以下の幅でマスキングしなければいけなくなって、テープの端が浮きやすくなります。また、手すりのエッチングパーツを取り付けて居る場合には手すりパーツの上からマスキングテープを貼らないといけなくなり、作業性的にも強度的にも問題がでてきます。逆に甲板色を塗ってから甲板部分をマスキングすれば、マスキングが非常にやりやすくなります。

このように、どちら側をマスキングするかで作業のしやすさが大きく変わってくるところは、それに応じて塗る色の順を決めます。場所によってはどちらとも言えないこともありますが、そういう場合は、塗る面積が広いほうを先に塗ってしまう場合が多いです。手順的に隠蔽力が低い色を上に塗り重ねることになる場合は、間に白などを一回塗っておくと、多少塗膜は厚めになりますがきれいに発色してくれます。

塗る順でちょっと厄介なのはメタリックカラー。とくに金属っぽい質感が出せるメタリックカラー（顔料粒子がこまかいタイプ）では、マスキングテープを貼ると表面が荒れてしまうものがありますので、塗料によっては塗り分ける順に注意が必要です。また、上にクリアーを塗り重ねると質感を損なってグレーになってしまうメタリックカラーがありますので、金属質感を活かしたい場合は最後に塗るようにします。■

▶濃い緑の上に透けやすい黄色などを塗っても発色します。できれば下地にグレーなどを一回塗っておくと発色が早くなり塗膜を薄くすることができます

疑問!!

そんなに高級品の筆を使わなくても
プラモデルは作れるのでは……?

1本100円の筆と1000円を超える筆は何がどう違う?

質問 その29
工具／ツール

筆の値段はかなりピンキリ。なかには数万円もするものもありますが、プラモデル製作では3本で300円みたいなものも結構使われています。プラモデルなんて数百円の筆で充分、なのか、やっぱり高価な筆がいいのか?　高価な筆が良いとしたら、高ければ高いほうがいいのか?　高価な筆は何が良いのか?　筆をもっと知ってみませんか?

Q&A

筆は本当にピンキリです。1本100円以下のものから数万円のものまであります。数万円もするのはたいてい書道用ですが、絵画や模型に使うものでも1本数千円のものがあります。100円の筆と1000円以上する筆は何が違うのでしょうか?

筆の価格に影響する重要な要素が毛（穂）の材質です。天然の素材だと、イタチ、テン、リス、馬、狸、馬、羊、鹿、猫あたりで作られた筆をよく見かけます。また、ナイロンなどの化学繊維で作られた筆もあります。反発力や毛先の鋭さ、毛先のまとまりなどにそれぞれ特徴があって、用途や好みによって使い分けられています。

もうひとつ価格を大きく左右するのが、筆を作る際の毛の選別の精度でしょう。熟練の職人が手作りにより高い精度で毛を選別した筆は、穂先の揃いがよく、同時に塗料の含みもよくなります。

書道筆は模型用筆とは大きさや使い方がかなり異なるので別として、模型用の筆と、模型用としても使える絵画用の筆の材質を見てみると、高級な天然毛素材として知られるのがイタチの毛です。チョウセンイタチ（シベリアイタチ、タイリクイタチ）の毛は、コリンスキー レッド セーブル、コリンスキー セーブル、レッド セーブル、シベリアン ファイア セーブルなどと呼ばれて高級筆に使われ、重さで比較したときに金と同じくらい高価な素材です。コリンスキー（セーブル）の特長は、穂先のまとまりが良く、毛質が非常に軟らかながら適度なコシがあり、塗料の含みがよいところで、細密描写やデリケートな描き込みができます。

昔（20年以上前です）、模型用の筆が「3本セット300円」みたいなものしかなかったころ、画材店で清水の舞台から飛び降りるような覚悟で購入した900円くらいのイタチ毛の筆を初めて使ったときの驚きはいまでも覚えています。含みがよく、塗料ののびが良くなり、そのうえ毛先が乱れないので、急に筆塗りがうまくなったような気がしました。いまはタミヤなどからコリンスキーセーブルの面相筆（タミヤのものはモデリングブラシPROⅡ）が販売されていますので、こまかい部分の筆塗りが苦手という方や、筆なんてどれも大して変わらないのでは?　と思われる方は、ぜひ一度使用してみることをおすすめします。

こまかい塗装をする場合はとにかく細い面相筆のほうが描きやすいように思われがちですが、安価で極細の面相筆は塗料の含みがよくないです。穂先のまとまりがよい筆であれば腹～腰（毛の中ごろから根元側）が適度に太い筆のほうが、塗料の含みがよく、塗りやすいので、こまかい塗装が苦手な方は、1000円以上の少し腹～腰が太めの筆を選んでみるとよいと思います。

それから、模型用の高価な筆では、グリップが持ちやすいようにこだわった形状になっているものがあります。これについては使用者の好みもあるので一概にどれが良いとは言えませんが、一般に太めのグリップの筆はこまかい作業がしやすいです。

なお、模型製作では有機溶剤を使用するので、筆が早く傷みやすいです。模型メーカーからも筆用の洗浄液やコンディショナーなどが販売されていますので、高級な筆は少しでも長く使えるように洗浄と手入れをきちんとしておくことをすすめします。

道具はなんでも適材適所です。広い面積を塗る平筆などはそれほど高級なものでなくてもよいですし、ウォッシングなどのウェザリングに使う筆は、むしろ穂先が荒れているほうが都合がいい場合などもありますので、そういう用途には化学繊維のリセーブルやナイロンなどの毛を使った筆を選ぶのもよいでしょう。■

▲▶タミヤの1本1000円を越えるような面相筆ではコリンスキーセーブルが使用されていると謳われています。良い素材を使って腕のいい職人が作った筆はとても使いやすいです。1000円を超える筆を使ったことがないという方は、騙されたと思って一度使ってみてください

疑問!!

手先が不器用なので、筆塗りをするとうまく塗れず汚い感じになってしまいます

筆塗りできれいに塗れません。なにかコツがありますか?

Q&A

質問その30

オールジャンル

筆塗りは、筆だけあればできてマスキングをしないでも塗り分けできたりと非常に手軽なのですが、ある程度以上の面積をきれいに塗ろうと思うといきなりハードルが高くなります。もちろん手先の使い方を練習することも必要なのですが、手先の器用さに自信がない方でもすぐにできる筆塗りのコツ、それはなんだと思いますか?

私もどちらかというと筆塗りが得意なほうではないのですが、苦手意識があるからこそ「なるほど」と思った筆塗りのコツをいくつか挙げてみることにします。筆塗りは、同じ筆でもいろいろな塗り方ができる道具なので、塗りたいところや塗り方によってコツもそれぞれ変わってきます。ここではウェザリングのときのようにわざとランダムに汚く見せる塗り方ではなく、基本塗装や細部塗り分けできれいに塗りたいときのポイントについてまとめてみましょう。

まずすべての筆塗りに共通して言えるのは、塗料の薄め具合がとても大切だということです。筆できれいに塗りたい場合、塗料が濃すぎると塗っている最中にかすれたり塗膜が凸凹になりやすくなります。逆に塗料を薄めすぎると塗り重ねるときに下の層も溶けてきて汚くなってしまいます。具体的な薄め具合は塗料の種類や色によって異なるので一概に言えませんが、こころもち薄めにしたほうが塗料ののびが良くなって描きやすくなるでしょう。

塗料を筆につけるときは少し多めに根元まで含むようにしてから、塗料を薄めた塗料皿のフチなどで穂をしごいて塗料の量を調整しつつ毛先を整えます。あまり自身がない場合は、筆に塗料をつけたあといきなりパーツを塗らないようにしましょう。ペーパーパレットなどの上で試し書きをすれば、塗料の薄め具合を確認できます。スッときれいに線が描けないときは薄め具合をもう一度調整し直すようにします。なお、模型の塗装の場合は、試し塗りをするものは塗料を吸い込む紙でなく、塗料を吸い込まないツヤがあるもの(先述のペーパーパレットやプラ板、プラモデルの外箱表面など)にしたほうがパーツに塗るときと条件が近いのでわかりやすくなります。

筆塗りをするときは、特別な効果を狙ってわざとやる場合以外は、塗っている最中に筆を返さないようにして一方向に塗っていくようにしましょう。「返し筆」をするとムラが大きくなったり、場合により下地が溶けて剥げたりします。また、一回塗ったところは少し乾かしてから塗り重ねていきます。塗料が乾かないうちにさらに筆を重ねると、返し筆と同じようにムラが大きくなったり剥げたりしやすくなります。

ここからは塗る場所によるポイントですが、こまかな部分の塗り分けをしたい場合や塗り分けラインをきれいに描きたい場合は、筆先のまとまりが良く塗料の含みが良い筆を使いましょう。筆は押しつける強さの強弱で太さや塗料の量をコントロールできますが、塗料の含みが良い筆のほうがコントロールがしやすくなります。細かい部分を塗るときは穂の細さよりも塗料の含みの良さで筆を選んでみてください。まず境目を描いてから塗りつぶすようにするときれいに仕上がりやすくなりますが、境目を描くときは筆に力を入れすぎないようにし、筆を均一なスピードでスッと動かすようにします。息を止めるとむしろ手が震えやすくなるのでゆっくり呼吸するとよいです。

広い面積を平筆で塗りたいときは、塗料を薄めにして乾かしながら何度も塗り重ねていくようにします。塗料に対してうすめ液を多くすると、はじめは表面張力で表面が整いやすく、そしてその後の乾燥は早くなるので、平滑な塗面を得やすくなります。薄め具合の基準は、塗料1に大して薄め液1・5くらい。そこにリターダーを0・5くらい混ぜます。リターダーは塗料の乾きを遅くするためのもので、表面のムラや凸凹をより少なくしてくれます。1回目はほとんど色が付きませんが、数回重ねていくと発色してきますので、あわてずじっくりと塗り重ねればきれいに塗れます。■

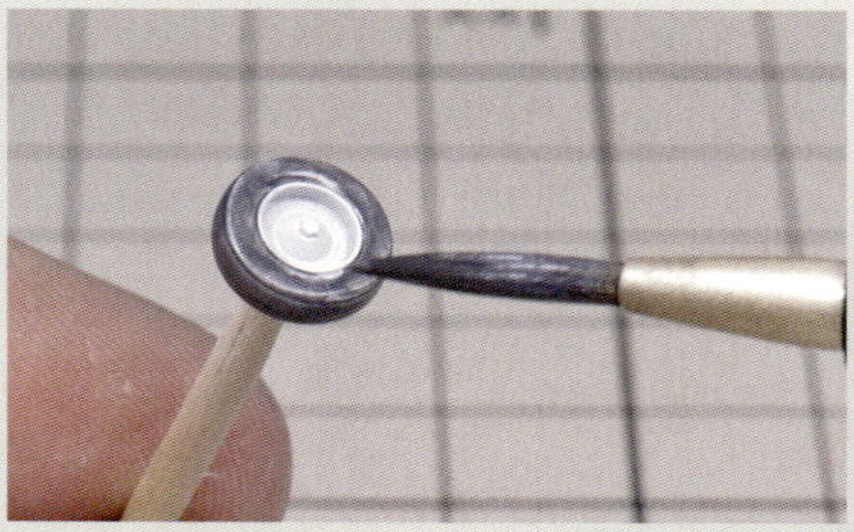

▲筆塗りで均一な塗面を得たいときは、塗料は薄めを心がけて数回に分けて塗り重ねていきます。下の塗料が溶けますので筆を返さないようにし、色がなかなかつかなくてもあせらず数回に分けて重ねていくようにしましょう

疑問!!

DIYショップで売っているラッカー塗料に使いたい色があったんですが……

ラッカーの塗料ならどれもすべて混ぜても大丈夫？

質問その31

マテリアル

とくにカーモデルを製作しているときにあるのですが、実車の用品店で塗りたい色にばっちりな色味の実車用塗料を見つけてしまったとき……。塗料には「ラッカー」と書いてありますが、これは模型に塗ったり模型用塗料／うすめ液と混ぜて使用しても大丈夫なのでしょうか？まずは模型用塗料の分類を知るところからはじめてみましょう。

Q&A

まず初めに知っておきたいのは、模型用塗料は「ラッカー系」「アクリル系」「エナメル液」というふうに分類して呼称されていますが、これは模型界特有の呼称だということ。塗料業界では別の分類で呼ばれていることが多いので、同じ「ラッカー」となっていても、DIYショップなどで販売されている塗料は成分が異なります。

模型用ラッカー系塗料の成分表示を見ると、「溶剤系アクリル樹脂塗料」と記されています。先述した模型用塗料の分類呼称からいうと「アクリル……？　ラッカーじゃないの？」となるわけですが、この「アクリル」は塗料に使われている樹脂の分類です。塗料は主に、樹脂、顔料、溶媒（溶剤）でできていて、このなかで塗料の特性をもっとも左右するのが樹脂です。樹脂は塗膜が固まる元になる成分で、樹脂の特徴が耐候性や柔軟性、耐水性などの塗膜性能を決定します。一般的な塗料でよく使われるものにニトロセルロース樹脂、アクリル樹脂、シリコン樹脂、ウレタン樹脂、エマルジョン（合成樹脂）などがあります。この分類でいくと、模型用の「ラッカー系」「アクリル系」「エナメル液」はすべてアクリル樹脂系塗料ということになります。

では、模型塗料での「ラッカー系」「アクリル系」「エナメル液」の分類は何かというと、アクリル樹脂系塗料に使っている溶媒（溶剤）の種類の違いです。溶媒とは顔料を溶くためのもので、Mr.カラーはアセトン／メチルエチルケトン、タミヤアクリルはイソプロピルアルコール、タミヤエナメルは溶剤灯油などとなっています。Mr.カラーのアセトン／メチルエチルケトンは有機溶剤ですので、表示としては、「溶剤系アクリル樹脂塗料」となるわけです。この溶媒（溶剤）の種類により、乾くスピードや塗り重ねの可否が決まってきます。一般に油性／水性などというのはこの溶媒（溶剤）の特性を表しています。

ちなみに、溶媒（溶剤）は固形の顔料を溶いて液状にするためのものですが、塗装の際に塗りやすい粘度に薄める時に使う「うすめ液」と同じとは限りません。たとえば、タミヤアクリルの溶媒（溶剤）はイソプロピルアルコールですが、イソプロピルアルコールは水溶性なので、水もうすめ液として使えます。先述した樹脂の分類だけでなく「シンナー」「溶剤」「うすめ液」などの用語も「有機溶剤」の意味で混用されていて、これも模型用塗料で誤解を招くひとつの原因となっています。「シンナー」は「thinner＝薄めるもの」ですので、日本語にすると「うすめ液」、本来は有機溶剤に限定しません（なお、英語で溶媒はソルベント）。日本では「シンナー＝有機溶剤＝不良が使う有害なもの」という語感ができてしまったため、「うすめ液」と標記するようになり、これも模型用塗料の分類がわかりにくくなる原因のひとつになったように思います。

そもそも「ラッカー」とはなにかというと、古くは漆のことを指し「乾燥が早く硬くて光沢が出せる塗料」から転じて揮発性溶剤系塗料の総称となりました。塗料の分類としてはニトロセルロースラッカーやアクリルラッカーがありますが、模型用のラッカー系塗料は後者です。ここでややこしいのが、家庭用品品質表示法に基づく「品名」表示では前者を「ラッカー」とすることになっており、後者は「合成樹脂塗料」になります。ニトロセルロースラッカーはプラスチックを溶かしやすいのでプラモデルには基本的には使用しません。なので、DIYショップなどで売っている塗料で「ラッカー」と書いてある物はプラモデルに使ったり模型用のラッカー系塗料とは混ぜて使用しないほうがよいです。■

◀カーモデラーの間では認知度が高いソフト99の実車用クリアー。ソフト99の塗料はサーフェイサーなども有名です。これは硬化後に模型用ラッカー系塗料より硬くなって研ぎやすく透明度も高いのが特長。ただ、「ラッカー」という表示でも模型用塗料より溶剤が強いので、プラスチックを溶かす場合があり、使用には注意が必要です

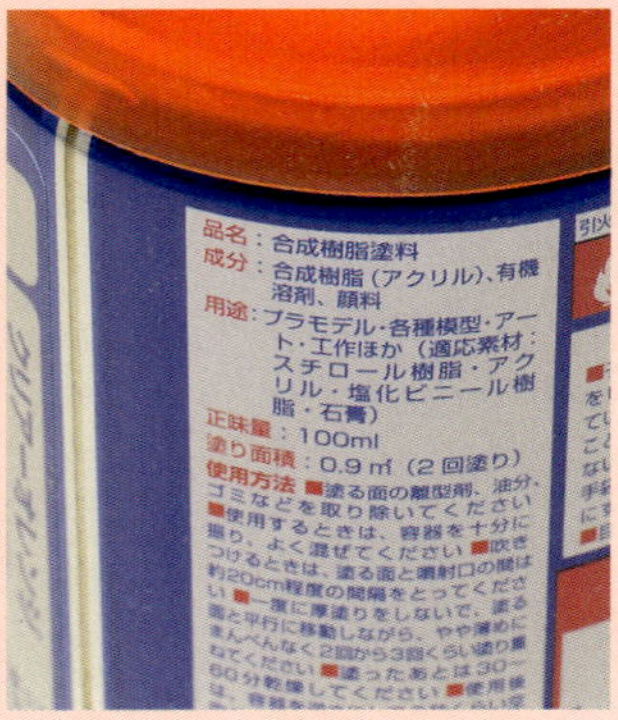

疑問!!

ラッカー系塗料とエナメル系塗料があればアクリル系塗料は要らないのでは……!?

ラッカー系塗料ではなく アクリル系塗料を使うメリットはなんですか?

Q&A

質問 その32

マテリアル

ウェザリングでアクリル系塗料を使用することがあるAFVモデラーを除くと、日本では「基本塗装=ラッカー系塗料」「スミ入れ=エナメル系塗料」の2本立てで塗装を済ませるモデラーが多いのではないでしょうか。ではアクリル系塗料は使いどころがないのかというとそんなことはありません。アクリル系塗料の特長は……どこにある?

塗膜の強さと乾く速さだけを考えると、ラッカー系塗料→エナメル系塗料の組み合わせを選択することになり、この組み合わせで事足りてしまうので、アクリル系塗料は使いどころがない、ということになりがちです。しかしアクリル系塗料にはアクリル系塗料ならではの特徴とメリットがありますので、それを活かして使用することで塗装が便利になったり、よりうまく塗れたりするようになります。

模型で使える「アクリル系塗料」の代表的なものとしては、タミヤアクリル、ファレホ、画材系アクリルガッシュ(ターナーなど)などがあります(GSIクレオスのアクリジョンなどもアクリル系塗料の一種ですが特性がわりと異なるので本文では触れないことにします)。これらに共通しているのは発色の良さと塗料ののびの良さ、そして有機溶剤臭があまりせず水で薄めることができることでしょう。

有機溶剤臭がしない(かほとんどしない)ということは、住環境や同居人によって有機溶剤臭がNGという場合は非常に助かります。しかしながら、アクリルのメリットは、有機溶剤臭がしないという消極的な点だけはありません。その意味で長所がはっきりしているのがファレホ塗料でしょう。

私も以前はアクリル系塗料をほとんど使わなかったのですが、それを変えたのがファレホでした。ファレホとはアメリカにある「Vallejo」という塗料メーカーで、同社はアニメセル画用のカラー製造にはじまり'90年代にはホビー用塗料を展開、それがAFVモデラーの間で人気を呼び日本でも一般化しました。よく使われるのは筆塗り用の「MODEL COLOR」ですが、このほかにエアブラシ用塗料、ウォッシング用塗料、メタルカラー、メディウム、ピグメントなどもラインナップされています。

ファレホのMODEL COLORは、塗ったあときれいなツヤ消しになる、発色が良いなど、画材用のアクリルガッシュに近い特性を持ちますが、画材用アクリルガッシュだと模型では使いにくい部分が使いやすくなっています。ひとつは粒子感で、画材用アクリルガッシュと比べてきめのこまかい塗装ができます。模型に使いやすい豊富なカラーラインナップも魅力です。とくにミリタリー系モデルで重宝する緑/黄/赤系の中間色が豊富なので、ほとんど自分で調色をしないでも塗装をすることができます。

塗る時は水で薄めて使いますが、適正に薄めるととても塗料ののびがよく、筆ムラがほぼ出ません。ただし適正な薄め具合の幅がややシビアなので、そこは少しなれと練習が必要になるかもしれません。

MODEL COLORがよく使われるのは、AFVモデルのフィギュア塗装やチッピングでしょう。エナメル系塗料や油彩絵の具でフィギュアを塗装する場合は、塗りながら塗料を混ぜていく「ブレンディング」という技法がよく使われますが、MODEL COLORでフィギュアを塗装する場合は、すぐ乾いてしまうのでブレンディングはしません。こまかく塗り重ねていくようにすることで、乾燥時間をほとんど取らずに発色よく仕上げることができます。チッピングでは、発色の良さと隠蔽力の高さ、ツヤ消しの質感でリアルな剥げ感を出せます。

また、このほかの用法で意外と便利なのが、ガンプラや飛行機モデルでのちょっとしたところの塗り分けでしょう。基本塗装で狭い範囲をちょっとだけ塗り分けたいという場合、マスキングしてエアブラシで塗り分けるのはちょっとめんどうですが、ファレホなら手早くキレイに塗り分けることができ、上からエナメル系塗料でスミ入れなどを施すこともできます。■

▲ファレホは速乾で硬化後は塗膜が強くなるので筆塗りでも塗り重ねが簡単。混色しないでもフィギュアが塗れちゃうほどの色数の豊富さもポイントです

疑問!! Q&A

エナメル系塗料でスミ入れしてはいけないということなのでしょうか？

エナメル系塗料でスミ入れをするとパーツが割れると聞いたのですが……。

ガンプラなどのキャラクターモデルを製作しているとき、さあできたと思ったらパーツにヒビが入ったり割れたりしたことがありませんか？　これは主にスミ入れに使うエナメル系塗料とうすめ液が原因なのですが、ではスケールモデル、たとえば戦車にエナメル系塗料でウォッシングをしてもなぜほとんど割れないのか？　その答えは……

質問その33

オールジャンル

スミ入れは、多くの場合ラッカー系塗料で基本塗装をした上に施すので、ラッカー系塗料の塗膜を侵さないようにエナメル系塗料で行ないます。エナメル系塗料はうすめ液を足すと伸びがよいので、薄めに溶いた塗料を毛細管現象によって凹モールドに流していくようにすることできれいにスミ入れすることができます。

たしかに、エナメル系塗料でスミ入れをするとプラスチック（正確にはポリスチレン＝スチロール樹脂）製のパーツが割れることがあります。しかしスミ入れをすると必ず割れるというわけではありません。どういうときにどうして割れるのか、そして対処法を考えてみましょう。

エナメル系塗料を使った起きにスチロール樹脂が割れることがある主な原因は、エナメル系うすめ液にあると思われます。エナメル系うすめ液が基本塗装を越えてプラスチックまで浸透することによりプラスチックを脆くすることで割れるわけです。模型用塗料のエナメル系うすめ液の成分はいわゆる溶剤灯油ですが、これがプラスチックを侵すので脆くなるわけです。

ここでひとつ言っておくと、エナメル系うすめ液だけがスチロール樹脂を脆くさせるわけではありません。ラッカー系うすめ液もエナメル系うすめ液もスチロール樹脂を溶かします（スチロール樹脂を溶かすからこそ塗料がパーツにしっかりと食いつくとも言えます）。しかし、ラッカー系塗料で塗装をしていてパーツ割れたという話はあまり聞きません。割れるか割れないかの違いがどこにあるかというと、うすめ液の量とスチロール製パーツがうすめ液に接している時間にあるように思われます。

エナメル系塗料でのスミ入れは、先述したようにうすめ液で薄めに溶いた塗料が使われることが多いです。薄めに溶いてあるということは、うすめ液の量が多いということです。さらに、拭き取りにもエナメル系うすめ液を使います。量が多いだけでなく、エナメル系うすめ液は、ラッカー系うすめ液に比べると揮発するスピードが格段に遅いので、パーツ表面にうすめ液が付いている時間はかなり長くなります。いわゆるウォッシング技法をする場合などは、パーツ全体をエナメル系うすめ液に浸しているような状態になります。そのためパーツが脆くなりやすいということなのではないでしょうか（エナメル系うすめ液のほうが浸透しやすいという説もありますが、それについての真偽はよくわかりません）。なので、エナメル系塗料を使う場合はうすめ液の量を減らす＝濃いめの塗料で描くようにしてスミ入れをするとリスクが減ると思われます。また、アルコール系マーカーなどを使うという手もあるでしょう。

もうひとつ知っておきたいのは、スチロール樹脂のパーツが脆くなったからといって必ず割れるわけではない理由。パーツが割れやすくなるのは、脆くなったパーツに力がかかっている場合です。多少もろくなっても力がかかっていなければ、細かったり極端に薄いパーツ以外は割れません。では、力がかかっているところとはどこかというと、それはスナップフィットのハメ合わせのダボのところです。接着材を使わないスナップフィットは、棒状のダボを穴状の部分に挿し込んで固定しているので、ダボ周辺にはパーツを押し広げる力がかかっています。この力が脆くなったパーツを割る原因となります。なので、ダボ棒を除去したりナナメ切りしてダボ穴側を押し広げる力をなくしたり減らしたりすると、スミ入れをしても割れるリスクが軽減されます。とくに、大きいダボはかかる力も大きいので注意するとよいでしょう。■

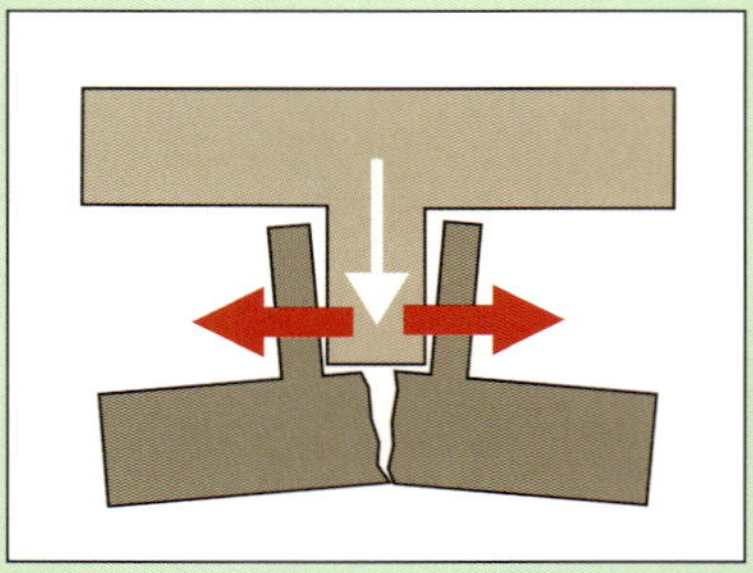

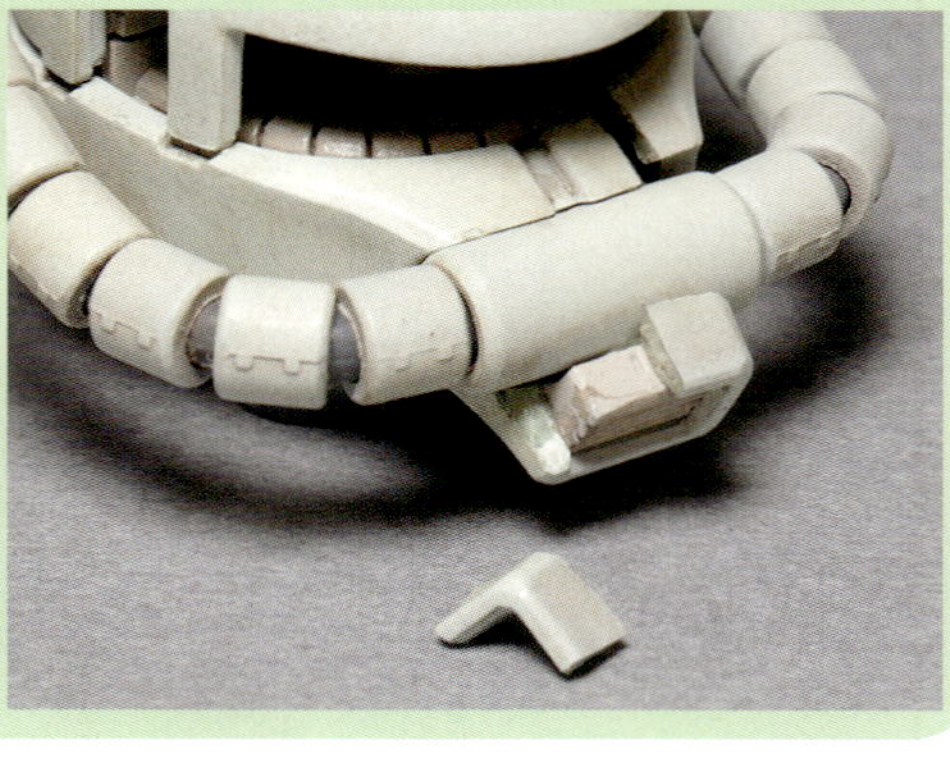

▲パーツが脆くなるだけでは割れるところまではいきにくいですが、ハメ合わせなどでパーツに力がかかっていると一気に割れやすくなります

疑問!!

メタリック色を塗装したら全然思ったような色味と質感にならず、なんだか汚い仕上がりに……

メタリックカラー／金属色がきれいに塗れません。

Q&A

質問その34

オールジャンル

きれいに光るメタリック塗装での仕上げは、うまくいけば非常に見映えがしますがこれがなかなかうまくいきません。表面が滑らかな金属光沢にならなかったり粒子に模様ができてしまったり。ソリッド色と同じように塗っているはずなのにメタリックカラーだとうまく塗れない……その原因ははたしてどのあたりにあるのでしょうか？

ズバリ言いますと、メタリックカラーがうまく塗れないのは、メタリックカラーの塗装が難しいからです。いろいろな色があるなかでも、メタリックカラーの塗装はもっとも難易度が高く粗が目立ちます。ここではメタリックカラーのエアブラシ塗装について、なぜ難しいかとうまく塗るためのテクニックについて説明してみます。

色というのは光あるいは光の反射です。それ自体が発光していたり透けていたりするのではない物体の色は、物体に光があたったときの反射が眼で認識されたものです。すべての波長を反射する物は白く、赤の波長だけを反射する物は赤く見えます。そしてメタリックカラーの特徴は何かと言えば、いろいろな色があるなかでも、色や質感を構成する要素のうち「反射」の占める割合がとくに大きい色だということでしょう。

メタリックカラーは、アルミや雲母などの粉を入れることで、光をあてたときにそれらの顔料が強く反射して金属のような光沢が出るようにした塗料です。よく反射するほど金属っぽく見えますが、同時にこの反射がメタリックカラー塗装の粗を目立たせる原因でもあります。反射が強いと言うことは、顔料の状態が見えやすいということで、とくに粒子が大きめの顔料を使っているメタリックカラー（やパールカラー）では、顔料が塗膜表面にきれいに並んでいないと模様のように見えてしまいます。

また、色は光の波長の反射だと述べましたが、同時に光の反射は物体の「質感」でもあります。たとえば、ツヤあり／ツヤ消しといった質感とは、表面の凸凹に対する反射の具合ですが、メタリックカラーは、見え方に対する「質感＝塗膜表面の凸凹の状態」の影響がとても大きいです。とくに粒子がこまかめの鏡面のような金属光沢が出せるメタリック塗料は塗装面表面の状態に対する影響が大きく、平滑な塗膜で塗らないと金属感を大きく損なってしまいます。

まとめると、顔料をきれいに並べるようにしつつ表面が平滑になるように塗らないと特性が活かせないのがメタリックカラーということになりますので、当然塗装は難しくなります。顔料をきれいに並べるには均一かつ適切なスピードでハンドピースを動かす技術が必要ですし、平滑な塗膜を得るには、下地の処理法から、塗料の扱い、エアー圧の最適な調整、塗装手順にいたるまで総合的な技術が求められます。メタリックカラーの塗装では、あなたのエアブラシ塗装テクニックのすべてが試されると言っても過言ではありません。

さて、難しいと脅かしてばかりいてもしょうがないので、具体的な対処法についていくつか紹介しておきましょう。

メタリックカラーの塗装をする場合は、下地を極力平滑な状態（ツヤありの状態）にしておくようにしましょう。下地がザラザラだったりするとよい金属質感が出ないだけでなく色味も大きく変わってしまいます。サーフェイサーを吹いたあとに1500～2000番くらいまでの紙ヤスリでの水研ぎで磨いておくとよいメタリック感が出せるようになります。

メタリック色を吹きつけるときは、同じ箇所に塗料を吹き続けすぎると顔料が塗膜内で渦巻いて模様状になってしまうことがあります（塗料が「沸く」などと言います）。常にハンドピースを動かし続け、吹きつけているところは一瞬だけ濡れた状態になるハンドピースが動いていくのですぐ乾くというふうにして、同じところに吹き続けないようにすると顔料がきれいに並びます。早めに乾くことで顔料をきれいにのせやすくするメタリック塗装用うすめ液もありますのでそれを使ってもよいでしょう。■

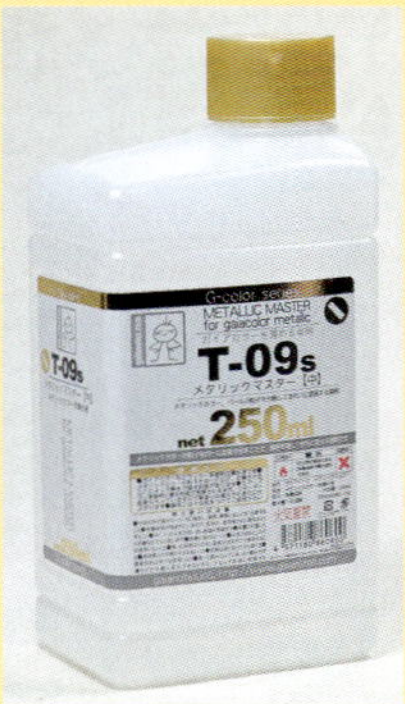

◀▶粒子感があるメタリックカラーの場合、粒子がきれいに整って並んでいないと滑らかに見えません。ガイアノーツのメタリックマスターやGSIクレオスのラピッドうすめ液を使うと、顔料粒子がきれいに並びメタリックカラーがきれいに塗りやすくなります

疑問!! なかなか白く発色しないので
どんどん塗ったら厚塗りになりました……

白をエアブラシで塗ると厚ぼったくなってしまいます

質問その35
オールジャンル

隠蔽力が高い色はすぐに発色するので塗膜を薄く塗りやすいですが、白のように隠蔽力が低めの塗料はなかなか発色しないので、塗り重ねる回数が増えて塗膜が厚ぼったくなりやすいです。でも、白を塗っていても厚ぼったくなっていない完成品もあります。厚ぼったくなる場合とならない場合、その差はどこにあるのでしょうか？

&A

隠蔽力が低い塗料は、塗り重ねる量を多くしないと発色しません。隠蔽力が低い白などをきちんと発色するまで塗っていくと、隠蔽力が高い色の塗料に比べて塗膜が厚めになることは致し方ないところです。

しかし、同じ隠蔽力が低い白を塗ったとしても、それほど塗装が厚ぼったく「見えない」ように塗ることはできます。エアブラシ塗装で塗膜を薄く見せるためにはどうしたらいいかを考えてみましょう。

まず初めに考えておきたいのは、塗装したパーツを見たときに「塗装が厚塗り」に見えるのはなぜかということ。それは塗料がたまって凹部の角が丸まったりエッジが塗料で丸まったりするからです。じつは実際の塗膜の厚さと「塗膜が厚く見える」ことは別のことです。凹部や凸部のエッジがシャープに出ていれば、塗膜の厚さは見た目からは判断できなくなります。

一気に塗料を厚吹きすると、塗料はしばらくパーツ表面で液状のままの状態になります。液体は重力や表面張力によって動きますので、凹んだところやスジ彫りの溝のフチのようなところに溜まってしまいます。これが塗料を厚塗りに見せているわけですカーモデルでは、垂れる寸前まで厚塗りしたあとパーツを回すようにして塗料が先述したようなところに溜まらないようにするテクニックもありますが、かなり熟練を要するので誰もができるというものではありません。ではどうすればいいのでしょうか。

一気に厚吹きをするから塗料が流れて溜まるわけなので、一層ずつ乾かしながら薄く吹き重ねていくようにすれば塗料が流れません。薄く吹き重ねていけばエッジや凹部に塗料も溜まりにくくなって、最終的に同じくらいの塗料をパーツにのせても厚吹きに見えにくくなります。

さらに言うと、薄く吹き重ねるようにしつつ、エッジ部分や凹んでいて塗料が溜まりそうなところはあまり塗料を吹き重ねないようにすると、さらに厚塗り感をなくすこともできます。実際に塗るときには、細吹きで線を描く感じで先にエッジや凹部に塗料をのせておくようにします。エッジ部分や凹部は色が付きにくい箇所でもあるので、こういうところに先に色をのせておくと、そのあとで全体に塗料をのせていくときに最小限の塗りで発色させることができるようになり、結果的にエッジや凹部にのる塗料の量も減らすことができます。

もうひとつの塗膜を厚く見せない方法は、塗膜を磨くというもの。エッジ周辺に盛り上がってしまう塗料が塗膜を厚く見せるので、盛り上がった部分を削ってしまえば厚く見えなくなるというテクニックで、とくにスジ彫り部に有効です。基本塗装を終えたところで、1500番～2000番の紙ヤスリを使って塗料が盛り上がってしまったところを軽く水研ぎします。ポイントは、実際に塗料を薄くするために磨くのではないところで、塗料の盛り上がりだけを軽く整えればそれで充分です。このテクニックはカーモデルなどでクリアーを厚く吹くときにはとくに効果が大きく、スジ彫り部周辺を磨いて平らに整えるだけで厚塗り感が減り精密感がグッと増します。

また、とく白に関して言うと、なかなか色が出ないのでついつい一回に吹きつける量が多くなって塗料が溜まりやすくなります。たとえば6回で発色させようとして均等に塗り重ねるとき、初めの2回くらいはほとんど色がつきません。はじめはほとんど色が付かなくても4回目くらいからだんだん白くなって一気に発色してきます。色がつかないと心配になるかもしれませんが、2回目くらいまでは気にせず、薄く重ねることだけを意識しましょう。■

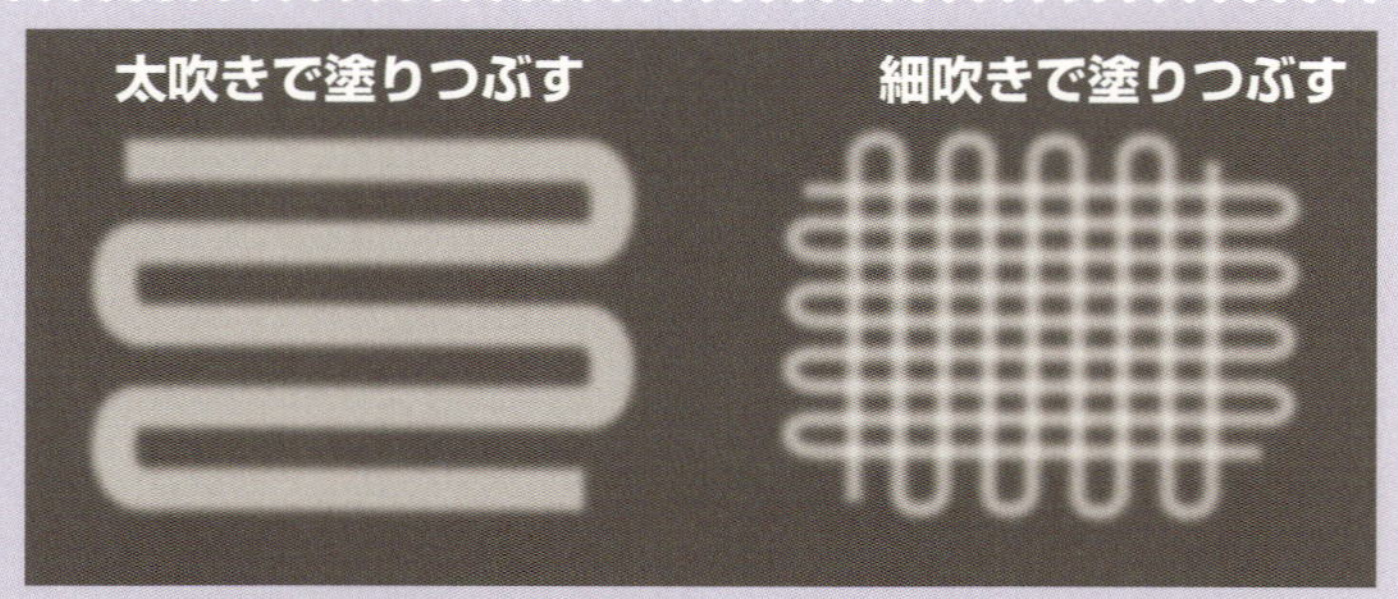

●同じ面積を塗りつぶす場合でも、細吹きで細かく折り返して塗って行くようにすると塗膜を薄く見せやすくなります。これは、塗っていくあいだに、塗料をのせていく場所をコントロールできるからです

疑問!!

パーツのランナーにPSとかABSとかありますが同じように扱っていいのでしょうか?

ガンプラによくあるABSパーツは普通のプラスチックと何が違うのですか?

Q&A

質問その36

オールジャンル

ガンプラなどの可動するプラモデルにはABS製のパーツが使われていることがよくあります。見た感じは普通のプラスチック=PSとランナーに標記されているパーツとあまり変わらないようですが、組み立て説明書には「ABSパーツは塗装には適しません」などと書いてあったりします。ABSパーツはPSパーツと何が違うのでしょうか?

ABS樹脂とは「アクリロニトリル・ブタジエン・スチレン樹脂」の略で、スチレン系熱可塑性樹脂、つまりプラスチックの一種です。一般に「プラスチック」というとスチロール樹脂(ポリスチレン=PS)のみを指すことが多いですが、JIS規格の定義だと、プラスチック=「高分子物質(主に合成樹脂)を主原料として人工的に有用な形状に形作られた固体。ただしゴム、塗料、接着剤などは除く」となっていますので、ポリエチレン(PE)、ポリプロピレン(PP)、アクリロニトリル・スチレン=AS、アクリル(ポリメタクリル酸メチル=PMMA)、塩ビ(ポリ塩化ビニル/ポリビニルクロライド=PVC)、そしてABSはすべて「プラスチック」です。

アクリロニトリルは耐熱性、剛性、耐油性に優れ、ブタジエンは耐衝撃性に優れ、スチレンは光沢性、加工性、電気特性に優れていますが、PSより強度/耐薬品/耐熱性が良いASにさらに合成ゴムの原料となるブタジエンの耐衝撃特性を足すことで機械的な強度を持たせたのがABS樹脂。ABS樹脂は、アクリロニトリル/ブタジエン/スチレンの比率によって特性が変わりますが、ガンプラなどに使われているABS樹脂製パーツは、スチロール樹脂パーツと比べ、適度な粘りがあって強度と剛性に優れているという特長があり、関節可動ギミック部分など、強度が必要な箇所に集中して使われています。

ガンプラなどでABSを関節ギミックに使用することのメリットは、剛性を上げ関節をヘタりにくくすることのほかに、関節ギミックを小さくできるということが挙げられます。軟質のポリエチレン樹脂などを使ったポリキャップは、ポリキャップ自体のほかにポリキャップをを固定するためのダボなどのスペースが必要になります。しかし、ABS関節にすれば、軸と受ける穴だけがあればよいので、フレームなどのディテールパーツの一部に軸や受け穴を設けることでスペースが節約できます。マスターグレードやRGのように外装のなかにフレームが入っている構造のキットではフレーム内のスペースが狭くなりますが、ABS関節ならばディテールを損なうことなく可動ギミックを収めることができます。

強度があって省スペースだといいことずくしのようですがABSにも弱点がいくつかあります。プラモデル製作でもっとも困るのが、有機溶剤に弱い=塗装しにくいというところ。エナメル系塗料でのスミ入れはもちろん、ラッカー系塗料で塗装をしただけでも割れることがあり、キットによってはABS製パーツには塗装をしないようにすすめている場合もあります。絶対塗装できないということはなく、薄め液を使う量をなるべく減らして1層ずつ乾かしながら塗っていけば塗れないことはありませんが、PS製パーツと同じ感覚で塗装をするとパーツを破損しやすいでしょう。

また、関節ギミックに使われている場合、組み立てた当初は、剛性、保持力ともに高いのですが、動かしているにつれて保持力が落ちる度合いがポリキャップの関節に比べて大きいように感じます。

それと、ABS樹脂製パーツは通常のスチロール樹脂用溶剤系接着剤、つまり一般的な模型用のプラスチック用接着剤では接着できませんので、溶かす力が強いABS用接着剤、または瞬間接着剤を使います。

なお、近年のガンプラなどバンダイ製品ではABSの弱点を克服したKPS(強化プラスチック)という呼称の樹脂がキットによって可動部などに使われており、こちらは通常のPS製パーツと同様に塗装を行なえるようになっています。■

▲ABSパーツだと軸と受けの穴だけで保持力が高い関節を作れます。ポリキャップ関節と同じスペースでもたくさんの可動軸が収められ、同時に表面のディテールを活かしてフレームパーツとすることができます

疑問!! Q&A

質問 その37 マテリアル

模型店にあったソフビ用のVカラーはラッカー系塗料と何が違う？

ソフビ用の塗料があると聞いたのですが何が違うのですか?

プラモデルしか作らないと気にしたことがないかもしれませんが、大きめの模型店などにいくと「Vカラー」という塗料が売られていることをご存じでしょうか？　このVカラーはイリサワから販売されているソフビ専用塗料なのですが、とくに怪獣系ソフトビニール製キットを製作するモデラーにとってはなくてはならない塗料だったりします。

怪獣モデルなどに多いソフトビニール製キットは金型に熱したソフトビニールを流し込むことでパーツを量産したもの。

プラスチックキットは金型にプラスチック流し込んだあと硬くなるので、抜き方向と垂直な方向に出っ張りがあると型から抜けなくなります。そのためパーツ形状に制限がありそれをクリアするためにスライド金型を使ったりしますが、ソフトビニールキットはパーツが柔らかいうちに型から剥がすため、形状の制限が金型成型のプラスチックキットほどないのが特徴です。生物的な形状やトゲ状のディテールなども分割しないで成型できるため怪獣のキット（や完成品）にはソフトビニール製のものが多く見られます。また、成型できる形状の制限が少ないためパーツ数を抑えやすく、一度金型を作ってしまえばあとは大量生産でき、金型への投資額も低めに抑えられるため製品を安価にできるという特長もあり、'90年代にはレジンキャストキットだと高価になりやすいロボットモデルのソフトビニール製キットも多数発売されたりしました。

模型用のソフトビニール塗料としては、イリサワからVカラーというものが販売されています。このVカラーと通常の模型用ラッカー系塗料との違いは、塩ビ系素材への食いつきの良さと、乾いた後も塗膜に柔軟性があるというところにあります。

ソフトビニール製キットは、パーツを温めて柔らかくして組み立てる場合がよくあります。また、可塑剤などで硬さをコントロールできるソフトビニールの特性を活かして、軟質のソフトビニールを使うことで完成後も曲げ伸ばしできるように考えられたキットなどもあります。

パーツを温めてハメ合わせるときは、基本的に塗装はしてからになります（すべて組み立ててからマスキングして塗り分ければパーツを曲げなくて済みますが、怪獣モデルでは「しっぽが長くて持ちにくい」など、非常に塗りにくいシチュエーションが多々出てきます）。塗装をしてから塗膜ごとパーツを曲げることになりますので、塗膜の「硬さ」が問題になってきます。そこで登場したのがこのVカラー。Vカラーは塗って乾いたあとも塗膜が適度に柔らかい状態になります。通常のラッカー系などの模型用塗料は乾くと塗膜が硬くなるので、素材が曲がったときにそこからヒビ割れたり剥がれたりしますが、Vカラーではそういった割れや剥がれが起きません（なお、硬質なソフトビニールで、温めて曲げて組み立てないということであれば、ややハゲやすいですが、通常の模型用ラッカー系塗料で塗ることも可能です）。

使用上の注意としては、エアブラシで塗装する場合は専用のうすめ液「Vカラーシンナー」を使うこと。このうすめ液は通常のプラスチックモデル塗装用途のラッカー系うすめ液より成分が強いので、プラスチックに使うことはできません。粘度が高めなのでハンドピースのノズル口径は大きめのタイプが使いやすいでしょう。速乾なので塗装後はハンドピースの掃除をすぐにしっかりと行なっておくようにします。また、臭いが独特かつ強めなので、ラッカー系塗料でのエアブラシ塗装時に比べてより換気に注意するようにし、作業時は塗装用マスクの着用をおすすめします。

Vカラーは怪獣ソフビキットを作る場合には欠かせないと言っていい塗料ですが、通常のラッカー系塗料では食いつきが悪い塩ビ系PVC素材にもしっかりと食いついてくれるので、フィギュア完成品のリペイントに使用する方も多いようです。素材によってはとても便利な模型用塗料ですので、注意点を守って使ってみてください。■

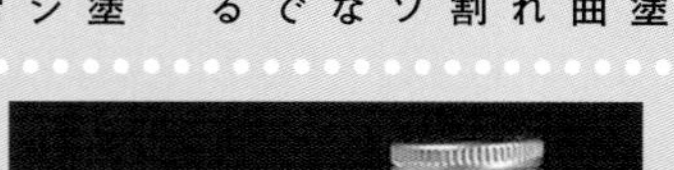

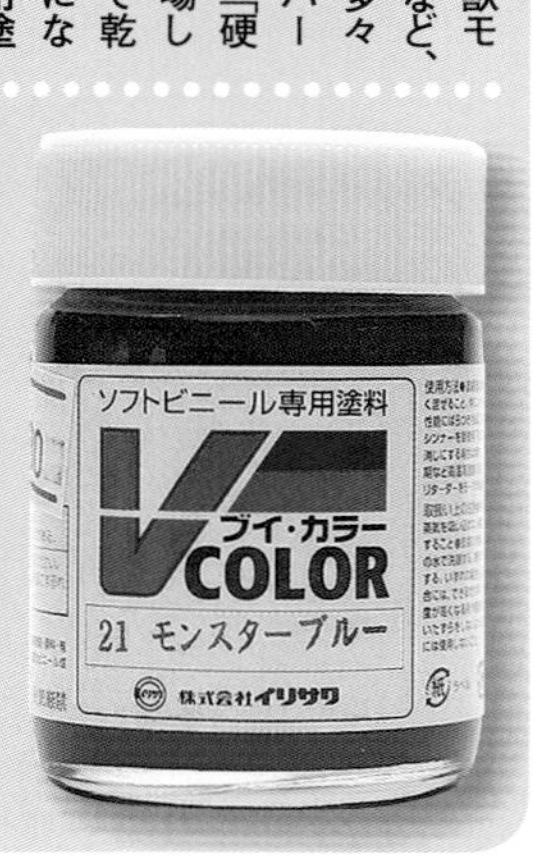

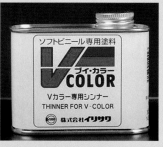

●Vカラーの硬化後は、ゴムっぽい感じで少し弾力がある感じになります。希釈には専用うすめ液を使い換気には注意しましょう

疑問!!

雑誌記事で「シルバーの下地は黒!」と書いてありました

シルバーの下地は黒がいいと聞いたのですが、何がどう変わるんですか?

Q&A

質問その38

オールジャンル

模型雑誌の製作記事や実車の塗装をしているブログなどを見ると、「シルバーの下地は黒で」というような説明をよく見かけます。でも、黒にすることのメリットの説明があまりされていなかったり、下地色に何を塗っても変わらないように見えるシルバー塗料もあったりして……本当にシルバーの下地は黒がいいのでしょうか?

まず前提として、なぜ下地に塗った色が上に塗り重ねた色に影響を与えるかということなのですが、このような透けは、塗料の隠蔽力があまり高くないときに下の色が透けるから起きる現象です。

ではそもそも塗料の「隠蔽力」とは何か? この問いに厳密に答えるのは難しく話が長くなりますので、ここでは大ざっぱな理屈を説明してみることにします。一般に塗料は微細な顔料の粒を液状の溶媒で溶いたものです。顔料が透明や半透明の透けるものだと当然塗膜も透けますが、顔料があまり透けない色であっても塗膜が透けることはあります。塗料を塗った塗膜は、ミクロな眼で見ると、並んだ顔料の間には隙間ができているからです。この隙間から下地の光の反射が通ってくると下地の色が透けた状態になり、その透け具合が大きいほど隠蔽力が低い、ということになります。

基本的に、模型用塗料は、価格や規制により使える溶剤や顔料に制限があるため、工業用塗料に比べると隠蔽力が低いものが多いです。また、塗料は塗り重ねることで顔料の隙間が減ってきて隠蔽力が上がりますが、模型に塗装する場合はモールドをシャープに見せたいなどの理由でなるべく薄く塗るのが普通ですので、さらに隠蔽力が下がりやすい傾向にあります。

さて、ここまでが前置き。模型用塗料の「隠蔽力」について知ったうえで、シルバーの下地について考えてみましょう。「シルバーの下地は黒がいい」というのは、もう少し正確に言うと、「シルバーは下地に黒を塗っておくと、下の黒が透けて、上のシルバーに良い影響を与える」という意味です。

隠蔽力が高いシルバー塗料を塗る場合は下地を何色にしてもほとんど変わりません。現在の模型用塗料には隠蔽力が高いシルバーもあるので、こういう色では下地の影響はほとんどでません。いっぽうで、塗料の種類や塗り方により透けやすいシルバーもあります。そういう塗料では下地の色が重要になってきますが、隠蔽力が低く透けるシルバーの場合に「下地を黒に塗る」効果とはどういうものなのでしょうか。

下地の黒が(適度に)透けることの影響の内容を具体的に挙げると、①シルバーの発色が良くなり輝きが増す ②落ち着いた深みのある色味になる、といったところでしょうか。①は、透ける下地色を色味がない黒にすることで、シルバーに余計な色味を足さないようにして、シルバー顔料の色味/質感をより活かすということです。②は、黒が透けて暗めの色調になることで色に深みを出す効果があります。

ここで特筆しておきたいのは、下地に色をつけて透かすようにすれば、シルバーの色味や質感をこまかくコントロールすることができるということ。シルバーとひと口に言っても、いろいろな色味/質感がありますので、「下地=黒」だけが正解だと思わずいろいろ試してみると、あなたの金属色塗装表現の幅が一気に広がるはずです。

最後にもうひとつ注意したいポイントを。鏡面のような塗膜で塗ることができるGSIクレオスのメッキシルバーNEXTなどでは下地をグロスブラックにすることが推奨されていますが、ここで重要なのは黒であることよりも「グロス=ツヤあり」であることです。メタリック色は下地の色味よりも、表面の凸凹の状態によって質感や色味が大きく左右されます。下地が凸凹=ザラザラ/ツヤ消しだと、金属(色)質感が失われて白っぽいグレーのように見えてしまいます。下地はなるべく平滑な状態=ツヤありにしておくことで、塗料本来の金属(色)質感を活かすことができるようになりますので覚えておきましょう。■

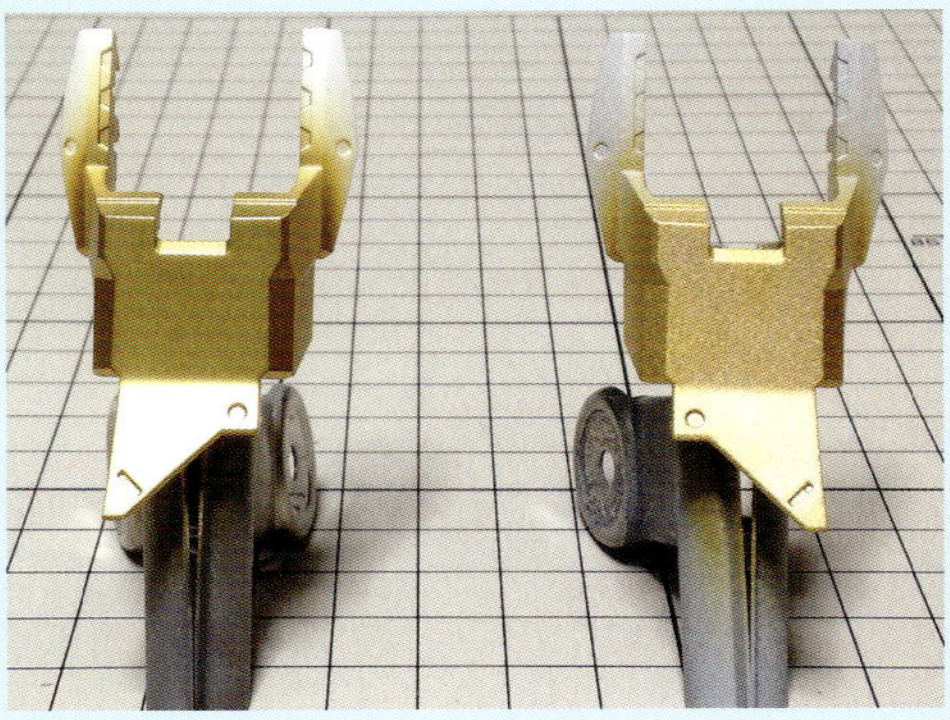

▶右はザラつく一歩手前くらいのツヤ消しの上にゴールドを塗ったもので、左は磨いてツヤありの状態にしたパーツに同じゴールドを塗ったもの。ツヤは違いますが同じグレーを下地に塗っています。ここからわかるのは、下地のツヤ=凸凹の状態が上に塗るメタリック色の色味や質感に与える影響がとても大きいということです

疑問!!

これまで、プラモデルの製作で
プライマーを使ったことがありません

Q プライマーとはなんのために塗るのですか？ プラスチックのパーツの上に塗っても大丈夫ですか？

質問その39
マテリアル

プライマーとひと口に言ってもじつはいろいろなものがあります。プラモデル製作でよく使われるのは、エッチングパーツなどの下地塗装用の金属（メタル）プライマーですが、なんとなく吹いていないでしょうか？　その使い方や特徴、さらにはほかのプライマーについても知れば、もっと便利に模型が作れるようになるはずです。

& A

いわゆる「プライマー」とは、塗装する素材に対して塗料の食いつきをよくするために下塗りする塗料を指します。素材（パーツ）と塗料をくっつける「接着剤」のような役割を果たすものです。

英語の「primary（最初の）」に由来する、素材／パーツの下地としてはじめに塗っておく塗料、というのが元々の意味ですが、はじめに塗る下地塗料は目的に応じていろいろな種類があります。そこで、一般的には塗料や接着剤の食いつきをよくするためのものをプライマー、細かな傷を消し色味を整えるためのものをサーフェイサー、木などの多孔質で塗料の吸い込みを抑えるための目止め塗料をシーラー、などというふうに呼んで下地剤を使い分けています。

プライマーはいろいろな素材用のものがありますが、模型製作でもっとも使用機会が多いのは金属用プライマーでしょう。エッチングパーツなどの金属素材は模型用塗料だと食いつきが弱く剥がれやすいので、プライマーを塗ることにより塗膜を剥げにくくすることができます。また、金属用プライマーにはさび止めの効果があるものもあるので、表面にさび（酸化膜）ができることで塗料が浮くことも防げます。一般的な模型用金属プライマーは液状の透明で粘度が低いタイプで、エアブラシや缶スプレーなどでパーツ表面に薄めに吹きつけるようにして使います（筆塗りもできますが厚塗りになりやすい）。なお、模型用金属プライマーをプラスチックパーツに塗ってもとくに問題はありませんが、プラスチックパーツはもともと塗料の食いつきが比較的よいので、あえてプライマーを吹くメリットはありません。プライマーの塗膜のぶん厚塗りになりますので、接着して一体になってしまったところ以外は金属パーツのみにプライマーを塗ります。

と、ここまでが模型で使うプライマーの一般的な説明。では金属パーツには金属用プライマーを絶対に塗らないといけないか、というと、そうとも限りません。

プライマーの一種として便利なものに、プライマーサーフェイサー、通称プラサフがありますが、これはプライマー成分が入ったサーフェイサーなので（プラスチック用サーフェイサーではありませんので念のため）、プラサフを使えば、プライマーを単体で塗る必要はなくなります。ただし、サーフェイサーは厚塗りになりやすいので、サーフェイサーの効果（傷のチェックや傷埋め、下地色を整える）が必要なければ、プライマーだけを塗ったほうが塗膜を薄くシャープなモールドで仕上げることができます。場合によって選んでください。

また、金属パーツは塗料が剥げやすいといっても、たとえば艦船模型の手すりのエッチングパーツのように、接着と塗装をしたあとはスミ入れもしなければ触りもしない、というような箇所では塗料が剥げるようなことはほとんどありません。あらかじめエッチングパーツに紙ヤスリをあてて表面の食いつきをよくしておけばプライマーを塗らなくてもほぼ問題ないでしょう。

それから、先述したようにプライマーは金属用だけではありません。金属用プライマー以外にも便利なものがあるのでいくつか紹介しておきましょう。PVC製パーツ／ポリキャップは、模型用ラッカー系塗料を塗っても、曲がったりマスキングテープを貼って剥がすとすぐに塗膜が剥がれてしまいますが、塗っておくことで塗料が格段に剥がれにくくなるプライマーがあります。PVCやポリエチレン／ポリプロピレンに塗ることで瞬間接着剤で接着できるようになるプライマーなども市販されていて、工作によっては非常に便利です。■

▶プライマーとひと口に言っても、塗装用下地剤、接着用下地剤など用途によっていろいろな種類があります。左のタミヤの硬化促進剤（瞬間接着剤用）は、瞬間接着剤を使う接着部に塗っておくことで硬化を速くすることができ、手早く確かな接着と白化予防の効果があります

疑問!!

ハンドピースは種類がたくさんあって
何を基準に選べばいいかわからない！

ハンドピースのノズルの「0.3」や「0.5」って何が違うんですか？

質問その40

工具／ツール

エアブラシ用のハンドピースは、ダブルアクション／シングルアクション、ボタン式／トリガー式などなど、いろいろなタイプがあって購入の際に迷いますが、なかでもハンドピースを選択するうえでもっとも重要になってくるファクターが「ノズル口径」。あなたの作りたい模型にはどれくらいの口径が最適なのかご存知でしょうか？

Q&A

エアブラシ塗装用のハンドピースの「0・3」とか「0・5」などの数字はノズル口径の㎜数です。ノズル口径とは、一般的に塗料が吹き出す穴の直径を示しています。ハンドピースにはシングル／ダブルアクションやボタン／トリガー式、カップの大小などなど、いろいろなタイプのものがありますが、選ぶときにもっとも重要なのがこのノズルの口径の大きさ。プラモデルのような30㎝大くらいまでの模型の塗装では0・2㎜～0・5㎜くらいまでの口径のハンドピースを選ぶのが一般的です。

ハンドピースの口径が違うと何が変わってくるかということなのですが、口径が太いノズルは、「塗料がたくさん吹き出す」「濃いめ／顔料の大きさが大きめの塗料でも吹き出せる」「エアー圧を高めで吹ける」ということになります。逆に口径が細いノズルは「塗料が少ししか吹き出さない」「薄めの塗料でも吹きつけられる」というふうになります。なので、口径が太いノズルでは、いっぺんに多くの塗料を広い面積に吹きつけられ、厚塗りをする場合にも適しています。いっぽう口径が細いノズルは、薄めの塗料を狭い範囲に塗るのに適しているということになります。

模型製作のときにどれくらいの口径のハンドピースを選べばいいか、ということなのですが、模型用として販売されているハンドピースはだいたい0・2㎜～0・5㎜口径です。5㎝～30㎝くらいのパーツを塗る場合はこの範囲内で選べば基本的には問題ないのですが、0・2㎜(以下)／0・3㎜／0・5㎜の特長をわかったうえで選んだり併用するようにすることで、よりうまく塗装できるようになるはずです。

0・5㎜口径は、平均的な適正濃度で吹きつけたときの吹きつけ直径が2㎝～5㎝程度で、均一な塗面で広い面積を塗るのに適しています。また、口径が太めなので顔料が大きめでつまりやすいメタリックカラーの塗装や、カーモデルなどでクリアーコーティングのツヤを出すために厚吹きするような用途にも向きます。逆に入りくんだ形状の小パーツの塗装や細吹きによる迷彩塗り分けなどには向きません。広い面積を均一に塗る用途が想定されているので、吹きつけ時に指が疲れにくいトリガー式が選択されていることがあります。メタリック色やサーフェイサー吹き用に限定した2本目を導入する場合、0・5㎜口径は有用な選択肢となるはずです。

0・2㎜(以下)口径は、平均的な適正濃度で吹きつけたときの吹きつけ直径が2㎜～2㎝程度。細吹きで迷彩パターンなどのフリーハンドでの塗り分けができ、薄めの塗料を吹き重ねることできれいな塗面を得るというような塗り方にも適していますが、大きめのパーツを塗るには手間がかかります。さまざまな塗装アクションに対応できるようにダブルアクション／ボタン式のタイプがほとんどで、各社のハンドピースラインナップのなかでは高級モデルが小口径になっていることが多いようです。それらの高級モデルは、大抵高精度なノズルになっているので、塗料のミストがきれいに飛び、結果きれいな塗膜で塗れます。30㎝大以下の模型に限ってより繊細できれいな塗装を施したいなら、ぜひ0・2㎜(以下)口径のハンドピースを導入してみてください。

0・3㎜口径は0・2㎜(以下)と0・5㎜のいいところを取った中庸なタイプ。1本ですませたいならこれがおすすめでしょう。各社の中級モデルは0・3㎜口径のものが多く、ほどほどの価格帯でメーカーや動作タイプなどを自由に選べるというメリットがあります。エアブラシ塗装をこれからはじめる方は0・3㎜がおすすめです。■

▲口径が小さいほうが細吹きができ、0.2㎜を切るような口径のモデルだと、塗料とエアー圧を絞って調整すれば1㎜くらいのラインまで描くことができます

疑問!!　趣味のプラモデル製作にそんなに高価なハンドピースが必要なのでしょうか？

高価なハンドピースと安いものは何が違うのですか？

ハンドピースは1万円を切るものから３万円を超えるものまで、いろいろとあります。シングルアクション／ダブルアクションのような機能面での違いにより価格差があるのはともかく、同じダブルアクションのなかでも安価なタイプと高価なタイプがあるのはなぜでしょうか？　そこには良いハンドピースを選ぶポイントが隠されています。

質問その41　**工具／ツール**

Q&A

エアブラシ塗装用ハンドピースといっても価格はピンキリ。たとえばＧＳＩクレオスの製品だけでも、吸い上げ式のものは別にして、８０００円くらいから3万円を超えるものまでラインナップされています。では、ハンドピースの価格は何によって決まっているのでしょうか？

ひとつは、その機構による価格差があります。構造が単純なシングルアクションは安く、構造が複雑になるダブルアクションは高価な傾向があります。ＧＳＩクレオスのエアアジャスト機構（ノズル下のツマミを回すことでハンドピース側でエアー圧／量を調整できる機構）のような機構が搭載されているかいないかでも価格が変わってきます。また、塗料カップが一体式か交換可能かどうか、カップの大きさなどによっても価格が変わってきます。

しかし、同じダブルアクションで同じ口径、同じような機構なのに価格差があるモデルもあります。このような価格差があるモデル同士では、高価なモデルのほうが精度が高い場合があります。

ここでいう精度とは、ノズルとニードルの形状の精度です。ハンドピースはノズルとニードルの間のドーナツ状の隙間から塗料を吹き出すような仕組みになっています。このドーナツ状の隙間は、ノズル開口部とニードルの断面がきれいな真円同士になっていて、なおかつきちんと同心円になっているのが理想です。ドーナツ状の隙間の幅が不揃いだったり偏心していたりすると、塗料ミストの大きさが不揃いになって塗膜に凸凹ができたり、吹きつけの際に大きめの塗料飛沫が飛んでしまったり、狙ったところとずれたところに塗料がのってしまったりします。逆に理想的なドーナツ状形状になっていれば、ドーナツ状の隙間がきれいに同じ幅になるので、塗料が均一なミストになり、結果塗膜もきれいになります。

このドーナツ状の隙間の形が整っているかどうかは、ニードルの後退量が少ない＝隙間が狭いときのほうがシビアに影響します。精度が低いノズル／ニードル形状のハンドピースでは、細吹きをするときや吹き始め／吹き終わりで不要な飛沫が飛びやすく、精度が高いノズル／ニードルのハンドピースなら細吹きや吹き出し時も均一な塗料ミストがでてくるということです。

また、ハンドピースのニードルは、先端部のテーパーに変化がつけられているものがあります。先述したように塗料はノズルとニードルの間のドーナツ状の隙間から出るわけですが、テーパーに変化をつけることで、ニードルの引き具合に合わせてドーナツ状の隙間の幅の変化の仕方をコントロールすることができるからです。たとえば、ニードル先端のテーパーが外側に膨らんでいるような形状だと、初めは隙間の広がり方が緩やかで、ニードルを引き終わるあたりで一気に隙間が広がります。逆にニードル先端のテーパーが内側に凹んでいるような形だと、初めの隙間の広がり方が大きく、ニードルを引き終わるあたりでは緩やかに隙間が広がります。どちらがいいとは一概に言えませんが、高価なハンドピースでは、このようなニードルのテーパー形状も工夫されている場合が多いように思われます。ニードル先端形状はノズルの精度とともに吹き心地や塗膜に大きな影響を与えます。

ハンドピースは、ニードルさえ曲げなければ普通に使っても10年、大事に使いパッキンなどを適宜交換すれば20年以上使える道具です。入門用ハンドピースに不満を覚えて「そろそろもっと良いハンドピースを購入してみようかな……」と思ったら、ぜひ高価なモデルも視野に入れてみることをおすすめしておきます。■

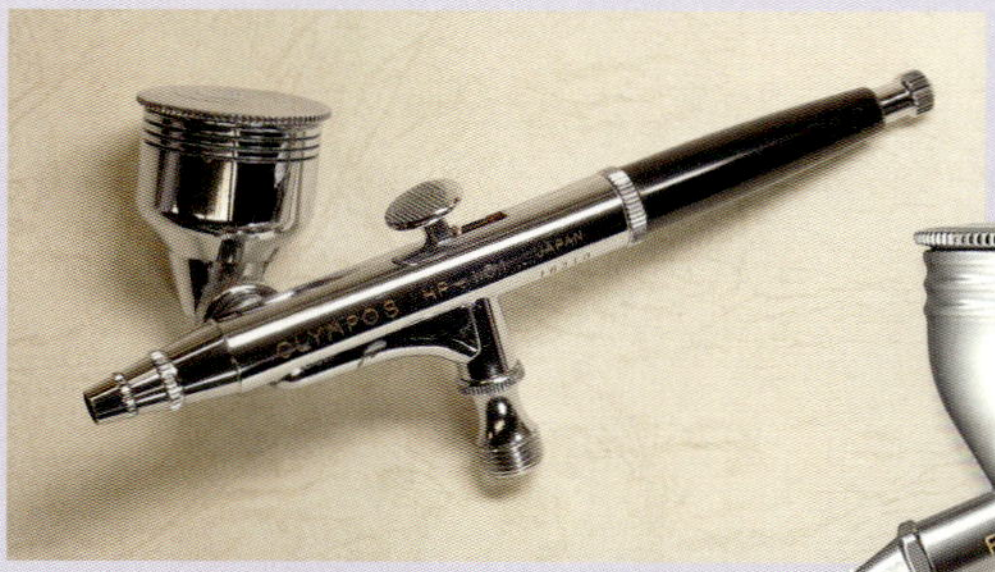

▲いまはなきオリンポスのHP-101。ノズル／ニードルの精度が高く非常にきれいに塗料ミストが飛んでくれるため、いまだに愛用者がいる名機です

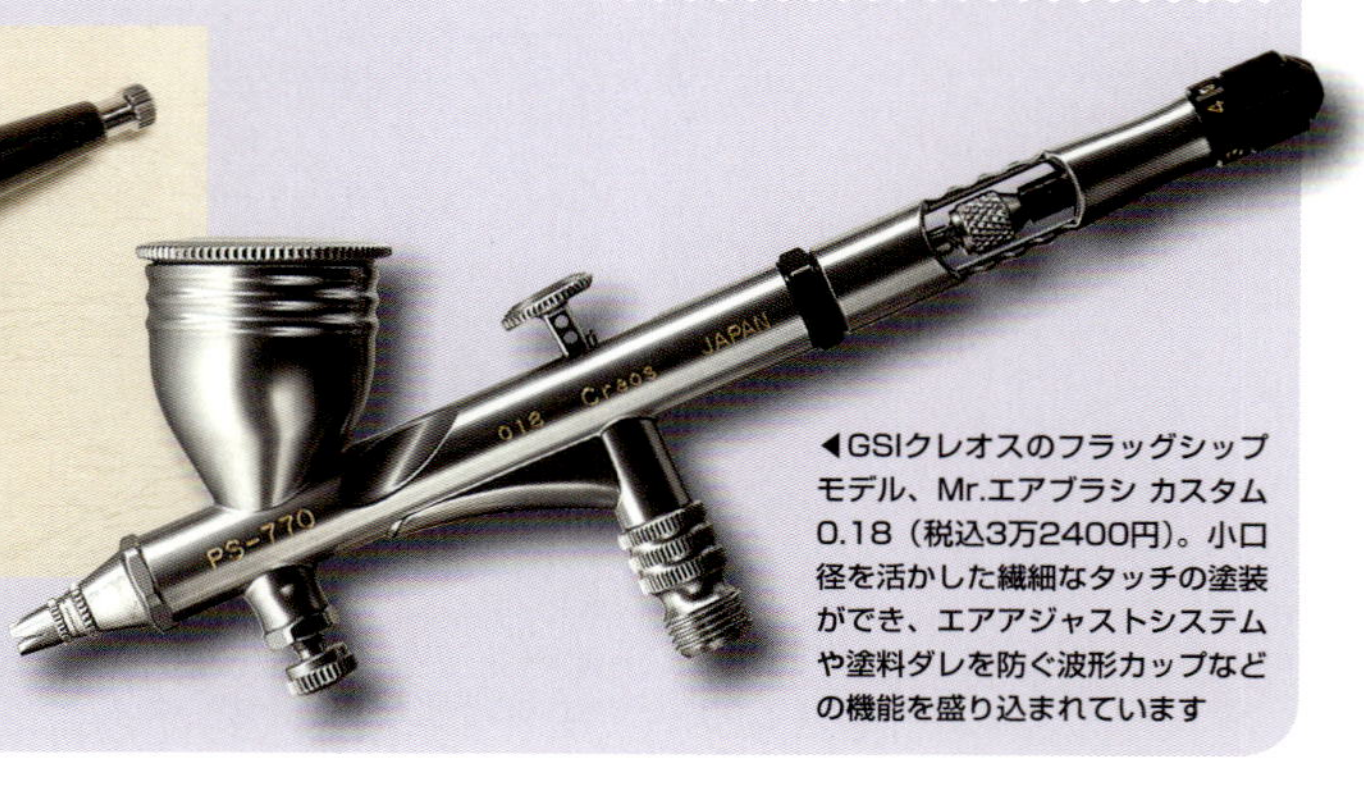

◀GSIクレオスのフラッグシップモデル、Mr.エアブラシ カスタム0.18（税込3万2400円）。小口径を活かした繊細なタッチの塗装ができ、エアアジャストシステムや塗料ダレを防ぐ波形カップなどの機能を盛り込まれています

疑問!! シングルアクションのハンドピースは価格がダブルアクションより安くて魅力的……

シングルアクションのハンドピースでも問題なく塗れますか?

Q&A

質問その42
工具／ツール

ハンドピースのなかで１万円を切るものの多くはシングルアクションタイプです。「見た目上ではダブルアクションとあまり変わっているところはないし、値段が安いからシングルアクションでいいのかな……？」と安易に決めかけているそこのあなた！　シングルアクションを購入するなら特徴をちゃんとわかったうえで選んでくださいね。

エアブラシ塗装用のハンドピースにはいろいろなタイプがありますが、塗料を吹き出す仕組みにも種類があります。そのなかできちんと把握しておきたいのが、「シングルアクション」と「ダブルアクション」の違い。購入してから「こんなはずでは……」とならないために両者の仕組みの違いを整理して把握しておきましょう。

ハンドピースはエアーで塗料をノズルから吹き出すことで吹きつけ塗装をする道具ですが、エアー量と開口部の大きさが固定だと、常に一定の吹きつけしかできません。そこで、さまざま吹きつけ塗装に対応できるように、エアー量とノズル開口部の大きさを可変式にした構造を持つタイプが、いわゆるシングル／ダブルアクションタイプのハンドピースです。なお、シングル／ダブルともに、エアー量と開口部の大きさは両方とも可変です。シングルはどちらかしか変えられないということではありません。

さて、シングル／ダブルアクションを理解するために、ここでハンドピースの構造を改めて整理しておくことにしましょう。

ハンドピースのエアー圧調整は内部の弁で行なわれています。ボタンやトリガーで弁を操作することでエアー圧を多くしたり少なくしたりできるようになっています。いっぽう、塗料の量の調整は、ノズルとニードルで行なっています。ノズル開口部に先端が尖ったニードルを挿し込んだ状態にしてニードルを引くことで塗料が通るドーナツ状の開口部を作り、よりニードルが引かれた位置になると開口部が大きくなるような仕組みです。このふたつの機構によりエアー圧と塗料量を自在に変えられるわけですが、ふたつの機構が独立しているのがシングルアクション、連動できるのがダブルアクションというふうに分類されます。

ダブルアクションは、エアー弁を操作するボタン／トリガーと塗料量を変えるニードルが連結されていて「押す＝エアー圧調整」と「引く＝塗料量調整」が同時に一本の指でできます。シングルアクションでは、ニードルの後退量の操作がエアー圧操作ボタン／トリガーと独立しているので、１本の指でエアー圧と塗料量を同時に操作することはできません。両手で同時に操作することもできなくはありませんが、通常は吹きつけ前にニードルの後退量を調整しておき、吹きつけ中に塗料量は変えません。

このように説明すると、圧倒的にダブルアクションが優れているように思えますし、実際ダブルアクションを使っておけばよいという面もあるのですが、もちろんシングルアクションにも良いところがあるのでメリット／デメリットをまとめてみましょう。

①シングルアクションのほうが構造が単純なので安価で壊れにくい。
②ダブルアクションは指を離すとニードルが勝手に戻りノズル開口部が閉じるが、シングルアクションは自分でニードルを戻さないとノズルから塗料がタレる。
③描線の太さを描きながら変えていくような吹きつけ方はシングルアクションでは（基本的に）できない（両手を使えばできます）。
④均一なエアー圧／塗料量で吹き続けたい場合、シングルアクションのほうが操作が楽で指にも負担をかけない。

このなかで選択の際に大きな要素になってくるのは①と②でしょう。中級モデルでの７０００円と１万２０００円程度という価格差をどう考えるかは各人によると思います。ただ、ダブルアクションを選んでもニードルは常に引き切っていることが多いので、均一な塗面しか塗らず使用ごとにニードルを前進させてノズルを閉める動作が苦にならなければ、シングルアクションを選ぶという選択肢もありでしょう。■

▲エアーを出す押しボタンとニードルを連動させて後方にも引けるようにすることで、エアー量調節とニードル後退量調整を指一本で行なえるのがダブルアクションです

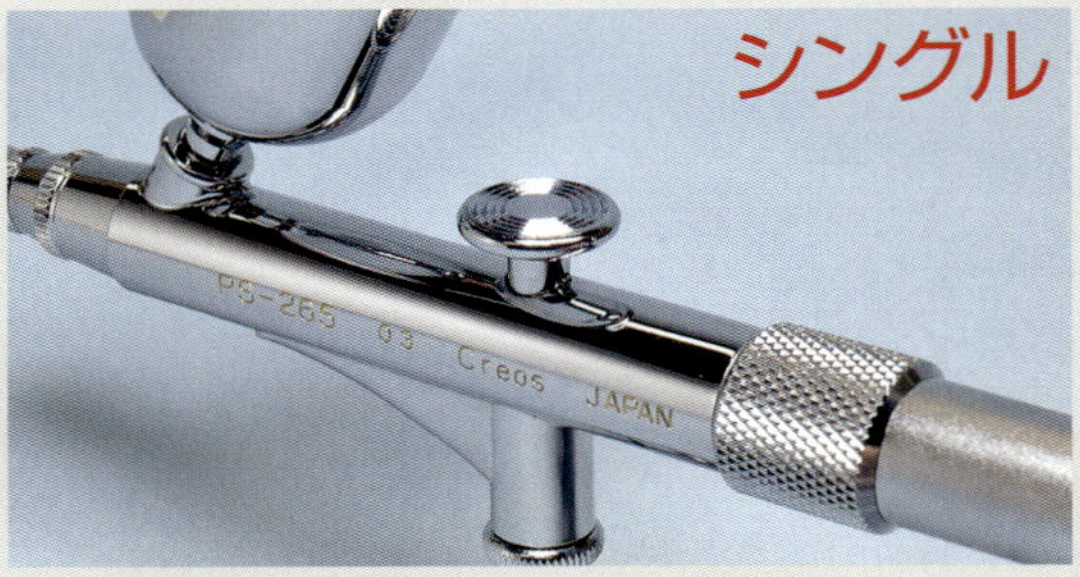

▲シングルアクションはふきながらニードル後退量を調整する機能がないのでボタンは押すだけ。ニードル後退量の調整はボタンとは別に行なうようになっています

疑問!!

いちおうエアブラシ塗装はできるのですが
いま適正に吹けているか判断できません

エアブラシ塗装のとき、うすめ液で何倍に薄めればいいのですか?

Q

質問その43
オールジャンル

プラモデルの本には、よく「エアブラシ塗装するとき塗料は●倍に薄める」というように解説されていますが、きっちりその薄さに薄めても思ったようにハンドピースで吹きつけができないことがあります。また、エアー圧もそのときどきでちょうどよい圧が変わってきたりします。「正しい希釈率とエアー圧」ってどうなっているんでしょうか?

&A

「エアブラシでは塗料を何倍で薄めるか」「エアー圧はどれくらいにすればいいか」という質問をされることがありますが、結論から言うと「●倍」、「●Mpa」というふうにひとつの数字で答えることはできません。逆に言いますと、一定の目安はありますが、「●倍」、「●Mpa」というふうに塗料やエアー圧を固定して考えているうちはエアブラシ塗装は上達しません。

エアブラシ塗装は、「ノズル口径」「塗料の濃さ」「エアー圧」「対象物との距離」「エアブラシとパーツの相対速度」という5つのファクターの関係性によって成り立っています。そして、この5つはそれぞれが連動する関係にありますので、どれかのファクターだけを抜き出してその数値について考えてもあまり意味がありません。

とはいえ、5つの連動するファクターをいっぺんに把握するのは難しいので、ファクターごとの傾向と対策を整理して考えてみるようにしましょう。

塗料の濃さを基準に考えると、塗料が濃い場合は塗料の粘度が高いということなので、エアー圧を上げるか口径を大きくすることでノズルからうまく塗料ミストが吹き出せるようになります。薄い場合は、逆にエアー圧を下げるか口径を小さくすればうまく吹き出せます。なお、ハンドピースのノズル口径は普通は固定ですが、ニードルの引き具合を少なくすれば、口径を小さくしたのと同じ効果があります。エアブラシ塗装では、まず塗料が適正に吹き出してくれないとはじまりませんので、まずはこの関係性をマスターしましょう。

次は、吹きつけるときの描線の太さから考えてみます。模型を塗装する場合、実際は塗料の濃さやエアー圧から塗り方を考えて決めているわけではありません。塗るときはどれくらいの量の塗料をどれくらいの大きさのパーツに塗るかを先に考えているわけで、これは言い換えれば、描線の太さをどうするかを初めに決めているということです。ハンドピースはニードルの後退量を減らすと塗料の量が減って細吹きになりますが、ニードルだけを調整してもきれいに細く塗れるとは限りません。エアブラシで細く吹きたいときは、口径を小さくし(=ニードルの後退量を減らし)、エアー圧を下げ、塗料は薄く、ハンドピースとパーツの距離を近くします。太くしたいときは逆に口径を大きくし(=ニードルの後退量を増やし)、エアー圧を上げ、塗料は濃く、ハンドピースとパーツの距離を遠くします。

たとえば塗っているときに「塗料が濃すぎる」「薄すぎる」と感じる場合は、このバランスのどれかが崩れているときです。しかし、塗料を薄めたり濃くしたりすることだけが解決策とは限りません。たとえば「塗料が濃すぎる」と感じた場合は、エアー圧を上げたりニードルの後退量を増やしても対処することができます。

エアー圧を上げたりニードルの後退量を増やすと描線はより太くなりますので、描線の太さを変えたくないという前提であるならば、塗料を薄めるという選択になります。しかし、線は太くなっても良いし、むしろツヤを出したいので塗料をパーツにたくさんのせたいということであれば、エアー圧を上げたりニードルの後退量を増やす選択のほうが適切でしょう。このように、「エアー圧」「ニードル後退量」「塗料の濃さ」に関する選択はどういう風に塗りたいかによって変わりうるので、どれかだけが正解とは言えません。これらの関係性を体感でマスターできるようになると、いろいろな状態の塗膜をひとつのハンドピースで吹き分けられるようになりますので、ぜひ意識して練習しみてください。■

▲塗りたい塗膜の状態によって変わってきますが、薄く平滑に塗りたいなら、塗料1に対してうすめ液3くらいに薄めるところからスタートして、薄め液を足しつつエアー圧を下げながら調整していくような感じで適正値を探していきます

疑問!! サーフェイサーを吹かないと塗装が剥げないかとても不安になってしまいます

サーフェイサーレスにすると塗料が剥がれませんか？

質問その44
オールジャンル

いつのころからか塗装前にはサーフェイサーを吹くものという手順がモデラー間に定着しました。たしかにサーフェイサーを吹くと塗料の食いつきがよくなりますし、下地色も統一されて本塗装が発色しすくなります。でも、サーフェイサーにはデメリットもあります。根拠なしに何となく吹くことで完成品の見映えを悪くしていることも……。

結論から言うと、プラスチックやレジンに模型用ラッカー系塗料を塗るということであれば、サーフェイサーを塗っていないからといって必ず塗料が剥がれてしまうわけではありません。たしかにサーフェイサーを塗ったほうが塗料の食いつきはよくなりますが、状況によっては吹かないほうが望ましい場合もあります。改めてサーフェイサーのメリットとデメリットを整理してみることにしましょう。

サーフェイサーとは、下地の傷を見つけやすくしたり、塗ったうえで磨くことで傷を消したり、下地色を統一して上に塗り重ねる塗料の発色を良くするための下地塗料です。英語の「surface（表面）」に由来する名称で、一般に、表面処理をするために塗られるグレーの液状パテを指します。

本来サーフェイサーは、異種素材を併せて使うときに、素材によって異なる表面の状態や色を統一するために塗ったり、表面の小さな傷を埋めて滑らかな表面したいときに塗り、場合により塗ってから表面を磨きます。グレーのものが一般的なのは、上に塗り重ねる色に影響しにくく、同時に傷が見えやすい色がグレーだからです（白のほうが上の色はきれいに発色しますが、白だと傷の凹凸が見にくくなります）。

つまり、素材の違いによる表面の状態の違いがなく、下地の色味を統一してグレーにする必要がない場合は、サーフェイサーは吹かなくても問題ないということになります。たとえば全パーツが同質なプラスチック製で、なおかつグレー1色で成型されているようなプラモデルをそのまま製作する場合、あるいはガンプラのようにパーツが塗装する色に近い色であらかじめ色分け成型されている場合は、先述したような効果を狙ってサーフェイサーを吹く意味はあまりないと言えるでしょう。

サーフェイサーにはもうひとつ、塗料の食いつきをよくするという効果もあります。マスキングする箇所が多かったり、汚し塗装で塗膜をこすることがあると塗膜が剥がれることがあるので、そんな場合はサーフェイサーを塗っておくと安心。とくにレジン製のパーツは模型用ラッカー系塗料の食いつきがプラスチック製パーツと比べると弱いので、サーフェイサーを吹いておいたほうが安全です。もうひとつサーフェイサーを吹いたほうがよいのは、カーモデルなどでツルツルのグロス塗装にする場合。サーフェイサーを吹いたうえで紙ヤスリなどで2000番程度まで磨いてから本塗装を塗り重ねることによって、よりきれいな光沢を出して仕上げられるようになります。

ここまではサーフェイサーを吹くことのメリットを挙げてきましたが、デメリットもあります。いちばんは、塗膜が厚ぼったくなったり、スジ彫りなどのディテールが浅くなってしまったりしやすいというところでしょう。とくに缶スプレータイプのサーフェイサーだと厚塗りになりやすく、モールドやエッジがダルくなることにより完成後の見映えを落とします。

プラスチック製キットを製作する場合に限れば、必要がなければサーフェイサーを吹かない、いわゆる「サーフェイサーレス（サフレス）」仕上げは見映えを上げる有効な方法と言えるでしょう。

サーフェイサーレスで塗る場合は、①パーツ表面を目がこまかめ（1000番以上）のスポンジやすりでさっとひと皮向いて塗料の食いつきをよくしておく、②塗装前にパーツを洗浄して手脂などを除去しておく、ことをおすすめします。とくに②は効果が大きく、同時に表面の削り粉も除去できるので、塗装前に中性洗剤でパーツを洗浄することをおすすめします。■

▶レジンキットやメタルキットを製作する場合はともかく、プラモデルを製作するときは、本当にサーフェイサーが必要かどうか一度考えてみましょう。なんとなく儀式的にサーフェイサーを吹いておくと安心、という方もいらっしゃるでしょうが、吹かないで済むなら、そのほうが塗膜を薄くできシャープな見映えの完成品にできます

疑問!!

いつもと同じように塗っていたはずなのに突然白くなるのはなぜ?

スプレー塗装をしていたら塗装面が白化してしまいました……(泣)。

Q&A

質問その45
オールジャンル

塗膜が白くなる「カブリ」は、模型用ハンドピースでのエアブラシ塗装と比べると缶スプレーのほうが起きやすい現象です。缶スプレーでの塗装では、ほかにも、塗装面が泡立ってしまったり、吹きつけすぎでモールドが埋まる/塗料が垂れるなどの失敗も起きやすく、安価で手軽な代わりにじつはなかなか手強かったりします。

エアブラシや缶スプレーで塗装をしていると、塗膜表面が白っぽくザラザラになってしまうことがあり、これを「カブリ」「かぶる」などと言います。

かぶって白っぽくなっている塗膜は、表面に大きな凸凹ができている状態です。ツヤ消しの塗膜表面の凸凹がさらに大きくなったような状態と言ってもよいでしょう。かぶってしまう原因はいろいろとありますが、大きく分けると固形物によるものと水分によるものに分けられます。

固形物が原因の代表的なパターンは、ツヤ消し剤=フラットベースを使ったときにおきるケース。ツヤ消し剤には塗膜表面を凸凹にするための微粒子が入っていますが、塗料が濃すぎて粒子が多すぎる状態だったり、攪拌が足りなくて粒子の塊があると、そこが大きな凸部になってかぶりが発生します。また、ツヤ消しクリアーを過剰に吹き重ねてもかぶった状態になり、奥まったところはとくにかぶりやすいです。

対処法は適切に塗料を薄めることと、あとはとにかくよく攪拌することです。とくに缶スプレーのツヤ消しクリアーはかぶりやすいですので、塗装前にはしつこいくらい振って攪拌しておきましょう。また、エアブラシ塗装でフラットベースを混ぜてツヤ消しにする場合も、フラットベースのどろっとした塊が塗料のなかに残っていないようによくかき混ぜましょう。

水分が原因でかぶるパターンは、湿度が高い環境で塗装したときによく起きます。

ラッカー系塗料のような揮発性が高い有機溶剤系塗料をスプレー塗装すると、塗膜周辺では揮発によって気化熱が発生します。塗料/塗膜は気化熱が奪われ急速に冷えますので、空気中の水分はそこで冷やされて液体=水滴になります。この微細な水滴が塗膜につくことで表面に凸凹ができてかぶりが発生します。塗装環境の湿度が高いと水滴の量が増えたり大きくなったりするので凸凹は大きくなり、よりかぶりやすいということになります。

水分が原因のかぶりへの対処法は、まず、なるべく湿度が高い日=雨の日に塗装しないようにするということです。ちなみに、湿度と言っても相対湿度と絶対湿度があり、天気予報などで言われる湿度は相対湿度です。同じ相対湿度の数値だったとしても、気温が高いほうが絶対湿度が高い=空気中の水分量は多くなりますので、夏場は冬場と比べて天気予報の湿度数値以上に空気中の水分量が多いということです。雨の日に塗装すると必ずかぶるとは言えませんが、夏場の気温が高い雨の日に、屋外で缶スプレー塗装するとかぶるリスクが格段に高くなることを覚えておきましょう。吹く缶スプレーがツヤ消しクリアーであったりすると、先述の固形物が原因のかぶりも発生しやすいので条件は最悪になります。

水分が原因でかぶる場合は、より揮発が速い溶剤を使った塗料ほど大きく気化熱が奪われてかぶりやすくなります。逆に揮発=乾くのを遅くするとかぶりにくくなるので、塗料にリターダーを混ぜて乾きを遅くするのも有効な対処法です。

また、スプレー塗装時のエアー圧が強いと溶剤/うすめ液の揮発が促進されますので、エアー圧を低めにするとかぶりにくくなります。一般に缶スプレーは0・5㎜口径以下のハンドピースを使ったエアブラシ塗装よりエアー圧が高めで、これが缶スプレーがかぶりやすいと言われるひとつの原因です。私の経験上では、口径が大きすぎないハンドピース(0・3㎜口径など)を使ってリターダーを適量添加して塗装するようにすれば、雨の日に塗装してもほとんどかぶることはありません。■

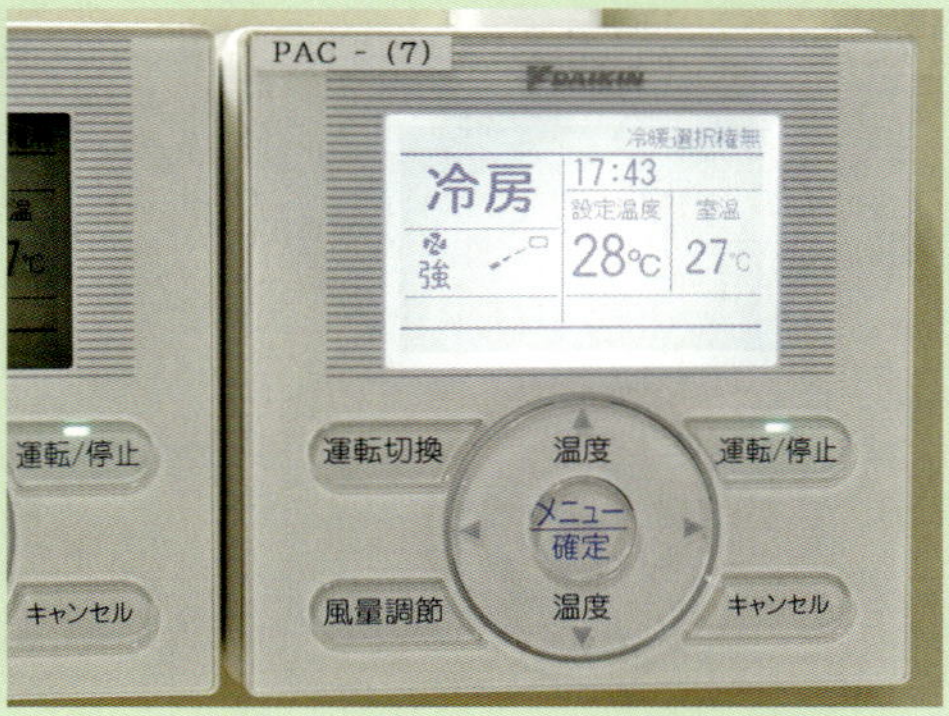

▶塗装や接着剤を使った作業は、作業をしている場所の気温や湿度に結果が大きく影響されることがあります。とくに湿気は塗装カブリや瞬間接着剤の白化などいろいろな悪影響を及ぼします。日本の梅雨時は非常に湿度が高いので要注意な時期と言えます

疑問!! Q&A

がんばってきれいにつくってきたのに
最後のスミ入れで汚くなってしまいました……

スミ入れがきれいにできません。ラインが滲んだりよれたりするのですが……

「さあいよいよ完成も間近！」と勇んでスミ入れをしたものの、スミ入れ塗料がうまく残ってくれなかったり、逆に流した塗料が周辺ににじんで汚くなってしまったなんてことはないでしょうか？　そこからなんとか修整してきれいにできないかと思っても、このような状況になってしまうとすでに手遅れということもあります。

質問その46
オールジャンル

スミ入れは、スジ彫りなどの凹モールドに暗色の塗料を流し込むことで、モールドを強調したり影色をつけるテクニック。通常は、ラッカー系塗料で基本塗装を施した上に、基本塗装を侵さないエナメル系塗料などで施します。凹モールド部だけに色を流し込むやり方、全体に塗ってウェザリングを兼ねるやり方などいくつか手法がありますが、暗色塗料を塗ってからうすめ液をつけた綿棒などで拭き取ることで凹み部分に暗色を残すところは同じです。

このスミ入れでよくあるのが、いざエナメル系塗料を塗って拭き取ってみると、ラインがよれたり滲んだりしてきれいにスミ入れが残ってくれないという現象。パーツを見ている限りではシャープなモールドなのにスミ入れをしてみるときれいに残らないということもあります。このようなことが起きるのはなぜなのでしょうか？

原因は大きく分けて3つあります。ひとつめは、エナメル系塗料を塗ってすぐに拭き取ってしまっているパターン。

スミ入れの塗料はうすめ液でうすめに希釈しておくと毛細管現象で凹モールドにきれいに流れてくれますが、うすめ液を多めに混ぜている場合は塗料が乾いて固まるまでの時間が伸びます。このような状態ですぐにうすめ液をつけた綿棒などで拭き取ろうとすると、凹モールドのなかの、まだ液状の塗料が溶け出してきてきれいに色が残ってくれません。スミ入れの際は、スミ色塗料を塗ったら半乾きになるまで10分程度おいてから拭き取るようにすると、塗料がうまく残りやすくなります。

きれいにスミ色が残らないふたつめの理由はスジ彫りなどの凹モールドが浅いということ。モールドが浅いと拭き取りの際にモールド内の塗料も拭き取られてしまいます。対処法は、事前にスジ彫りなどのモールドを深めに彫り直しておくことです。パーツ状態ではきれいで深いスジ彫りに見えていても、基本塗装をすると塗料で凹部が埋まってきますので、そのぶんを計算して深くしておくとスミ色塗料がきれいに残りやすくなります。彫り直しはGSIクレオスのスジ彫り用工具Mrラインチゼルを使うのがおすすめ。いちからスジ彫りを彫るにはガイドを使うなどいろいろなテクニックが必要になりますが、キットのスジ彫りを深くするだけなら、凹モールドにMrラインチゼルの刃先を入れて軽く数回なぞるだけなので簡単にできます（簡単に彫れるのでむしろ彫りすぎに注意したほうがいいくらいです）。Mrラインチゼルは刃幅が各種ラインナップされているので、パーツのスジ彫りの幅に合わせた刃を使いましょう。

最後のひとつは、塗膜表面に小さな凸凹があることによりスミ色塗料が滲んでしまう場合で、意外とこのパターンは多いです。塗膜がザラついているということは表面に小さな凸凹があるということ。塗膜表面の凸凹が小さいと綿棒などでは流れ込んだスミ色塗料が拭き取れなくなり、残った塗料が滲みとして残ってしまいます。塗膜表面の小さな凸凹ということで言えば、ツヤ消し塗装は塗膜表面に微細な凸凹がある状態ですので、ツヤ消しだとスミ入れは滲みやすくなり、逆にツヤありだとスミ色がきれいに残りやすくなります。きれいにスミ入れをしたいなら、スミ入れはつや消しコーティングの前にするようにし、基本塗装はツヤありにしておくのがセオリーです。

最後に強調しておきたいのは、スミ入れがきれいにできるかできないかは、じつはスミ入れを行なう前にほとんど決まってしまっているということです。スミ入れがうまくいかない場合は、前段階の工程をチェックしてみるようにしましょう。■

▶塗装面がきつめのツヤ消しだったりザラついていたりすると、スミ入れ塗料がしみて取れなくなることもあり、塗り直す以外ほぼリカバリーできなくなってしまいます。そうならないためにも、スミ入れ前の塗膜の状態の管理が大切です

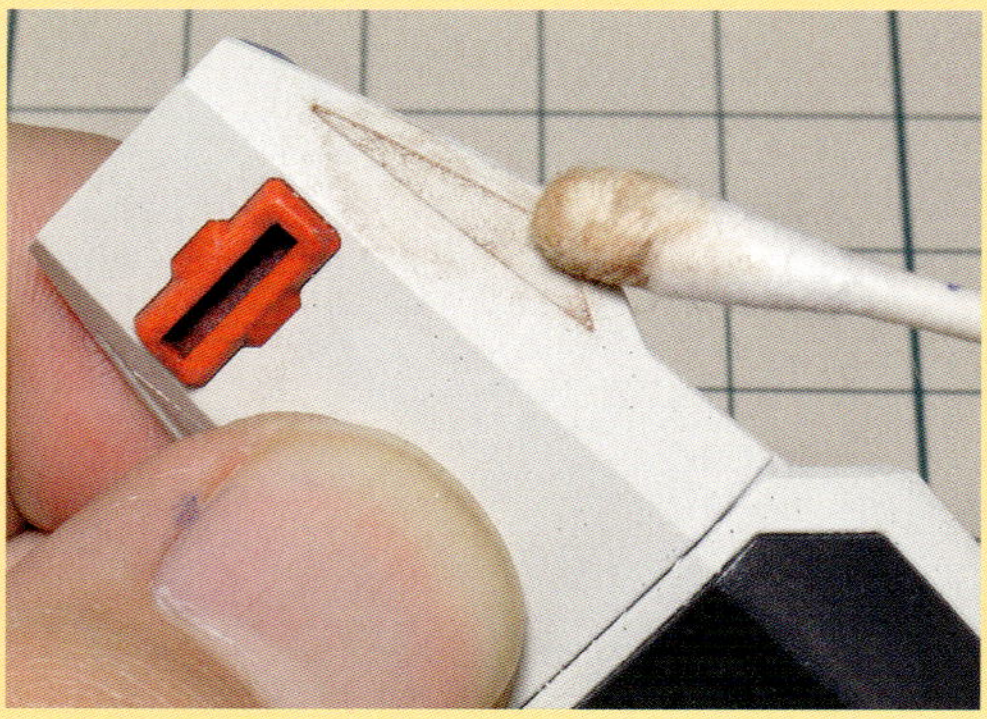

疑問!!

「スミ」入れなのですから黒ではっきりラインを入れればいいのでは……

スミ入れを焦げ茶色でするとよい、というのはなぜですか？

スミ入れは、パーツ表面のディテールを引き立てて密度感やディテールの奥行き感を出せるとても重要な技法ですが、問題は何色でスミ入れをするか。「スミ入れと言うくらいなので、スミ＝黒でスミ入れをする」のは……もちろんダメです。もっとも一般的なスミ入れ塗料色は茶色か焦げ茶色。ではなぜそうするのでしょうか？

質問 その47

オールジャンル

Q&A

スミ入れは凹モールドに暗色を入れることにより、パネルラインなどを強調するテクニックですが、スミ入れを真っ黒で行なうと完成品がおもちゃっぽく見えてしまいます。その理由を少し考えてみましょう。

実物があるスケールモデルで考えるとわかりやすいですが、模型で表現されているスジ彫りは、実物ではパネルラインだったりします。実物のパネルラインは、合わせ目がスジ彫りのような溝になっている場合と段差だけの場合がありますが、実物や写真を観察してみると、どちらにしてもほとんどの場合はパネルラインのところに色がついているのではなく、溝や段差に落ちた影が暗く見えているだけです。グレーの飛行機などを野外で見ると、グレーのところとの明度差によってぱっと見では影色が黒く感じることもありますが、影なので、その色は周辺の色が暗くなった色であって、よほど溝が深い場合を除けば、真っ黒ではありません。これを再現すれば実物の雰囲気を模型の完成品でも出すことができる、というわけです。さらに言えば、影色のスミ入れのなかに真っ黒のスミ入れの箇所を作ると、「ここは深い溝になっている」ということを表現することもできたりします（航空機の動翼の境目などで有効なテクニック。別パーツに見えるのでいかにも動きそうな演出をすることができます）。

また、別項でも解説していますが、模型のスケール感を出すときには空気遠近法を利用して白っぽくするのが常套手段。なので、スミ入れも真っ黒よりは明度が高い色にしたほうがスケール感が出ます。逆に真っ黒にすると1／1にしか見えず、「オモチャっぽく見える」ということになります。

というわけで、理屈上では影色＝周囲の色を暗くした色でスミ入れをすればリアルな縮尺模型として見せることができるということなのですが、実際には場所ごとに基本塗装に合わせて色味を変えてスミ入れをしていくのは物理的にかなり手間がかかります。また、周囲の色から暗くする度合いのコントロールに整合性がとれていないと、全体がちぐはぐな印象になってしまったりもします。手間がかかったうえに見映えが悪くなるのでは本末転倒、そこで編み出されたのが、全体を焦げ茶色でスミ入れする、というテクニックです。

焦げ茶色であれば、どのような色のところに合わせてもあまり違和感がなく、真っ黒には見えないので、自然な影色感が簡単に出せます。また、スミ入れやウォッシングによって全体に焦げ茶色のフィルターがかかることにより、全体のトーンにまとまりが出てリアリティーが増す、というような効果や、拭き取り時に適度に焦げ茶色のスジを残すとそれがウェザリングを兼ねることもできるというメリットもあります。

なお、先ほどはどのような色に合わせてもあまり違和感がないと述べましたが、なかには例外もいくつかあります。

ひとつめは、白など明度がかなり高い色の場合。明度が高い色に焦げ茶色を入れると、明度差によって人間の眼には実際よりも焦げ茶色が暗く見えてしまいます。なので、白や白に近いグレーなどにスミ入れする場合は、明るめの茶色やグレーを使うとより自然な影色感にすることができます。

もうひとつは鮮やかなブルー、グリーンの部分。鮮やかな赤や黄色のところは茶系でも自然な影色に見えますが、ブルーとグリーンに茶系を入れると色味が違って見えてしまう場合があります。こういうところだけは、青なら紺色や紫、緑なら濃いグリーンを使ってスミ入れするようにすると、全体の自然な感じを崩さずにモールドを強調することができます。■

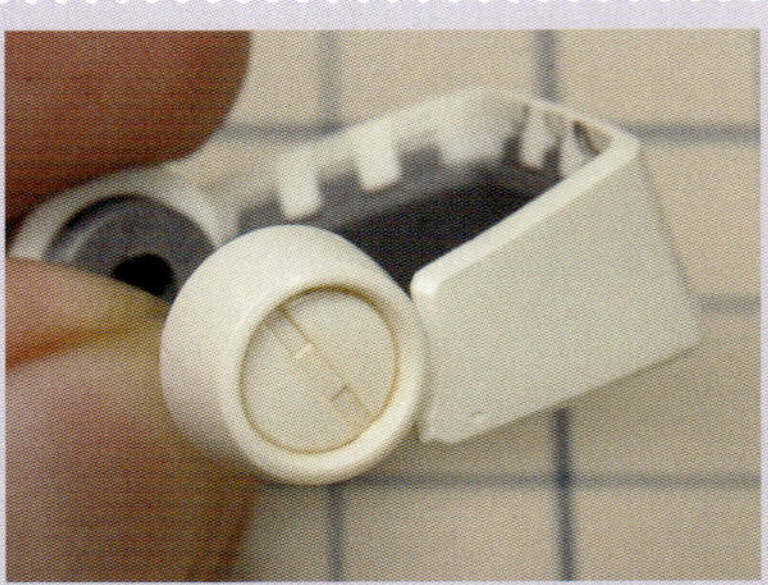

▲▶黒でスミ入れをすると線を描いたようにしか見えませんが、茶色でスミ入れをすると奥まったところに自然な影が落ちているように見えます

疑問!!

雑誌作例などで見るツルピカの完成品に憧れますが自分でやるとうまくできません

カーモデルなどでできるだけキレイなツヤあり仕上げにするにはどうすればいいですか?

質問その48

オールジャンル

Q&A

達人のカーモデルやバイクモデルの作例を見ると憧れるのがツルピカなグロスクリアー仕上げです。傷ひとつないクリアーコーティング塗装にきれいなハイライトがつつーっと流れる様には官能的とも言える魅力があります。美しいグロス仕上げをするにはどのようなことに気をつけて作業を進めればいいのか、そのポイントをお教えします。

ツヤありとは、塗膜表面に凸凹がない、あるいは少ない状態です。表面に凸凹があるとツヤ消し、あるいはざらついた状態になります。よりきれいな光沢が出るツヤあり塗装で仕上げるということは、言い換えれば、塗膜表面を最終的にいかに平滑な状態にできるか、ということです。

塗膜の表面の凸凹をなくす方法は乱暴に言うと3つしかありません。ひとつは塗料の表面張力を活かす方法、もうひとつは凸凹の凸部を削る=磨く方法、そして最後のひとつは凸凹の凹部を埋める方法です。実際にはこの3つの方法を組み合わせていくことで、美しい光沢を出していきます。

ちょっとヘンな言い方かもしれませんが、塗膜表面の凸凹は「育ち」ます。基本的に塗膜は塗り重ねていくごとに凸凹が大きくなっていく傾向があり、よほど厚塗りをして埋めてしまうか磨かない限り、自然に凸凹がなくなっていくことはありません。そこで、きれいなツヤありで仕上げるためには、パーツの下地処理から最終仕上げまでの各工程において、早い段階の工程ほどより平滑な塗面になるように心がけておくことが重要になってきます。

こう言うと、最後に平滑になるよう磨けば同じなのでは？　と思われるかもしれませんが、はじめから平滑にしておくのと、最後に磨いて平滑にするのとでは大きな差があります。凸凹が大きくなってしまった塗膜では、たいてい下地や基本塗装の各層の表面の凸凹が入れ子のようになっています。この状態から大きくなった凸凹が平らになるところまで磨こうとすると、色が薄くなってしまうところができたり下地が露出したりするという事故が起きやすくなります。逆に初めに平滑にしておけば、その上に塗り重ねていく塗膜層に凸凹ができて磨くときに下地が露出したり、色が薄くなったりすることが防げます。

というわけで、きれいなツヤありで仕上げたい場合は下地のサーフェイサー塗膜をとくにていねいに磨くのが第一のポイントになります。サーフェイサーを吹かずパーツ地を磨いてもよいのですが、表面の状態が視認しにくくなるので、個人的にはサーフェイサーを吹くほうがおすすめです。

サーフェイサーを吹くときは、パーツの整形は600番の紙ヤスリまででいいですが、サーフェイサー吹き後は2000番相当まで水研ぎで磨いていきます。このとき、紙ヤスリに小さなブロック状に切った消しゴムを当てると面圧を均一にしつつ凸部やエッジを不要にヤスりにくくなり、きれいに仕上げやすくなります。

クリアーコーティングをする場合は、基本塗装はあまり厚塗りしません。きれいに発色しているか、ザラつきが出ていないか、ホコリなどが付着していないかに気を付けて塗装していきます。とくにホコリには要注意。塗装前にパーツ表面のホコリを払うのは当然ですが、塗装中にも結構ホコリが付着しますので、先が細くて合わせの精度が良いピンセットを置いておいて、ついたらすぐに除去するようにします。また、自分自身からけっこうな量のホコリが発生しますので、とくにきれいに仕上げたいときはシャワーを浴びてから塗装をします。ザラついたところは、いったん乾かして1500番の紙ヤスリで水研ぎします。

ここまで気を付けておけば、あとはクリアーを厚めに吹いてコンパウンドで磨くことでかなりきれいなツヤが出せるはずです。別項でも述べましたが、コンパウンドは粗目のものをしっかりと使うようにすると早くきれいになります。最後にポリマー／ガラス繊維系コーティング剤で小傷を埋めるとかなりツルピカにできるでしょう。■

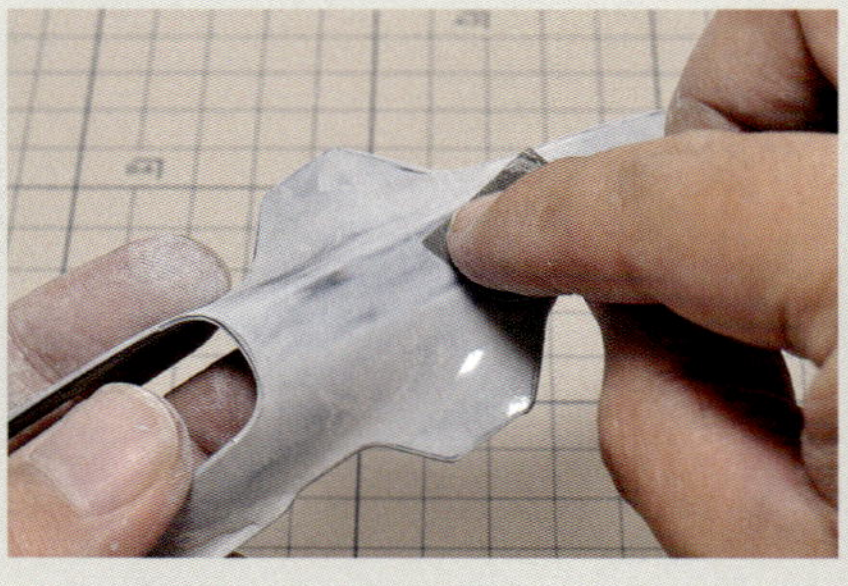

▲もっとも重要なのは、塗装と言うよりは下地の磨きの工程です。ここで滑らかな表面にできていないとそのあとをがんばってもきれいに仕上がりづらくなります

疑問!!

ツヤ消しの具合に変化をつけると見映えがもっと良くなると聞きました

ツヤ消しの具合をこまかくコントロールしたいのですがどうしたらいいですか?

物の質感は色味とツヤ感で大体決まってきますので、リアルなプラモデル完成品を作りたいなら、色味だけでなくツヤ感のコントロールも非常に重要な要素となってきます。このツヤ感のコントロールはフラットベース=ツヤ消し剤で行なえますが、じつはツヤ消し剤を使わなくてもツヤ感をコントロールできるって知ってましたか?

質問その49
オールジャンル

Q&A

塗膜のツヤをコントロールするには、大きく分けてふたつの方法があります。ひとつはツヤ消し剤を塗料に混ぜる。もうひとつは、エアブラシで塗装するときに、塗料の薄め具合やエアー圧、吹きつける距離などをコントロールしてツヤを変えることです。もちろん両者を組み合わせることもでき、このふたつをきちんとマスターすれば、ツルピカのツヤありからザラザラのツヤ消しまで、自在に塗膜をコントロールすることができるようになります。

ツヤ消しをこまかくコントロールできるようになることのメリットは、全体をツヤ消しにしたいときに狙ったツヤ感にできるということだけでなく、各部のツヤ感にこまかく変化をつけることで模型にリアリティーを持たせたり密度感を上げたりすることができるところにあります。全体を同じツヤ消しにしてしまうのと、各部でツヤに変化をつけるのとでは見映えがかなり変わってきますので、ぜひ試してみてください。

では、ツヤのコントロールの仕方の具体的な説明ですが、簡単なのはツヤ消し剤を使う方法です。各社より「フラットベース」などとしてツヤ消し剤が販売されていますので、これを適量塗料に混ぜることでツヤを消すことができます。フラットベースはツヤの状態を選べるように、いくつかの種類がありますので、用途や場所に応じて選んで使うようにしましょう。

ツヤ消し剤で塗膜のツヤが消えるのは、大ざっぱに言うと、入っている粒子によって塗膜表面が凸凹になるからです。粒子が大きいものほど凸凹が大きくなって粗いツヤ消しに、粒子がこまかいものだと、しっとりとした滑らかなツヤ消しになります。

ここで注意したいのは、粗いツヤ消し剤とこまかく滑らかになるツヤ消し剤を混ぜても中くらいのツヤ消しにはならないというところ。粗い粒子の中に細かい粒子を混ぜても、塗膜の凸凹の大きさは粗い粒子だけの状態と同じになります。ツヤ消し剤の良いところは、簡単にツヤを均一な状態にコントロールできるところですが、ツヤ感はフラットベースの種類によって決定されてしまうので、あまりこまかい調整がききにくいという面があります。

もうひとつは、塗装の仕方でツヤをコントロールする方法。これを覚えるのは難しめですが、かなり自由かつ無段階にツヤ感の具合をコントロールできます。

塗膜の「ツヤ」とは、塗膜表面の状態で決まる、と言いますか、そもそも、塗膜表面に光が当たったときの反射が「ツヤ」ですので、塗膜の凸凹をコントロールすればツヤも変わります。凸凹がなく滑らかな状態がツヤあり、凸凹がある状態がツヤ消しですので、塗装時にワザと塗膜に凸凹をつければツヤ消しになります。あまり大きな凸凹だと、ツヤ消しというよりはザラつきになりますが、うまくコントロールしてこまかな凸凹を作れればツヤが消えます。この凸凹の大きさをコントロールすることでツヤ感を変えられるわけです。

塗膜に凸凹をつけるための方法は塗膜がザラついてしまう原因と同じです。列挙すると、①濃いめの塗料で吹きつける、②エアー圧を低めにする、③遠目から吹きつける、④ハンドピースとパーツ間の相対速度を速くする。このなかで、塗膜がザラつくところまではいかないところで塩梅をコントロールしやすいのは③と④でしょう。距離とスピードは同時に変えることができますので、組み合わせてコントロールできるようになれば、ほぼ無段階にツヤ感をコントロールできるはずで、さらに言うと、フラットベースを入れた塗料をさらに粗いのツヤ消しにすることなどもできます。■

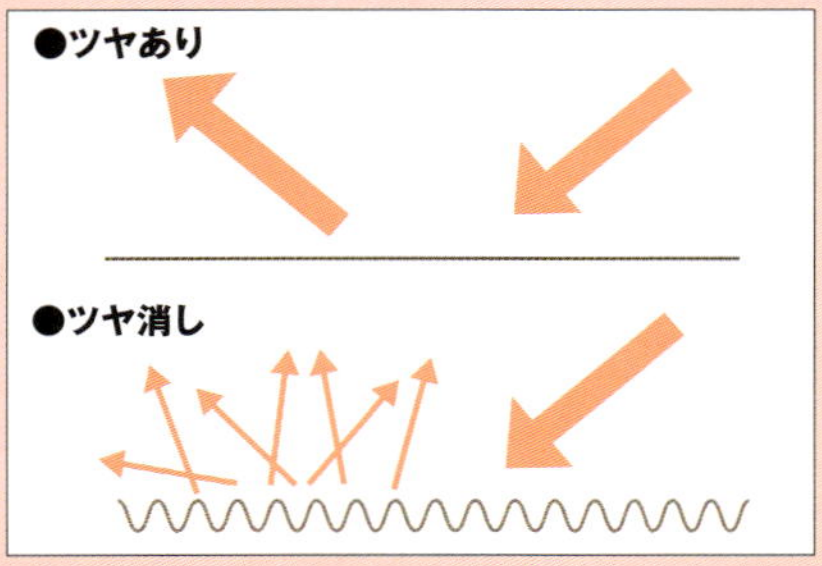

▲ツヤは物体表面にあたる光の反射の具合で決まります。凸凹がなく滑らかな状態で光が反射するとツヤありに、小さな凸凹に反射するとツヤ消しになります

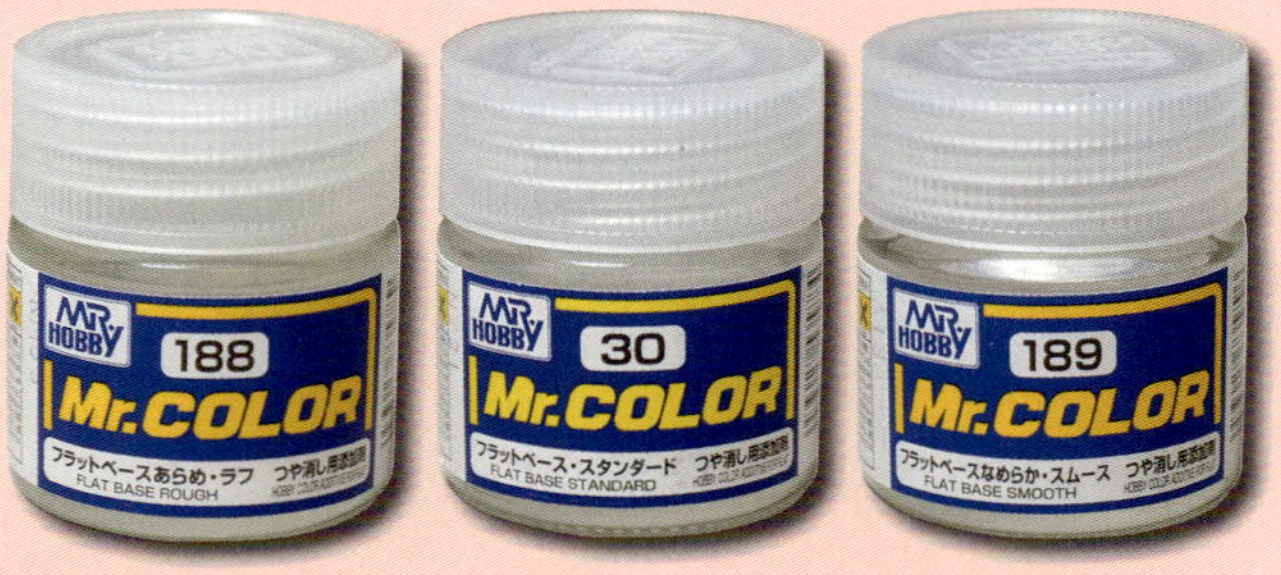

▲荒さが違ういろいろな種類のフラットベース=ツヤ消し剤が販売されているのは、混ぜてもそれではツヤ感を変えられないからとも言えます。さらにツヤ感をこまかく調整したいなら、塗装テクニックを併用するのが手っ取り早いでしょう

疑問!!

塗料を調色しているとうまくいかず失敗した塗料が山ほどできてしまいます

調色すると思ったような色になりません。何かコツはありますか?

質問その50
オールジャンル

どういう色にしたいかのイメージは明確にあるのに、塗料を混ぜて調色しようとすると全然思った色にならない！　こんな経験はモデラーなら誰しもあるはずです。混ぜた色が思った色にならない大きな原因は、「塗料」というものの特性自体にありますが、それでもなるべく思った色に近づけるためにはどうしたらよいのでしょうか？

Q&A

市販されている塗料に塗りたい色とぴったりの色味のものがあればそれを使えばよいのですが、実際にはなかなかそううまくいかない場合もあります。そういうときは自分で塗料を混ぜて調色することになりますが、塗料の調色は奥が深く、なかなか思った色になってくれません。そこで、塗料の調合について知っておいたほうがよいことやコツを整理してみることにします。

まず塗料を調色するときに絶対に押さえておかないといけない大前提は、「塗料は混ぜれば混ぜるほど彩度が下がる」ということです。塗料は、色（色材）の三原色＝黄色（イエロー＝Y）／赤紫（マゼンタ＝M）／青緑（シアン＝C）を混ぜることでいろいろな色を調色することができますが、同量のYMCを同量ずつ足して混ぜていくと明るさが下がり最後に黒になります（ちなみに、このような混色原理を減法混色と言います。光の三原色は加法混色なので、混ぜていくとやがて白／透明になります）。また、同じ明度の色同士を混ぜると明度に変化はありませんが彩度が落ちます。こう書くとなにやら難しそうですが、簡単に言えば、「どんな塗料でも違う色を混ぜれば必ず鮮やかさが落ちていく」ということです。

以上を踏まえると、鮮やかさが落ちるのを計算したうえで、ちょっと鮮やかめの色を選んで混色すればいいということになりますが、実際にはそんなに単純ではありません。なぜなら、市販されている塗料はすでに混色されたものがほとんどで、あらかじめなされている混色の度合いによって、調色時に急に色が変わるものとそうでもないものがあるからです。

原色塗料は隠蔽力が低くクリアー塗料のような状態なので、メタリック色やクリアー色を除く大半の模型用塗料、いわゆるソリッドカラーの塗料は、隠蔽力を上げるためにあらかじめ白などが混ぜられています。また、同じように見えるグリーンであっても、グリーンの顔料を使った塗料と、イエロー＋シアンで調色されたグリーンでは、そこから混色した際の色に違いが出てきます。市販されている塗料は、たとえビンのままの状態でも塗料によって混色のコンディションが異なること、そのため混色した際の色の変化する度合いがさまざまだということを覚えておきましょう。

たとえば、とくに混色時の変化を判断するのが難しく混ぜてみると思った色にならないのが、淡くて鮮やかに見える色味のいわゆる「パステルカラー」でしょう。パステルカラーは一見鮮やですが、それは白を混ぜることで明度を上げているからで、それをさらに混色すると、白が混ざっているぶん一気に彩度が落ちやすい傾向があります。また、ミリタリー系モデルでよく使われるオリーブドラブのような渋めで微妙な色調の色も市販カラーから混色すると一気に彩度が落ちて色味がないグレーになりやすい、調色が難しい色と言えます。近年は、GSIクレオスの色ノ源やガイアノーツの純色のように、メーカーが調色の元に使用している塗料＝もっとも鮮やかな状態の塗料が市販されていますので、鮮やかさを保って調色したい場合や、微妙な色味調整を行ないたい場合はこれらを使うと彩度が落ちるのを最小限にできるでしょう。

調色をする際のひとつのコツは、ベースにする色をどれにするかの判断にあります。ここまでで述べたように、塗料の調色は「一方通行」で不可逆的な工程ですので、ベースにする色が不適切だと、いくら混ぜても思った色になりませんし、むしろ混ぜれば混ぜるほど色味が離れていきますので、思った色にならない場合は、ベースにする色を再考してみるようにしましょう。■

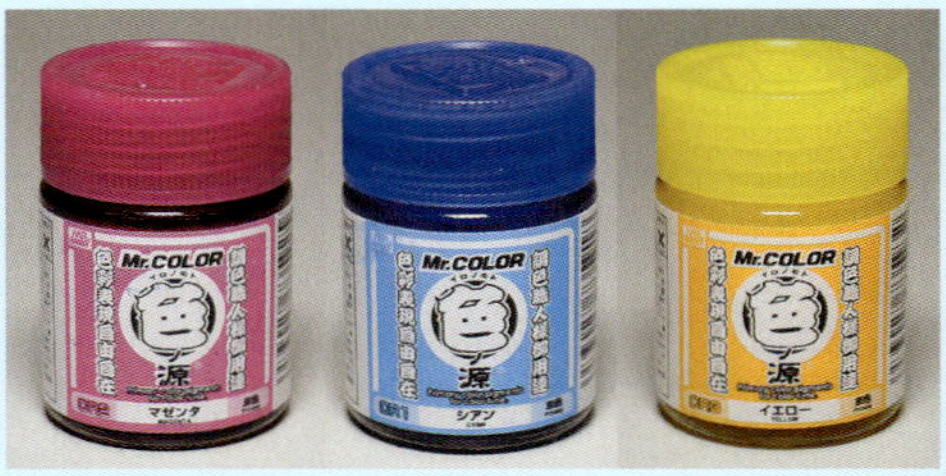

▲各社から販売されるようになった原色系塗料はメーカーが塗料を調色する際の元になっているカラーで、「もっとも鮮やかな状態の塗料」です。とても鮮やかなので調色の際にはとても便利なのですが、鮮やかな色は一般的に隠蔽力が低く、原色系塗料もそのままでは透けていますので、適度に白などを足して色を作ります

疑問!!

透明度の違いはわかりますが それ以外の違いがよくわかりません

クリアー塗料がいろいろありますが、どれを使っても同じでしょうか？

Q&A

質問その51 マテリアル

表面に塗ることでデカールを保護したりツヤを出したり消したりできるクリアー塗料。いろいろな種類のクリアー塗料がありますが、使い分けはどのようにしたらいいのでしょうか？　ツヤ消し／ツヤありの違いはわかるけれど、同じツヤありならどれでも似たようなものと思っていませんか？　使い分けのポイントはその「硬さ」にあります。

クリアー塗料はいろいろな種類の物がありますが、ここではエナメル系塗料、模型のコーティングに最もよく使われるラッカー系塗料そしてウレタン塗料について、その傾向と使い分け方、選び方について説明してみることにします。

まずエナメル系塗料のクリアーですが、硬化が遅く塗膜が弱いので、模型全体をコーティングするような用途には向きません。逆に効果が遅く粘度が高いことを利用して塗料を多めに盛ると、狭い箇所をきれいなツヤありにすることができます。航空機の灯火類やモビルスーツのモノアイの表面などに塗装でガラス状の質感を表現したいときにはエナメル系塗料のクリアーを筆塗りすると簡単にきれいに仕上がるでしょう。

ラッカー系塗料のクリアーは各社からいろいろな製品が販売されていますが、選ぶときの尺度になるのが、①透明度、②粘度③硬化後の塗膜の硬さの3つの要素です。

これは基本塗装の色にもよるのですが、白や赤などの上にコーティングする際は、なるべく透明度が高いクリアーを選んだほうが、より基本色の色味を活かして仕上げられます。近年の模型用塗料のクリアーはかなり改良されたので昔のような黄ばんだクリアーではなくなりましたが、色味にこだわって製作するならば、クリアーの透明度はチェックしておきたい要素です。

次に粘度ですが、ツヤを出すために垂れる寸前くらいまで厚吹きしたいときは、塗料の粘度が高いほうがディテールを埋めたりタレたりしないで厚く吹くことができます。なお、実車用の塗料などとくに粘度が高めな塗料はエアブラシのノズル径が大きめでないときれいに塗料が吹き出せませんので、塗装の際は注意が必要です。

クリアーを選ぶときに意外と重要なのが、塗膜の硬さです。とくに、クリアーコーティング後に磨いたりデカールを貼ってからの研ぎ出しをする場合は塗膜の硬さが作業性と大きく関わってきます。

研ぎ出しで塗膜をヤスリがけするときも、コンパウンドでクリアー塗膜を磨く場合も、簡単に言うと、塗膜を削っていく作業を行なうことになります。その際、塗膜が柔らかいとすぐに削れてしまうため、下地やデカールが露出したり剥げてしまうリスクが増します。そのため、使用するヤスリの番手選択や、削ったり磨いたりするのを辞めるタイミングの見極めはシビアになります。塗膜が硬めならば、多少削ったり磨いたりするのに手間がかかりますが、そのぶん露出したり剥げたりする事故は起こりにくくなり、比較的安心して作業ができます。なお、一般的に、硬化後硬くなるラッカー系塗料のクリアーは溶剤／うすめ液が強めな傾向があり、デカールやプラスチックを侵す可能性は高くなります。DIYショップや車用品店で売っているソフト99などの実車用クリアーは硬くて透明度も高く、カーモデルを作るときには私も使用したりしますが、プラモデルに使う場合には一気に多量に吹きつけないなどの注意が必要です。

硬さという意味でラッカー系塗料より優れているのがウレタン塗料のクリアー。実車塗装にも使われるウレタンクリアーは化学反応で硬化するので、デカールを侵しにくく、硬化後はラッカー系塗料より硬くなり、透明度も高いものがあります。性能的には非常に優れたクリアー塗料なのですが、硬化時間が長い、基本的に塗装は一発勝負、毒性が強いなど、使用に関しては注意点がいくつもあります。ここでは、どうしてもラッカー系クリアーに不満があり、注意点を踏まえて適切に使用できるという方以外にはおすすめしないでおきます（詳しくは76ページをお読みください）。■

▶フィニッシャーズのオートカラーは、透明度が高く硬化後は硬めになるのでツヤが出しやすいラッカー系クリアー塗料。カーモデラーに愛用者が多いです。Mr.カラーやガイアカラーのラッカー系とは成分が異なるので、専用うすめ液を使います

疑問!!

失敗した模型を塗り直したり
完成品の塗装を剥がして塗ったりしたい！

塗装で失敗したのですが塗料を剥がすことはできますか?

Q&A

質問その52
マテリアル

「塗装をしていたら生乾きのうちに触ってしまって塗膜がぐちゃぐちゃに……」「塗る色を間違えた」「色味が気に入らない」などの理由で、塗装をもう一度やり直したいとき、そのまま塗り重ねると塗膜が厚くなったり汚くなってしまうので塗料を剥がしたいときってありますよね？　そんなときはうすめ液にどぼんと浸けてしまって大丈夫……？

模型の塗装は塗料をうすめ液で溶いて塗るので、塗装したパーツもうすめ液に浸ければ塗装が剥がせそうなものですが、それがそう簡単にはいきません。

別項でも述べてましたが、塗料の溶媒（溶剤）とうすめ液は同じものとは限りません。塗料は溶媒（溶剤）で顔料を溶いてあり、それをうすめ液で塗りやすい粘度に調整して塗装します。顔料が溶媒（溶剤）に溶けている状態だとうすめ液で溶いて粘度を調整できますが、うすめ液と一緒に溶媒（溶剤）がすべて揮発してからだと、うすめ液だけでは塗膜が溶けない場合があります。わかりやすい例で言うと、タミヤアクリルは水で薄めて塗ることができますが、いったん乾いてしまうと水で塗膜は溶けません。

また、仮に塗膜がうすめ液で溶かせたとしても、うすめ液にパーツを浸けたりして塗装を剥がさないほうがいい場合もあります。たとえばラッカー系うすめ液（ここでは模型用の溶剤系アクリル樹脂塗料用うすめ液。成分としてはアセトン、メチルエチルケトン）はPS（スチロール樹脂）を溶かさないと言われていますし、パーツ表面をうすめ液をつけたティッシュペーパーなどで拭ってもとくに柔らかくなったりべたべたしたりといった「溶けた」感じはありません。もちろん塗装で使っても、目に見えてパーツが溶けてくるようなことはありません。しかし長時間浸け置きをしたりするとパーツが脆くなったり変形したりする可能性があります。ABSも同様に溶ける感じはありませんが、こちらは浸け置きをするとPS以上に脆くなります。

このように、うすめ液は塗るときに都合がよいようにできているので、固まった塗料を剥がすのに使おうとすると使いやすいとは言えなかったり、素材を侵すことがあります。ペイントリムーバーなどと呼ばれる塗料剥がし剤がうすめ液のほかに販売されている理由はここにあります。

GSIクレオスから販売されているMrペイントリムーバーの主成分はジアセトンアルコールというもので、塗料の溶剤のほかにグラビアインクの溶剤や写真フィルムの原料としても使われいますが、アセトンなどと比べるとPSを侵しにくい性質を持っています（ラッカー系うすめ液よりPSを侵しにくいだけで有機溶剤であることに変わりはないので、使用時は換気、肌への付着などには注意しましょう）。

また、アルコール系では、イソプロピルアルコールや無水エタノールも塗料剥がしに使われることがあり、PSやABSへの影響が低いのが特徴です。イソプロピルアルコールは自動車ガソリン用水抜き剤として販売されていて（種類によっては純度が低いので注意）、薬局で純粋なイソプロピルアルコールを購入することもできます。（揮発性／引火性が非常に高く肌への影響もあるので扱いには注意してください）。

模型メーカーのペイントリムーバーを使うにしろ、イソプロピルアルコールを使うにしろ、使用する場合は基本的にタッパーなどに入れて浸け置きにします。浸ける時間は数時間から数日程度。塗料が浮き上がったり柔らかくなってきたら、浸けたまま歯ブラシなどでこすって塗膜を除去していきますが、細い部分などは脆くなっていることがあるのであまり力をかけすぎないように注意しましょう。塗膜が除去できたら水洗いをして乾かせば作業終了です。

ペイントリムーバー類を使う場合でも、あまり長く浸けすぎると脆くなったり縮んだりすることがあります。浸けるときはときどきようすを確認するようにして、できるかぎり短い時間で浸け置きを止めるようにしたほうがよいです。■

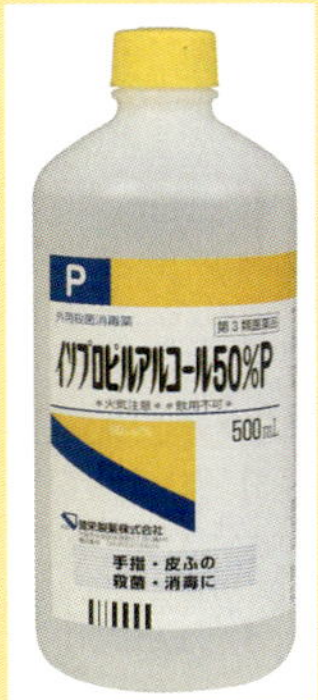

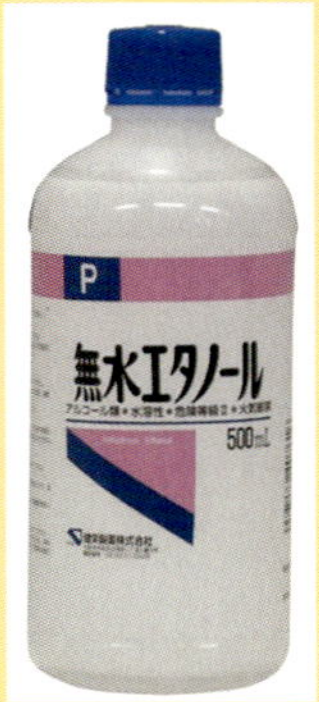

▶ペイントリムーバーは、塗料は溶けるけれどなるべく素材を侵しにくいような成分が選ばれています。ただし、まったく素材を侵さないわけではなかったりしますので、浸け込む場合は注意しましょう
◀PS、ABSへの影響が比較的少ないのがアルコール／エタノール。揮発性が高く可燃性なので扱いには注意します

疑問!!

カラーアレンジをしてみたくて研究していますが雑誌記事を読んでもよくわかりません

「差し色を入れてアクセントに～」これってどういう意味ですか?

Q&A

質問その53

オールジャンル

キャラクターモデルの多くは架空のものなので、カラーアレンジもわりと自由にできるのが魅力のひとつ。ただしカラーリングアレンジを行なうときは、あまり自由にやりすぎるとまとまりのない配色になってしまいがちです。そんなときにはインテリアやファッションでよく使われる配色セオリーを勉強してみてはいかがでしょう?

ガンプラでカラーリングアレンジをする場合などに「差し色を入れて～」というような説明がされることがあります。これについて詳しく説明すると模型から話が逸れて長くなるため、あまり説明されないことがほとんどです。ですので、ここでは差し色とは何かとその効果的な使い方について少し述べてみたいと思います。

「差し色」とは、絵画、デザイン、ファッション、インテリアなどでよく使われる概念で、ベースとなる基本色に入れるアクセント色のことです。近年はとくにファッションなどでよく言われるようになったため、耳にしたことがある方もいらっしゃるのではないかと思います。

色彩の構成を単純化すると、もっとも面積が大きい色が基本色／ベースカラーで、続いて面積が大きい色を従属色（配合色）／アソートカラーとなります。このなかにアクセントとして入れるのが差し色で、全体の色調に変化をつけたり、他の色を引き立てたりする役割を持ちます。

差し色は、ベースカラー／アソートカラーに対し、対比的な色を小面積で用いるのが普通で、デザインやインテリアの世界では全体の1割以下程度の面積にするのがバランスが良いとされています。ではどういう色を差せばアクセントになるかですが、ベースカラーに大して色相／明度／彩度の差が大きい色を入れるとアクセントとしての効果が大きくなります。

色相（色の違い／色調）を連続的な円環状に並べた物が色相環ですが、この色相環の輪で、赤と緑、黄色と紫など反対側に位置する色同士がもっとも色相差が大きく、これを「補色」と呼びます。ベースカラーの中に補色を入れると強いアクセント色にすることができます。また、明度が高い（白っぽい）ベースカラーのなかに明度が低い色を入れたり、彩度が高いベースカラーに彩度が低い色を入れてもアクセント効果は大きくなります。ただ、アクセント効果は強ければいいというわけではありませんので、実際には補色から少しずらした色調にしたり彩度や明度を変えたりされます。この「ずらし方」がデザインする人の配色の「センス」ということになります。これ以上の話は長くて難しくなりますが、奥が深くおもしろいので、興味がある方はカラーリングデザインやファッションのテキストなどを参考にしてみてください。

さて、このあたりで話を模型に戻しましょう。模型でも差し色を効果的に使えるようになると全体のイメージが引き締まり、色相に奥行きが生まれます。

ガンプラでカラーアレンジをしたい場合は、まずどの色がベースカラー／アソートカラー／差し色にあたっているのかを把握するところからはじめましょう。そして、差し色の面積が広すぎたり、差し色的な色が複数存在してしまっている場合は、面積を狭くしたりいっぽうの色の彩度を下げるなどして差し色をはっきりさせるとバランスが良くなります。また、ベースカラー／アソートカラーが面積からどちらとも判別付きにくい場合が結構ありますので、そういうときはどちらかの面積を減らして整理するとバランスが良くなるでしょう。

なお、差し色＝アクセントとなる色というのは、塗り分けだけで活きる考え方ではありません。ウェザリングをするときなど、ベース色の1割くらいの面積や色調変化で補色系の色を重ねていくようにすると基本色は活かしたうえで効果的に色に深みを出すことができます。このとき、色調の差だけでなく明度と彩度の差もつけていくように気を配れば、さらにアクセントとしての効果が大きくなるでしょう。■

▶色彩学、カラーデザインに関しては、ここで語るには奥が深すぎますので、ちょっと反則ですが、専門書を読んでみることをおすすめしておきます。専門書と言ってもわかりやすく理論と実践例を解説してくれているものも多くありますので、理解度に合わせて選んでみてください。カラーアレンジだけでなくあらゆる塗装の場面で役立つはずです

疑問!!

カルトグラフのデカールを目当てにキットを買う人がいるらしいですが……

シルクスクリーン印刷のデカールは何がいいのですか?

質問その54
オールジャンル

Q&A

「印刷」とひと言に言っても、平版(オフセット)印刷、凸版(活版)印刷、凹版(グラビア)印刷、オンデマンド印刷などいろいろな方式がありますが、そのなかの孔版印刷の一種がシルクスクリーン印刷です。プラモデルではシルクスクリーン印刷によるデカールは人気がありますが、それ以外の印刷方式のデカールと何が違うのでしょうか?

プラモデルのなかにはシルクスクリーン印刷デカールが付属しているものがあります。シルクスクリーン印刷デカールは発色が良く隠蔽力が高いのが特長です。

シルクスクリーン印刷とは孔版画の技法の一種で、インクが通過する穴とインクが通過しないところがある版によって印刷する技法です。昔はシルク=絹糸で版を作ったことに由来しますが、現在はシルクを使っていなくてもメッシュを使う印刷法を指してシルクスクリーン印刷と呼んでます。年がバレますが、PCとプリンターが一般家庭に普及する以前に年賀状印刷でよく使われた「プリントゴッコ」が同様の孔版印刷で、熱によりメッシュ版に穴を開け、穴が開いたところだけインクが通ることによって色が印刷されるという仕組みでした。業務用の印刷では、メッシュ状の膜/スクリーンに感光剤を塗布してからフィルムを焼き付けて現像処理を行ない、これによってできた孔を通すようにします。隠蔽力があるインクを厚く盛れるため隠蔽力が高く発色の良い印刷ができます。

シルクスクリーン印刷ではないデカールは、通常、本などの印刷と同じ多色刷りのオフセット印刷で刷られています。オフセット印刷の原理はややこしいのでかなりはしょって簡単に書きますが、アルミなどに感光剤を塗布した版にフィルムを感光することで非画線部に親水層を作り、親水層以外の部分にインクをのせて、版にのったインクをブランケットを介して紙などに刷ります(直接版を紙につけないためオフセットと言われます)。通常はCMYKの4版を重ねることでカラー印刷に対応します。

こまかいグラデーションの再現性、微妙な色調印刷や大量印刷に優れますが、発色と隠蔽力はシルクスクリーン印刷に劣ります。また、オフセット印刷は大量印刷に向き大量に刷ることで安価にできます。いっぽうのシルクスクリーン印刷は比較的高価ですが少量からの印刷に対応できます。

模型でシルクスクリーン印刷と言えば有名なのがカルトグラフ製のもの。そもそもカルトグラフのデカールは、イタレリ、プロターやタメオ製の1/43カーモデルキットなどイタリア製のごく一部のキットに付属していました。フェラーリの赤いボディーの上に白いデカールを貼っても透けない隠蔽力の高さ、細部まで非常にくっきりとした印刷、余白の幅が狭い透明ニス版に、とくにカーモデラーの間で高い評判を呼び、そこから他のジャンル/メーカーにもじわじわと広まってきました。近年ではカルトグラフ製デカールが付属していることをウリにしているプラモデルも多く、古いキットにカルトグラフ製デカールを付属させて再販されるというパターンも定番になりました。F1や痛車、痛飛行機など、ある意味デカールがメインとも言えるようなキットでは、カルトグラフ製デカールが付属していることは大きなメリットと言えます。

シルクスクリーン印刷、あるいはカルトグラフ製デカールといってもいろいろなものがあるので一概には言えないのですが、オフセット印刷のものと比べ厚みがある感じで、貼るときは硬い印象です。パーツに密着させる際、GSIクレオスのMrマークソフターではデカールがあまり軟化しないという場合もありますので、そういうときは、軟化させる力がより強いグッドスマイルカンパニーのGSRデカール剛力軟化剤を使うか、蒸しタオルや熱湯を浸したティッシュペーパーをのせてデカールを柔らかくしましょう。個人的には、溶けることをあまり気にせず落ち着いて貼り込めるので、薄手で溶けやすいデカールより厚手で硬いほうが作業しやすいと思います。■

▲シルクスクリーン印刷のカルトグラフ製デカールは、細部までくっきりとした印刷、白でも透けない隠蔽力、幅が狭くなだらかな肩のニスが魅力です

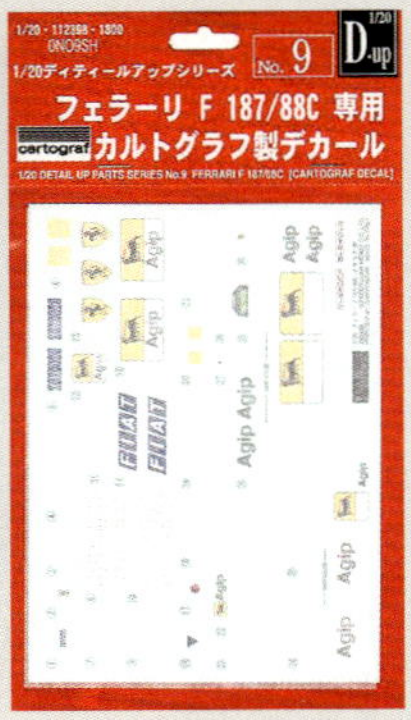

疑問!!

カラーリングを変えるために自分でデカールを作ってみたい

模型雑誌に「デカールを自作して~」とありますがどうすれば作れますか?

Q&A

質問その55

オールジャンル

昔はデカールを自作するとなると一大事でしたが、PCと家庭用プリンタの普及、グラフィック系アプリケーションの低価格化などにより、比較的手軽にデカールが製作できる時代になりました。デカールを自作する際、プリンターごとにそれぞれ特性がありますので、ちゃんと把握したうえで予算と相談してどう作るか決めてみてください。

模型雑誌やブログで改造やスクラッチビルドした作例に自作したデカールが使用されていることが結構あります。昔はインスタントレタリングをオーダーで作成してそれをクリアーデカールに転写したりしていたのでコストと手間がかなりかかり、アマチュアが趣味で自作するのは非常にハードルが高かったのですが、PCと家庭用プリンタが普及しだしてからは自作がかなり手軽になってきました。いまは版下をAdobe IllustratorやPhotoshopなどのアプリケーションで作成し、市販されている水転写デカール用紙にプリンタで印刷することでデカールを自作することができます。

アプリケーションを使った版下の作成法について詳しく書いていくとアプリケーションの使用法になってしまうのでここでは割愛しますが、文字のロゴなど境目をくっきりとさせたいところはPhotoshopのようなビットマップ画像編集アプリケーションではなく、Illustratorのようなベクターイメージ編集アプリケーションを使って版下を作ったほうがよいです。

デカールが作れるプリンターは、MDプリンター、インクジェットプリンター、レーザープリンターなどがありますが、それぞれには特性があります。

家庭用としてもっとも普及していると思われるインクジェットプリンターは、価格と大きさが手頃で入手しやすいのがよいところ。インクを微細な霧状にしたものを直接吹きつけて印刷しますので色の再現性が高いですが、インクを吸う専用の用紙でないとにじんでしまってきれいに印刷ができません。また、数色のインクのドットを重ねていくので、グラデーションや写真のような画像も印刷できるかわりに、境目がくっきりとした文字やラインなどの印刷はあまり得意ではありません。

レーザープリンターは、感光体(ドラム)にレーザーを使って印刷イメージを描き、そこにトナーを付着させて印刷する方式のプリンターです。用紙によって色が滲まないのがよいところで、使用するデカール用紙の選択肢の幅が広がります。また、印刷部の大尉急性が高めなのも、貼り付け時に綿棒などでこすることが多いデカールを刷る上では大きなメリットでしょう。現状ではインクジェットプリンターに比べると大きくて高価なのが欠点です。

MD(マイクロドライ)プリンターはアルプス電気が独自に開発した熱転写式プリンター。インクリボンを転写する方式なので、滲みがなく色再現性に優れ、耐水性や耐光性にも優れていて特色印刷にも対応するというもので、デカール製作にはうってつけの特性を持ってるため、これの販売と友にデカールの自作が一気に一般化しました。'10年に販売が終了しましたが、いまだに使用しているモデラーも多いです(アルプス電気のサプライ販売はついに今年終わってしまいましたがサードパーティが'30年までのサポートを表明しています)。MDプリンタがとくに優れているのは特色も含めた単色印刷。ドット印刷ではなくベタ刷りできるので、小さなコーションマークなどでも文字の境目を非常にくっきりと出して印刷することができます。

近年はデカールを印刷してくれる業者が増えましたので、プリンターを導入するのはちょっとと言う方は版下だけ製作して外注するのもありでしょう。また、コンビニの複合機(コピーや写真プリントができるアレです)が非常に高性能になってきていますので、pdf形式などの版下データとデカール用紙を持ち込んで刷ることなどもできるようになりましたので、興味がある方はチャレンジしてみてください。■

▶家庭用レーザープリンターのの価格が下がったことでデカール自作の選択肢はグッと広がりました。デカール自作では白をどう刷るかが大きな問題で、白いデカール用紙などもありますが、リコー A4カラーレーザープリンター SP C250L(実勢価格1万5000円)のように白トナーがある機種を選べばきれいに白地をすることができます

◀使いかたにクセがあったり、新しいドライバの供給がないなどの問題もありますが、アルプス電気のMDプリンタは、いまでも愛用者がいます

疑問!!

デカールは平面なので パーツの曲面のところにうまく貼れません

デカールがうまく貼れません その①
曲面/スジ彫りのところになじみません

質問 その56

オールジャンル

接着と並んでデカール貼りは失敗の多い工程でしょう。水転写式デカールは薄くて見映えがよいのが良いところですが、薄くて弱いので扱いには注意が必要です。とくに曲面や凸凹のモールドに軟化剤を使って馴染ませていく作業はデカールが溶けたり破れたりという事故が起きやすいのでしっかりとセオリーをマスターしましょう。

Q&A

水転写式デカールをパーツに貼っていくときに、曲面や凸凹のところになじませるには、デカール軟化剤を使ったり熱することでデカールを柔らかくします。

デカール軟化剤はデカールを溶かすことで柔らかくしてパーツになじみやすくするためのマテリアル。メーカーや製品によってデカールを軟化させる力の強弱があります。デカールは硬めから柔らかめまでいろいろなものがありますので、デカールの硬さに合うものを使わないと、デカールを溶かしすぎてフニャフニャにしてしまったり、なかなかなじんでくれなかったりします。また、塗ったまま長い時間放置するとデカールがどんどん溶けていってしまうので注意が必要です。デカールが柔らかくて溶けすぎる場合は、軟化剤を水で溶いて薄めて調節するとよいでしょう。デカール軟化剤は基本的にデカールの上から塗りますが、軟化剤のなかにはGSIクレオスのMrマークセッターのようにデカールのりが混ぜられているタイプもあるので、こちらはデカールの下に塗っておくようにします。

水転写式デカールは温めると柔らかくなるので、蒸しタオル（ガーゼなどでもいいです。水を浸して絞ってから電子レンジで温めれば簡単にできます）や熱湯を浸したティッシュペーパーなどで上から覆うことにより軟化させることもできます。この方法はデカールを溶かしませんので、一部のシルクスクリーン印刷デカールなどのようにとくに硬めのデカールや、逆に柔らかすぎて軟化剤を使うのが怖いデカールなどではとても有効なテクニックです。

ところで、デカールをパーツに密着させていくときに重要なのは、貼りはじめのうちにしっかり固定されている部分を作っておくことです。デカールをパーツにのせてすぐの段階ではパーツとデカールの間にはのり/水があります。なんとなく綿棒などで押しつけているだけだと、下の水分が移動するだけで密着しません。この段階で軟化剤を使うとデカールが柔らかくなって部分的に変形してから全体がずれたりして収拾がつかなくなることがあります。まずはデカールの中央部などをしっかりと密着させて位置が動かないようにしてから、次に外側に向かって水分を押し出し、全体の位置が動かないようにしていきます。デカールが動かなくなってから初めて軟化剤を塗ってなじませていくようにしましょう。

スジ彫りや大きめの凹モールドのところも同様で、まずは凹みは無視して貼り、デカールが動かないようになってから部分的に軟化剤を塗ってモールドになじませていくようにします。深めのスジ彫りのところは、よく切れる刃のナイフをスジ彫りの溝に入れるようにしてデカールを切ってからなじませれば、デカールのところもスジ彫りをきれいに見せることができます。

曲率が大きい曲面や、部分的に深い凹みや大きな出っ張りがある場合は、デカール軟化剤をたくさん塗って無理矢理貼ろうとすると溶けすぎてフニャフニャになったり穴が開いたりすることがありますので、こういうところは熱湯を浸したティッシュペーパーなどを併用しましょう。それでも伸びが足りなくデカールに穴が開いてしまうこともあります。デカールに穴が開いてしまった場合は、デカールの色と近い色に調色した塗料を筆塗りでリタッチしてしまえばほとんど目立たなくなります。

デカールをなじませるときに軟化剤を使った場合、すぐに上にクリアーコートをしてしまうと、軟化したデカールが溶剤で溶けやすくなります。クリアーコートする場合は、デカールを貼ったあとしっかりと乾かすようにしましょう。■

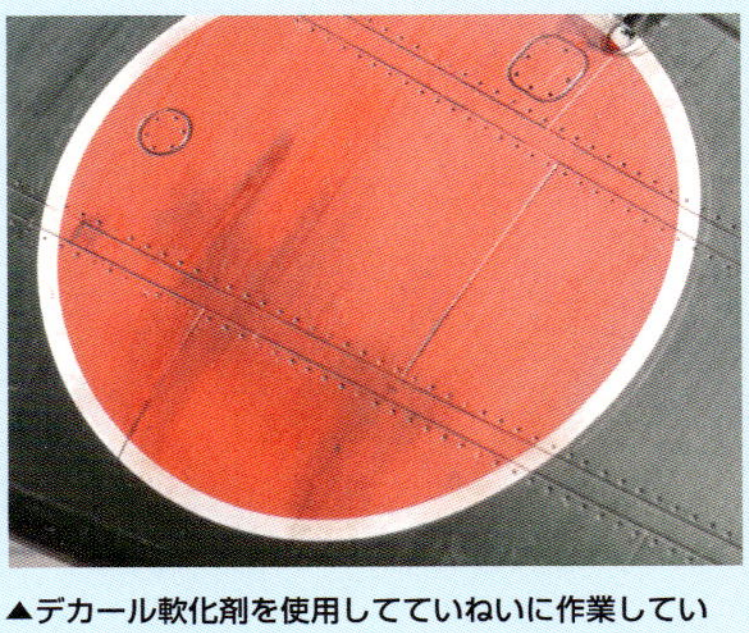

▲デカール軟化剤を使用してていねいに作業していけば、デカールのところでもこれくらいスジ彫りを活かして貼ることができます

疑問!!

デカールを貼りツヤ消しクリアーを吹いて完成させたら白っぽくなりました……

デカールがうまく貼れません その②
シルバリングします

Q&A

質問 その57

オールジャンル

水転写式デカールでよくあるのが白っぽく浮いて見えてしまう「シルバリング」。デカールを貼っているときは「きれいに貼れた！」と思ったのに、後日完成品をよく見てみるとシルバリングしていたなんてことがよく起きます。なぜシルバリングするのかという原因を考えつつ、シルバリングしてしまったときの対処法も知っておきましょう。

デカールには透明なニスがのっていますが、印刷部分以外の透明なところがパーツに密着していないことにより、白っぽく見えてしまう現象をシルバリングと言います。シルバリングを起こすとデカールが浮いて見えてしまい見映えがとても悪くなります。

デカールのシルバリングが起きてしまう原因は主にふたつ。ひとつは、下地となる塗膜表面の凸凹が大きい＝ザラついている場合で、もうひとつはデカールののりが機能しない状態になっている場合です。

シルバリングは、デカールと塗膜が密着せず隙間がある状態になると起きます。パーツ表面がザラついている＝平滑ではない状態だと、デカールののりだけで凸凹の凹部を埋めることができなくなり、凹部に隙間が残ってしまいシルバリングとなります。

やっかいなのは、デカールを貼っている最中はデカールの下に水があるのでこの隙間が埋まって見えることです。貼った直後はきれいに貼れたと思っても、乾かしてみると水がなくなって隙間ができてきます。

また、時間が経過したデカールでのりが劣化していたり、貼るときに水に浸けすぎてのりが流れてしまうと、これまた塗膜表面の凸凹をのりで埋めることができなくなってシルバリングが起きます。

対処法ですが、まずは、下地となる塗膜はなるべく平滑になるように塗っておくようにしましょう。こうすることでシルバリングが起きにくくなります。塗膜がザラついている場合はもちろんですが、ツヤ消しの塗膜も表面に微少な凸凹がある状態なのでシルバリングが起きやすいです。デカールをなるべくきれいに貼りたいなら、下地の塗膜は平滑な状態＝ツヤありの状態にしておくようにしましょう（エアブラシで塗膜を平滑にザラつかないように塗る方法については29ページにて解説していますので、そちらも参照してください）。デカールを貼りたいところが多少ザラついてしまっているのを見つけた場合は、デカールを貼る前に、２０００番程度の紙ヤスリで軽く水研ぎしたりキムワイプ（やティッシュペーパー）で軽く磨いておくだけでもシルバリングが起きにくくなります。

もうひとつは、デカールののりを使う方法です。近年は模型メーカーからデカールのりが単体で販売されているので、これでシルバリングを予防することができます。

水転写デカールにはもともと裏面にのりがついていますが、水に浸けて台紙から剥がす過程ですこしずつ流れていってしまいます。デカールを貼るときに、水にサッとくぐらせたらティッシュペーパーなどの上にあげておくというのがセオリーなのも、水に浸けっぱなしにしておくとのりが流れてしまうからですが、デカールのりを使えば、流れて減っていくのりを補充することができます。のりを足して多めにすることで、デカールとパーツの隙間が埋まりやすくなりシルバリングが起きにくくなります。デカールのりを使えば古くなってのりが変質してきているデカールでも、台紙から剥がれてくれれば貼ることができます。

これらに気を付けていてもシルバリングが起きることはありますが、そういう場合にも対処法があります。よく切れる刃のデザイン／アートナイフの刃先でデカールの上をつつくようにして小さな穴を開け、そこにのり成分が入った軟化剤Ｍｒマークセッターを塗ります。Ｍｒマークセッターは穴から徐々に中に染みこんでいきますので、染みこんで浮きが見えなくなってきたら綿棒を立てて先端でつつくようにして密着させましょう。この方法はクリアーコーティング後でも可能で、ていねいに作業すればきれいにシルバリングを解消できます。■

▲デカールは台紙に塗られたのりを水で溶かして貼り付けますが、水に浸けるとのりはどんどん流れてしまいます。そこで登場したのがデカールのり。デカールのりを使うことでデカールとパーツの間の隙間を埋めることができてシルバリングを起こしにくくなります

▲シルバリングしてしまったら、ナイフでつついてデカールのりを流し込んでリカバリーしましょう

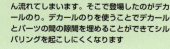

疑問!!

細いラインデカールを貼ると
どうしても曲がってしまいます

デカールがうまく貼れません その③
細いラインデカールはどう貼る?

Q&A

質問
その58
オールジャンル

デカール貼りで、凸凹のところになじませる作業と並んで難しいのがラインデカールの扱いです。塗装では再現が難しいストライプ状のカラーリングをくっきりきれいに再現できるのはありがたいのですが、幅1㎜を切るようなラインデカールは扱いに最新の注意が必要で、曲がらないように貼るのも難しいです。うまく貼るためのポイントは?

デカール貼りはパーツの形状によって難易度が大きく変わりますが、それとは別に難易度が高いのがライン状の細いデカール。航空機の翼の上にある機上にのってもよい範囲を示した枠のラインや、レーシングカーのカラーリングなどにある細いラインデカールは、まっすぐきれいに貼るのが難しく、貼るところに凸凹があったりするとさらに作業の難易度が上がります。ラインデカールをきれいに貼るためのコツを手順に沿って説明してみることにしましょう。

まず、デカールは貼る部分だけをハサミなどで切り出してから水に浸けます。ラインデカールは細いぶんのりも少ないので、水に浸けっぱなしは厳禁です。貼り込みに時間がかかりますので、2本分いっぺんに水に浸けたりすると残ったほうはのりがほとんど流れてしまったりするので、必ず1本ずつ水に浸けるようにします。とくに白いラインデカールなどは台紙から浮いてしますと裏表がわからなくなって貼れなくなってしまうので要注意です。

ラインデカールは貼り込み作業に時間がかかるのでのりが流れやすいです。デカールを台紙から剥がす前にパーツにデカールのりを塗っておくのがおすすめです。

細いラインデカールの場合、デカールを台紙から剥がすときがいちばんトラブルが起きやすいので極力慎重に作業を進めます。よく言われるように台紙からデカールをスライドさせるようにしてパーツにのせようとするのはやめ、先が平たく合わせの良いピンセットでデカールの端をつまんで剥がすようにします。つまんで剥がすのは、スライドさせようとした場合、ラインの線の方向に引っ張るとデカールが切れやすく、線と垂直方向に押すとデカールがねじれたり裏返ったりしやすいからです。

台紙から剥がしたあとは、パーツ状にのせ終わるまでデカールの裏表にはよく注意するようにします。ねじれてしまうのも困るのですが、裏返ったまま密着させようとすると、上側にのりがある状態なため、綿棒にデカールがぴたっと巻き付いてしまい、場合によってはそのデカールが使用不能になってしまうこともあります。

ピンセットでつまんだら、表裏に注意しながら、パーツ上のだいたいの場所にのせます。ここから所定の位置に合わせていくわけですが、ラインデカールの場合は切れやすいので無理に引っ張るのは厳禁です。ピンセットでつついて簡単に動かないときは、水を付けてデカールが動きやすいようにしてから動かすようにします。なお、ラインデカールは細くて溶けやすいので、先にパーツにMrマークセッターなどのデカール軟化剤類をパーツに塗っておくのはやめましょう。位置を合わせているうちにデカールが溶けてきてふにゃふにゃになり、直線が出せなくなったり伸びて位置が合わなくなってしまったりします。

パーツを綿棒などで密着させるのは、デカールの位置が完全に決まってからにします。貼りながら合わせようとするのはずれやすいのでおすすめできません。位置が決まるまでピンセットやつまようじなどでつつくようにして慎重に調整しましょう。

位置が決まったら綿棒で密着させますが、普通のデカールのようにいきなり綿棒を転がすと、綿棒にデカールがくっついたり位置がずれたりしやすいのでダメです。先端で慎重につつくようにして少しずつ密着させ、ある程度くっついてから転がすようにします。綿棒は乾いているとデカールが貼り付きやすいので、少量の水を含ませておくようにすると事故が起きにくくなります。また、軟化剤を使う際は、デカールが動かなくなってからにしましょう。 ■

▲もっとも注意したいのがパーツにラインデカールをのせるとき。裏返ると表裏の判別ができなくなります

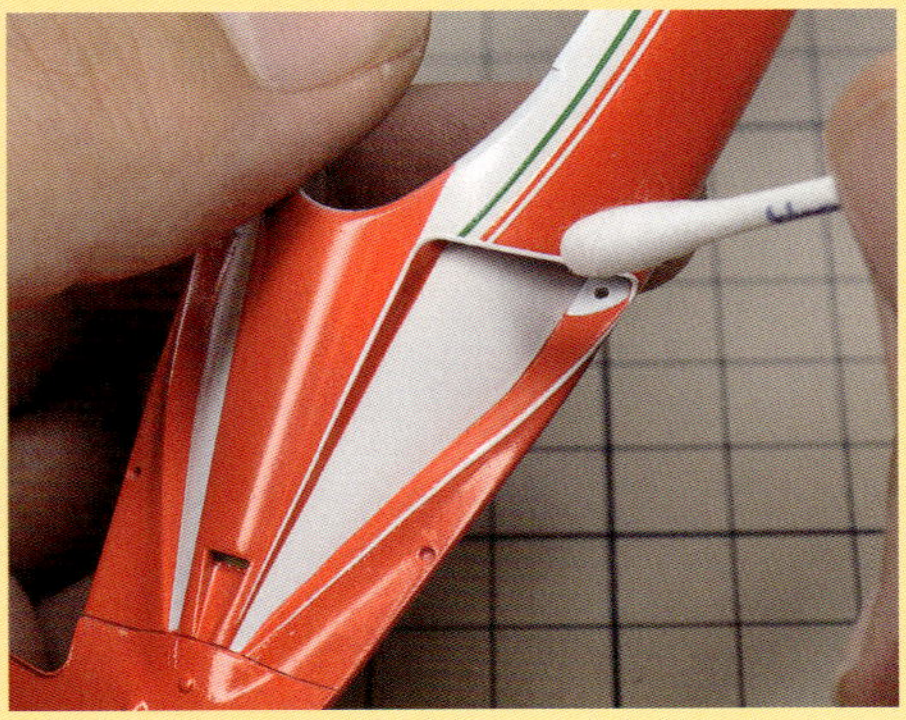

疑問!!

デカールをそのまま貼ると透明なところが目立って気になります

デカールがうまく貼れません その④ ニスの余白は切ったほうがいいのでしょうか?

Q&A

質問その59

オールジャンル

水転写式デカールは印刷部を透明なニスで覆って保護しています。透明ニスがあるおかげで水転写式デカールは貼りやすいのですが、場合によってはこの透明部分がとても目立ってしまう場合があります。「目立つならカットしてなくしてしまえばいいのでは？」という考え方もありますが、カットしないほうがいい場合もあります。

水転写式デカールは、印刷の上に透明なニスがあります。このニスは印刷を保護し、水に浸けたときに印刷がバラバラにならないようにしていますが、印刷のズレを許容するために多少余白が設けられています。

透明ニスで補強されているおかげで水転写式デカールは貼りやすく、こすれなどにも比較的強いのですが、ニスの質、印刷の形状、貼り方によってこの透明部分が目立ってしまうことがあります。デカールが密着している場合はさほど目立たない場合もありますが、この透明ニスの余白のところがシルバリングしてしまうとかなり目立ちます（シルバリングの予防と対処法については60ページを参照のこと）。シルバリングした状態だと上からツヤ消しコートをしてもほとんどごまかせません。

このようなデカールの透明ニスの余白を目立たなくする方法はいくつかあります。

よく言われる代表的な対処法は、透明な余白をナイフなどでカットする方法ですが、この方法は手間がかかって一発勝負なわりに仕上がりがきれいになりにくいので、じつはあまりおすすめではありません。

印刷部分ギリギリのところで透明な余白を切るわけですが、大判でシンプルな形状のデカールでないときれいに切るのは難しいです。小さい字が集まったコーションマークやフチがグラデーションのマーキングだと、余白がなくなるようにカットするのは実質的に不可能でしょう。

また、仮にがんばればなんとか切れるような形状だったとしても、余白をカットしないほうがいい理由もあります。普通のデカールの透明ニスのフチは、端に向かって傾斜がついて徐々に薄くなっていくような感じになっていますが、イスの余白をカットするとフチのエッジが立った状態になり、デカールがあるところとないところの落差が大きくなります。また、ナイフの刃によってカットしたフチのところがめくれることもあり、そうなるとさらにデカールの端のところの段差は大きくなります。このようにしてデカールを貼ると、たしかに余白はなくなりますが、「貼った感」は強調されてしまいます。完全に透明ニスを除去していればそれでもいいのかもしれませんが、部分的に透明ニスが残っているようにデカールをカットして貼ると、何もしないときよりもデカールの存在が悪い意味で目立ってしまう場合があります。

デカールの余白を目立たなくしたい場合におすすめしたいのは、まずツヤありクリアーでコーティングすること。そしてデカールの境目部分だけでいいので、できれば軽く研ぎ出しをすることです。ツヤありクリアーを吹くと、下地塗膜とデカール部のツヤ感が同じになり、同時にデカールのフチの段差が塗料で埋まってくれますので、研ぎ出しをしなくても透明ニスが格段に目立たなくなります。いきなりツヤ消しクリアーを吹くと、むしろ段差を強調してしまうこともあるので、ツヤ消しにしたい場合は、ツヤありクリアーでコートし、軽く段差を消してからツヤ消しコートをするほうがきれいに仕上がりやすくおすすめです。

研ぎ出しというとカーモデルのための難しくて大変な技法と思われる方も多いようですが、ポイントを絞り研ぎ方を限定すればさほどでもありません。ポイントは完全にデカール部分を平らにしようとしないこと。透明ニスのフチの段差ができているところだけを軽く1500番の紙ヤスリで水研ぎし、ツヤ消しクリアーを重ねれば、余白はほぼ見えなくなります。手間は増えますが、デカールの余白が目立たず質感的にも浮いていない完成品を目にすれば、その手間も報われるはずです。■

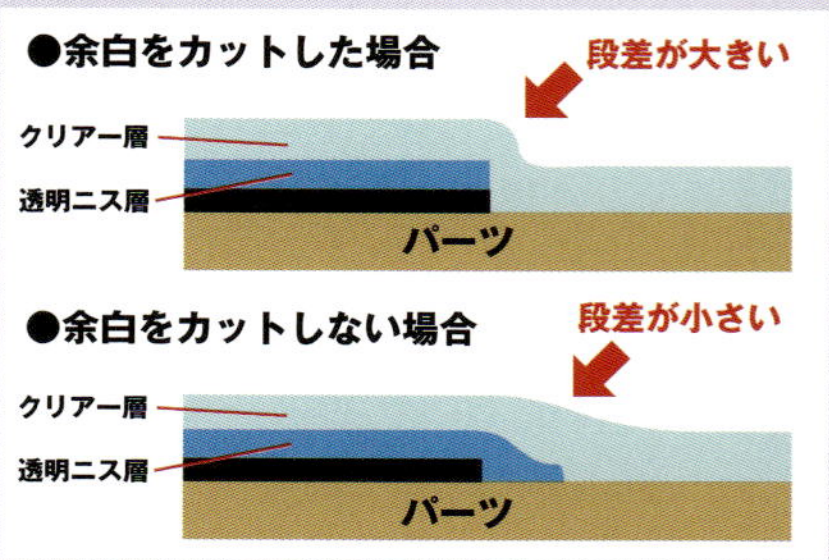

▲クリアーコーティングをする場合、透明ニスを切ると段差のところがよりはっきりしてしまい、デカールが目立ったり研ぎ出しがしにくくなる場合があります

疑問!!

しまっておいた古いキットをいざ作ろうとしたらデカールが劣化していました……

古いデカールが割れたり黄ばんでしまったのですが直すことはできますか?

質問その60

オールジャンル

しばらく作らずに置いておいたプラモデルはデカールが劣化してしまっていることがあります。透明ニスが黄色くなってしまったり、場合によっては貼ろうとして水に浸けるとバラバラになった、なんてことも……。デカールはマーキングの再現には欠かせませんので、なんとかこれらの劣化を修復できる方法はあるのでしょうか?

Q&A

水転写式デカールはインクによる印刷の上に透明なニスを重ねているので、そのどちらがどのように劣化しているかにより対処法が変わってきます。なお、デカールの質や環境によって劣化の度合いや具合が変わるので、何年でどう劣化するとは一概に言えません(経験上、冷暗所に密封保存すれば、たいてい10年くらいは大丈夫なことが多いように思われます)。

デカールの劣化は大きく分けてふたつの要因があると思われ、ひとつは太陽光や照明の紫外線による劣化、もうひとつは空気(中の酸素)による劣化です。酸素は人が生きていくのに必要なものなので「よいもの」「無害」というような意識があるかもしれませんが、物質を劣化させるという意味ではかなり害が大きいものです。

光による劣化は印刷を退色させ、酸素による劣化はニスを硬化させたり黄変させたりします。デカール全体が黄ばんでしまうのは透明ニスが黄変している状態です。紫外線をあてることで改善することができますが、あまり当てすぎると今度は印刷の色が退色します。また、いくら紫外線をあてても完全に透明に戻らない場合もあるので、日光にさらす場合はようすを見ながら、ほどほどにしておきましょう。あてすぎには要注意です。また、キッチンハイターなどの漂白剤で黄ばみを取ることも可能ですが、デカールを侵しやすく完全に透明には戻らないことが多いのでおすすめしません。

水に浸けるとデカールが粉々に割れるのはニスが劣化して硬化している場合です。一度水に浸けて粉々になってしまうとほぼリカバリーできなくなってしまうので、デカール表面にヒビが入っていたり不自然に硬など、怪しいときはデカール修復コート剤などを先にデカールに塗っておくとある程度対処できます。ただ、どんなデカールでもこれで完全修復できるとは言い難いので自己責任で試してみてください。

印刷の色が淡くなってしまう褪色は、太陽や照明の紫外線によるものです。これを復活させる方法はありませんので、直射日光や蛍光灯にあてすぎないようにするか、UVカットのクリアー塗料でコーティングしておくようにするとある程度予防できます。飾るときは、紫外線が出ないLED照明などを使うとよいでしょう。

デカールの保存はモデラーが長年頭を悩ましてきた問題です。先述した劣化の原因を考えると、空気に極力触れないようチャック付きビニール袋等に入れて暗所に保管すると劣化を遅らせることができると思われます。しかしよくよく考えてみると、そもそもプラモデルの箱の中ではそれに近い状態で保管されているにも関わらず劣化するわけで、仮に真空の冷暗所で保存できたとしても、インクやのりの時間による変質まで完全に防いでまったく劣化しないというような長期保存法は思い付きません。抜本的な対策としては、デカールをスキャンしておいてそれを元に自作してしまうというのもいまならありえるでしょうが、自作する手間と費用を考えるとデカールやキットを買い直したほうが安くて手っ取り早いかもしれません……。

劣化に対する解決策にはなっていませんが、あたりまえないちばんの対処法は、早めに作ってデカールを貼ってしまうことです。そして上からクリアーでコーティングしてしまえばなおよいでしょう。個人的な経験則では、デカールを貼ったあとでラッカー系塗料のクリアーなどでコーティングしておくと、デカールを台紙のままの状態にしておく、あるいは貼りっぱなしで置いておくのに比べて、格段にデカールの状態が良いまま置いておけます。■

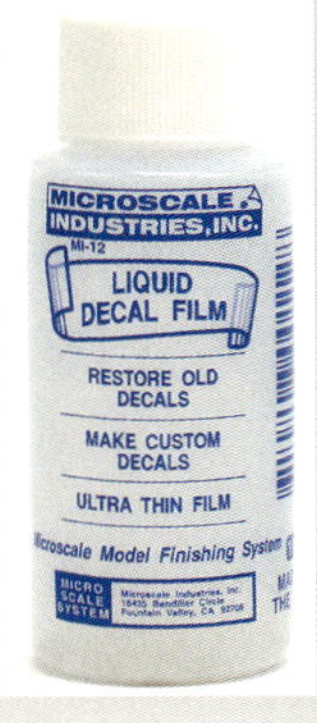

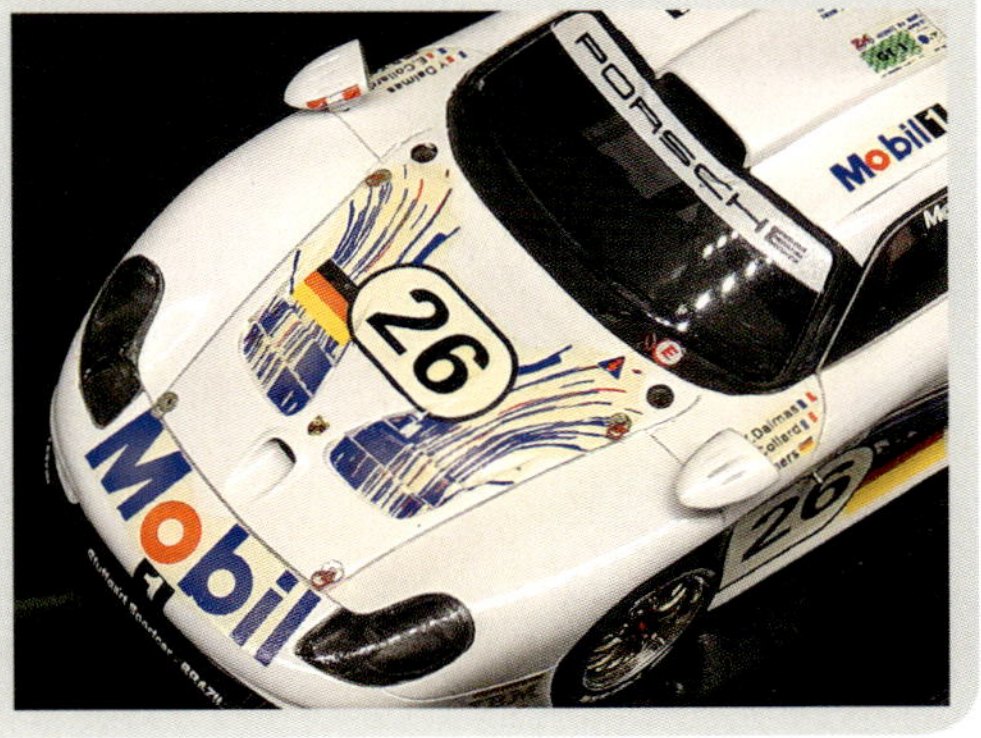

▶ニスがヒビ割れてしまったデカールは水に浸けるとバラバラになって修復がほぼ不可能になってしまいます。バラバラになりそうなデカールは　水に浸ける前に「リキッドデカールフィルム」を表面に塗ると修復できます。これは速乾かつ柔軟性のある透明樹脂でデカール表面をコーティングするというもの。古めのデカールを使いたいときは表面をよく確認して危なそうな場合は塗っておくようにすると安心です

疑問!!

雑誌作例ではカッコよくマーキングが貼られていますがマネできません

ガンプラなどのコーションマークをカッコよく貼るコツはありますか?

Q&A

質問 その61

キャラクターモデル

ガンプラを初めとするキャラクターモデルのメカには、コーションマークと言われる「注意書き」のデカールが貼られていることがあり、これが密度感やリアリティーを上げるのにひと役買っているのですが、実際のところ、設定にはそんなコーションマークはなかったりするので、どうやってどこにどんなものを貼るか決めているのでしょうか?

ガンプラの完成品にはよくコーションマーキングのデカールが貼られていることがありますが、ほとんどのモビルスーツは設定画にコーションマークは描かれていませんし、ガンプラにもシールやデカールは付属していません。元々設定されていないコーションマークを追加するのは主に模型雑誌発祥の技法で、のちにガンプラでもシール/デカールが付属するものが出てきたり、ガンプラのためにマーキングを創作したガンダムデカールなどが登場して、現在では一般的な見せ方のひとつとなりました。

航空機などの実機のコーションマークは、整備時や緊急時にわかりやすいように「ここは危ないから注意」「コクピットイジェクションはこうせよ」というような注意書きを記したもので、記された場所と内容には意味があります。しかしモビルスーツは実物が存在しませんし(お台場の1/1RX・78などは除くとして)、こまかなマーキング設定もほぼないので、ガンプラに貼るコーションマークは、一般的には確固たる意味や根拠はあまりありません。どちらかというと模型的な密度感を上げつつガンプラとしての「リアル」、つまり「らしさ」を演出することを目的に貼られているので、貼り方は基本的に自由です。

とはいえ、完全に自由かというとそうでもありません。実物/設定がないので何が正解とは言えないだけで、貼り方によって「らしさ」が増したり逆に「らしく」見えなくなったりします。また、貼り方によって完成後の密度感やバランスが大きく変わってきます。そこで、わかりやすくNGなパターンや、密度感を上げてバランよく見せるためのコツをいくつか紹介します。

まず、コーションの内容と貼る位置に明らかに違和感があるのはダメです。コーションマークをあくまで雰囲気で貼っていると言っても、たとえばシールドのまんなかに「DANGER=危険」などというデカールを貼ってしまうとかなり違和感があります。「DANGER」なら、ノズル周りの危険などころ、「CAUTION(=注意)」なら開きそうなハッチの周辺にするなどの配慮をしておくと「らしく」なるでしょう。よくわからないという方は、一回実物がある1/48ジェット機キットを作ってみるとどんなところにどんなマーキングがあるかわかって勉強になるのでおすすめです。

また、文字が読めるから違和感が出てしまう、というふうに考えて、あまり文字が読めないようなコーションマーキング中心に貼っていく、というのもありでしょう。あくまで密度感を上げるためのものと捉えれば、字が読めなくても問題ありません(1/100や1/144というスケールを考えると、時が読める大きさのほうが不自然、というような考え方もできます)。

それから、密度感を上げてバランよく見せるためにコーションマークを貼るというパターンでは、どういうコーションマークを貼るかということよりは、どこに貼るか、ということのほうが重要になってきます。

セオリーとしては、ディテールの粗密に合わせて貼ることで全体の密度感のバランスやディテールを強調する手法があります。具体的には、ディテールが密集しているところには多めにコーションデカールを貼っていくようにすることで、もとからあるディテールがより映えるようになり、完成品がバランスよく見えるようになります。このような手法でコーションマーキングを貼るときは、マーキングもディテールの一種と捉えて配置していきますので、ディテールの追加工作するときにもコーションマークをどこに貼るか先に考えておくようにすると、さらに完成度が上げられます。■

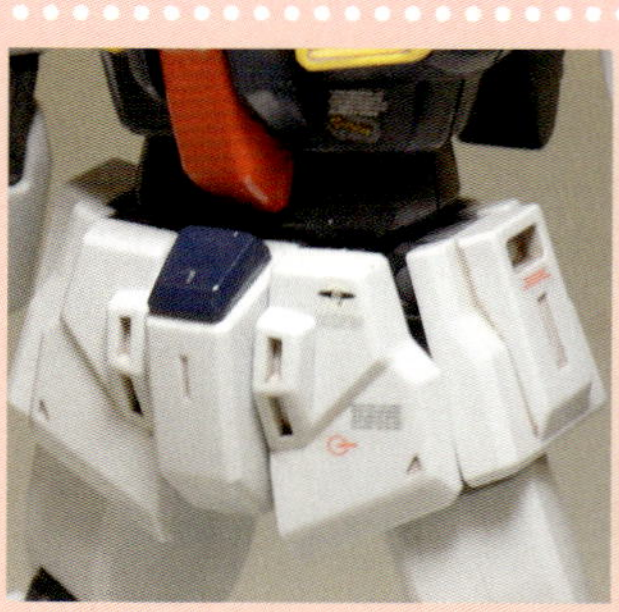

▲コーションマーキングは、ディテールの周辺に集めて貼り、広い面はあえてそのまま残すことでバランスがよく見えます

疑問!! 雑誌を見てもあまりウェザリングをしているガンプラ完成品を見かけませんが……

ガンプラにウェザリングをしたのですがいまひとつリアルに見えません……。

Q&A

質問その62 キャラクターモデル

AFVモデルの世界を覗いてみるとリアリティーに溢れるウェザリング技法がいろいろありますので、「これをガンプラなどのキャラクターモデルでもやってみたらめっちゃリアルになるのでは!?」と思ってしまいますが、いざやりはじめてみるとなかなか戦車のようにリアルにはなってくれません……。一体なにが違うのでしょうか？

ガンプラと言いますが、10mを越えるような設定身長のロボットや宇宙で使われるメカのウェザリングは難しいです。なにが難しいのかを説明するのもなかなか難しかったりするのですが……。

なんとなくハゲを入れてみました、なんとなく全体をホコリっぽくしてみました、というようなレベルであれば何も難しいことはありません。しかしこれでは、現在の目で見て「リアル」なウェザリングとはほど遠いものができあがります。AFVモデルのようなリアルなウェザリングをしてみようと思うと急に難しくなるのです。

まず、キャラクターモデルの10mを越えるようなロボットや宇宙船などのメカは架空のものです。誤解しないでほしいのですが、架空だからウェザリングが難しいというわけではありません。ウェザリングを難しくしているのは、ほとんどの場合において、これらの架空メカの使用環境や使用法、あるいは素材などがこまかく想定されていないというところです。

AFVモデルの上手な作例で見られるような本当の意味でリアルなウェザリングは、「ここはこういう素材だからこういうふうに褪色したり剥げたりする」「こういうところでこういうふうに使われる機体だからこう汚れる」「この部分はこういう機能があるからこう汚れる」というように、それぞれ根拠があって汚しが施されています。実物があると、それをよく観察することでどう汚れるかが読み取れますので、あとは何を使ってどう汚すかというテクニック的な話になります。しかし、多くの架空モデルでは「汚れる原因」がほとんど不明なので、どこが何でなぜ汚れるかという「スタート地点」からすべて考えるということになり、これが架空モデルのウェザリングの難しさの大元の原因になっています。「そんなもの自由に汚せばいいんじゃない？」と思われるかもしれませんが、一定のルールや因果関係があるから「リアル」に見えるのであって、完全にルールなしに自由に汚すと単に汚い模型になってしまいがちです。

もうひとつややこしいのが、宇宙メカをどう捉えるかです。宇宙空間＝真空と考えると、飛行機や戦車のような汚れはつきません。アポロ宇宙船や国際宇宙ステーションを見ると、全体的にはほぼきれいなまま。これをモビルスーツなどに適用すると宇宙用機は地上機のようには汚れないということになり、そもそも汚さないほうが……と振り出しに戻ってしまいます。さらにややこしいのが変形メカ。仮に戦車や飛行機のように汚すにしても、真面目に考えると、両形態で汚れが流れる方向などが変わりますので、実際に作業を始めると、「うーむ……」と手が止まってしまいます。こう考えていくと「リアルに汚すのはムリ!」となるわけですが、だからといってウェザリングをまったくしないというのも能がないので、機能や素材を勝手に考え、ある程度簡略化したルールを自分で設定しつつウェザリングをしてみてはいかがでしょうか。

最後にモビルスーツのような20mクラスの人型ロボットを汚すときにリアリティーを演出しやすいおすすめのルールをいくつか挙げてみますと、「土系の汚しを入れるときは、大きさを演出しつつ汚くなりすぎないよう、あまり上まで汚さず足首ぐらいまでにする」「ハゲは外装甲部分だけに施しフレームには施さない」「物語で地球上に降りていない機体はホコリっぽく汚さない」「バーニアやスラスターノズルなど、何かを吹き出すところを特定して汚す」などといったところでしょうか。難しい反面、こういったルールを考えるのは楽しいですので、皆さんもぜひどうぞ。■

▶ウェザリングを施すことでパチ組みやベタ塗り塗装とはひと味違う存在感を出せますが、リアリティーを出して汚そうとするとなかなか難しいものがあります

疑問!!

エッチングパーツを枠から切り離したあと、小さいゲートのところがうまく削れません

エッチングパーツのゲートはどうやって処理する?

Q&A

質問
その63
オールジャンル

金属板を薬剤で溶かすことにより作られているエッチングパーツは、薄いパーツや細いパーツを再現するときに大活躍しますが、細かったり小さかったりするものが多く金属製で硬いので、切り出しや切り出し後のゲート処理はプラスチックパーツのようにはいきません。細くて薄いエッチングパーツはどうやって整形すればいいのでしょうか?

プラモデルのゲートは、成型時にランナーからパーツへ、そしてパーツからランナーへとプラスチックが抜けるために設けられた細い箇所なので「出入り口＝ゲート」と呼びます。エッチングパーツでは、金属板を薬剤で溶かしてパーツを作るときに枠にパーツを固定しておくために残してある部分なので、本来ゲートと呼ぶのはおかしい……のですが、それはさておき、エッチングパーツの整形処理法について説明していくことにしましょう。

まずはゲートの処理法の前に、ゲートの処理の仕方にも関係してくるエッチングパーツの切り出し方から。エッチングパーツの切り出しは、ナイフを使う方法とハサミを使う方法が一般的です。ナイフを使うときは、下が硬いとナイフの刃が入らず切れませんので、刃がささるものを下に敷きます。カッティングマットだと柔らかすぎてパーツが曲がったり切れにくかったりすることがあるので、木の板や硬質なゴム、厚手の厚紙が使いやすいです。パーツを切っているとナイフの刃がすぐ欠けますので、欠けたら刃を替えるようにしましょう。ハサミを使う場合は、金属が切れるエッチング用ハサミや電線などの金属より線を切れるのハサミを使いましょう。ハサミで切る場合は、ゲートのところに刃先をさし込んで切ろうとすると刃先が入らなかったり、ゲートぶがよじれたりするので、枠ごと切っていくほうが作業しやすいです。先述の金属用はさみなら、通常のエッチングパーツの枠は簡単に切断することができます。個人的には、どんどん切り出せてゲート部をギリギリまで切りやすいので、ハサミを使う方法のほうがおすすめです。

ゲートの部分を整形するのは、金属切削用金ヤスリが便利です。目が粗めの紙ヤスリでも整形できないことはありませんが、ゲート部の出っ張りでヤスリがすぐダメになるのであまり経済的ではありません。金属用金ヤスリで模型店で買いやすいものだと、タミヤのクラフトツール エッチングヤスリあたりが使いやすいでしょう。目のこまかいダイヤモンドヤスリで、ほんの軽い力でもよく削れます。

どちらかというと削る工具より問題になるのが、小さいエッチングパーツや細いエッチングパーツの場合どうやって持ってヤスるかということです。小さなパーツや艦船の手すりのような細いパーツは手で持ってヤスると変形したり、そもそも、手で持つとヤスリがあてられなかったりしますので、エッチングの工作をするなら、先が平らなプライヤーなどの挟んで持つ工具をひとつは持っておくようにしましょう。なお、ラジオペンチのように挟むところにギザギザがついている工具はパーツに傷がつくことがあるので避けます。とくに小さいパーツの加工には、ゴッドハンドから販売されているニッパー型で刃がない工具、「ニッパー型ピンセット」も便利です。ピンセットで挟んでヤスりがけをしようとすると、力をかけすぎてパーツを飛ばしたり保持力が低くてパーツが動いてうまくヤスれなかったりしますが、この工具なら小さいエッチングパーツでもしっかりと保持できるのできれいにヤスりやすくなります。

また、ゲートはモーターツールの砥石系のビットで削って処理することもできます。モーターツールを使うと、早く削れるだけでなく、削るときにパーツに不要な力をかけないでも済むため、整形中にエッチングパーツに思わぬ変形をさせてしまうリスクが減ります。金属ハサミでギリギリまでゲートを切っておいてモーターツールで処理をすると、かなり手早く整形処理することができるでしょう。■

▼昨今は模型メーカーからエッチングパーツの加工に適したダイヤモンド刃などの精密加工ヤスリが販売されていますので、それを使うのもよいでしょう(上はタミヤのエッチングヤスリ、下はGSIクレオスの匠之鑢・極 玄人 ダイヤ平#600)

▶モーターツールに砥石系ビットを取り付けて整形すると、ヤスリを使って整形するときと比べてパーツに力をかけないで名作業しやすいので、曲げてしまったりしにくくなります

疑問!!

エッチングパーツを接着剤で組み立てると強度が不安なので溶接したい

Q

エッチングパーツの溶接はどうやったらいいのですか?

質問その64

オールジャンル

エッチングパーツは薄かったり細かったりするところを再現できるのが良いところですが、そのぶん接着面積が狭いことが多く、接着剤での組み立てだと強度面で不安があります。そういうときはハンダをつかって溶接すれば頑丈に作れますが、プラスチックパーツを組み立てるのとはまったく別の工具とスキルが必要になってきます。

&A

エッチングパーツは瞬間接着剤やエポキシ接着材でも接着できますが、板状なため接着面積がとても狭いことが多く、強度的には不安が残ります。瞬間接着剤で接着したあとに間違えて触って取れてしまったりすると、いったん瞬間接着剤の層を除去しないとうまく再接着できなくなってしまいます。強度を持たせたいところは、ハンダ付けでエッチングパーツを溶接すると接着面積が狭くても頑丈に組み立てられます。

必要な工具は、ハンダごて、ハンダ、フラックス、こて台、木かベークライトの平らな板。あと、できればキサゲ刷毛を持っておくととても便利です。

ハンダごては普通に電気工作用に売られているものでいいのですが、ポイントはW数と先端形状。W数が大きいほうが熱量が大きくなりますが、慣れないうちは50～90wくらいのそこそこW数が高いもののなかで先端が細めのこてが使いやすいと思います。基本的には先が細いほうがよりこまかい作業ができるのですが、先端が極細で30W以下のこては熱量が少ないので、こて先の扱いに慣れていないとなかなかハンダが熱せられずうまくつけにくいです。熱量が大きめのこてだと、ハンダが瞬間で溶けてきれいに流れてくれます。

模型製作に使うときのハンダは必ずヤニなしのものを選びます。ハンダのヤニは電気回路で使用するときにハンダづけした箇所を覆うことで腐食を防ぐために混入されるものですが、塗装を弾きますので、模型製作ではヤニ入りハンダは使用しません。

フラックスは金属表面の酸化膜（要するに錆び）を除去し、ハンダを流れやすくしつつ表面を保護するためのものです。ハンダ付けする箇所に塗って使いますが、劇薬なので、肌に触れたり、ハンダづけの際に発生するフラックスの蒸気が目に入ったり吸い込んだりしないように注意が必要です。ハンダ付け後は水洗いしてフラックスを除去するのを忘れないようにしましょう。

こて台は作業中にハンダごてをおいておくための専用台です。熱くなったハンダごてはそのまま机上に置くと危ないですのでこて台を使います。基本的にはどんなものでもよいですが、こてがしっかり保持できるものにすると危なくないです。

木かベークライトの平らな板は、溶接するパーツを固定しておくのに使います。ハンダづけの際はパーツが熱くなりますので、手で持ってハンダづけをするというわけにはいきません。エッチングパーツを組み立てるときは水平や垂直をきちんと出したい場合がありパーツを固定する台は平面が出ているほうがよいので、平滑に加工された耐熱素材ベークライトのな板やブロックがあると作業しやすく精度も出せます。実際のところ、溶かして付けるハンダづけの作業自体はさほど難しくありません。しかし、ハンダづけをするためには先述したようにパーツ同士を所定の位置で固定しておく必要があり、あらかじめ固定がきちんとできていないと、曲がってくっついたり、そもそもくっつかなかったりします。固定の仕方はパーツ形状によりますので、しっかりと固定できるように工夫してみてください。

以上の工具があれば基本的なハンダづけはできますが、模型の場合は余分なハンダを除去しないといけません。紙ヤスリや金ヤスリで削ると、パーツ形状を損なわないようにきれいにハンダだけ削り取るのはかなり難しい作業になります。そこで便利なのが、キサゲ刷毛（ハケ）という切削工具。キサゲ刷毛は鉄道模型の金属キット工作でよく使われているもので、金属ブラシ状の先端でこすることにより、余分なハンダだけを除去できる便利な工具です。■

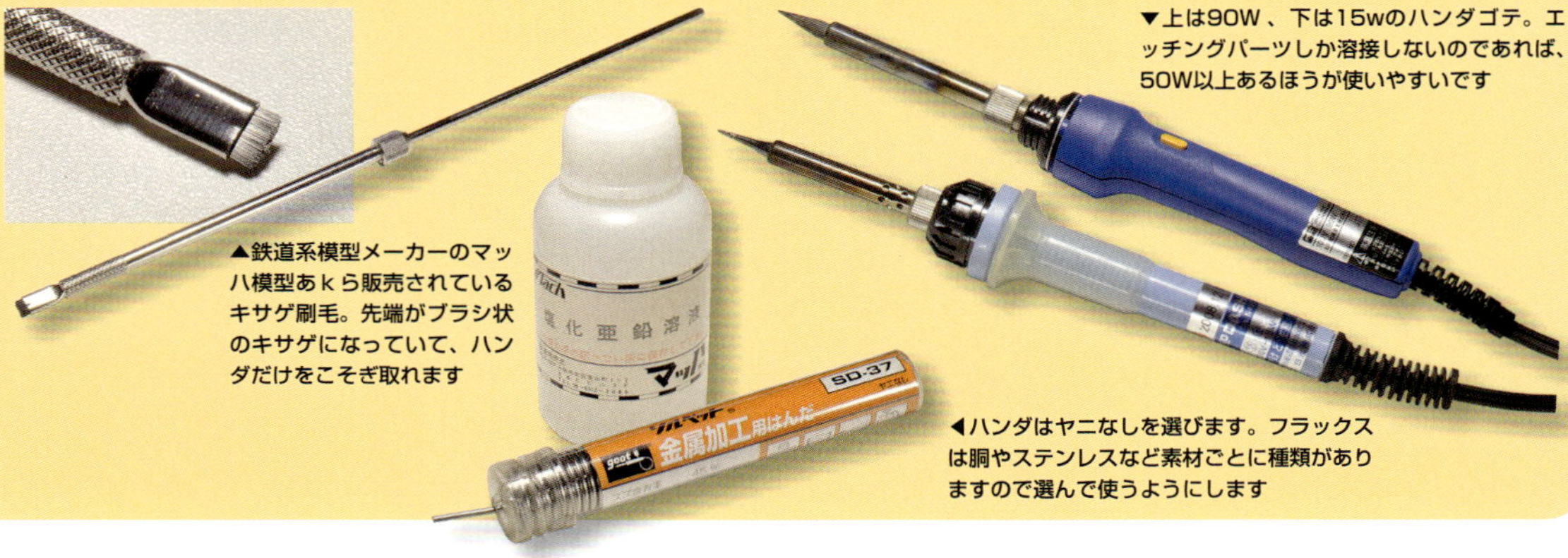

▲鉄道系模型メーカーのマッハ模型あｋら販売されているキサゲ刷毛。先端がブラシ状のキサゲになっていて、ハンダだけをこそぎ取れます

▼上は90W 、下は15wのハンダゴテ。エッチングパーツしか溶接しないのであれば、50W以上あるほうが使いやすいです

◀ハンダはヤニなしを選びます。フラックスは胴やステンレスなど素材ごとに種類がありますので選んで使うようにします

疑問!!

エッチングパーツを切り出して整形したら……
持つところがなくて塗装できない!?

こまかいエッチングパーツはいつどうやって塗装と接着をする?

質問その65

オールジャンル

とてもこまかいパーツがあるとき、どうやって塗装したり接着したりするか困るときがあります。とくに小さいエッチングパーツは形状によっては何かに挟んだり貼り付けたりできないこともあります。先に本体に接着してしまうのならいいのですが、別にエアブラシで塗装をしてから接着したい場合はどうしたらいいのでしょうか?

Q&A

エッチングパーツの良いところは、薄くて小さなパーツや細いパーツで実物に近いディテールを再現できるところですが、薄かったり細かったり小さかったりするので、工作や塗装の作業で困るときがあります。

AFVモデルの一般的な組み方のように、先にすべてのエッチングパーツを本体に接着してしまってまとめて塗装をするならば困ることはないのですが、塗装してから接着しようとすると、どうやって塗装をするのか、いつ接着するのかなど、いろいろな疑問が発生します。

まずはじめに下地処理について。エッチングパーツは、塗料の食いつきをよくするためにプライマーかプライマーサーフェイサー(プラサフ)を下地としてあらかじめ塗りますが、パーツを切り出してしまうととても塗りにくくなります。そこで、プライマー/プラサフは、枠にすべてのパーツがついた状態で塗ってしまうようにすると楽できれいに塗れます。切り出すとゲート部分に少しだけ金属地が出てしまいますが、そのままにしておいてもそこから剥げるようなことはまずないので問題ないです。ゲート処理をするときにパーツ表面を大きく削ってしまった場合などは、気になるならその部分だけに筆塗りでプライマーを塗っておいてもよいでしょう。

また、エッチングパーツは表面が酸化している(錆びている)ことがあるので、プライマー/プラサフを吹く前には一回表面を軽くヤスっておくとさらにプライマー/プラサフ/塗料の食いつきがよくなって塗料が剥げにくくなります。ここでヤスるときも、パーツが枠に付いたままの状態で作業すれば一気にすべてのパーツの表面を削れます。パーツを切らずにそのままヤスると断面のとことはヤスれませんが、ここは気にしなくてよいです。

次は塗装についてです。プラモデルのパーツを接着するときは、仕方がないところ以外は、なるべく塗装前に接着するか、接着面の塗装を剥がして接着するようにするのがセオリーです。これは塗膜の上から接着すると、塗膜とパーツの間で剥がれたりすることがあるからです。しかしエッチングパーツの場合は、エッチングパーツの上にはマスキングがしにくいですし、先にこまかいエッチングパーツを接着してしまうと、パーツ表面を磨いたり、あるいは汚したりがしにくくなることもあり、塗装をしてから接着したいところが結構出てきます。

こういうとき、エッチングパーツだけを先に塗ることになりますが、どうやって塗るかが問題です。塗装するとき、塗るものが大きければ置いて塗ることや手で持って塗ることもできますが、小さいパーツには持ち手を付ける必要があります。しかしながら、小さいエッチングパーツだと挟むところや貼り付けるところがなくて持ち手が付けられない場合があります。

こういうときは、プライマー/プラサフを塗るとき同様、枠にパーツが付いたままの状態で塗装をしてしまいましょう。枠が持ち手になれば、どんなに小さいパーツでもきれいに塗ることができます。。当然ゲート部分は切ると金属地が出てしまいますが、そこだけ筆塗りでリタッチするようにすればほとんど目立ちません。このとき、エッチングパーツをパーツを本体に接着してからゲーツ部分のリタッチをするようにすると塗装作業がしやすくなります。

先に塗装したエッチングパーツは塗膜は気にせず瞬間接着剤で接着してしまいます。接着面が極端に狭い場合は、塗膜を剥がしても剥がさなくても強度に大差ありません。接着の際は、瞬間接着剤の量は極力少なくなるように注意しましょう。■

▲先に枠についたままエアブラシ塗装して、切り出しで金属地が露出したところは筆塗りでリタッチするときれいに仕上がります

疑問!!

模型雑誌に塗装前にはパーツを洗浄とありますが
いままで一度も洗ったことがありません

プラモデルのパーツは塗装前に絶対に洗ったほうがいいのでしょうか？

Q&A

質問その66
オールジャンル

レジンキャストキットでは離型剤を落とすためにパーツを洗浄するのが普通ですが、プラモデルのパーツも塗装前には洗浄する場合があります。プラモデルの場合は絶対に洗わないといけないということではないのですが、塗装前にパーツを洗浄しておくといろいろなメリットがあります。そのメリットとは何かご存じでしょうか？

私の製作法解説記事では、よくプラモデルのパーツを塗装前に中性洗剤で水洗いして洗浄するというふうに説明していますが、離型剤の付着が激しい一部の簡易金型キットなどを除けば、基本的にプラモデルは塗装前に洗わなくても塗って作れます。それでも塗装前にパーツを洗浄するひとつの理由は、パーツ表面に付着した手脂や離型剤などを除去することで塗料の食いつきをよくして剥がれを防止することにあります。

ただ、国内で販売されている通常のプラモデルでは塗装が剥がれるような離型剤はパーツに付着していません。また、パーツにサーフェイサーを吹くなら、サーフェイサーがプラスチックの表面にかなりしっかりと食いつくので、塗膜の食いつきという面では塗装前に洗浄せずにそのまま塗ってもほとんどの場合問題ないでしょう。とはいえ、サーフェイサーを吹いていてもマスキングをして塗り分けているときにマスキングテープを剥がしたら下の塗膜も一緒に剥がれてきた……というような事故が起きることもあり、できれば洗っておいたほうがリスクを減らせます。塗膜が厚くなるのを極力避けたいなどの理由でサーフェイサーレスで塗装する場合は、塗装前にパーツを洗浄することをおすすめします。

私が塗装前にパーツを水洗いするもうひとつの理由、じつはこっちのほうが主な理由だったりするのですが、それは、パーツ表面やスジ彫り内に溜まった削り粉を除去するためです。別項（29ページ）で詳しく述べていますが、削り粉などの微細な粒子がパーツ表面に残っていると塗膜を平滑に塗りにくくなります。また、スジ彫りが埋まった状態で塗装を進めていくと、スジ彫りが浅くなってスミ入れのときにスミ色がきれいに残らなくなってしまいます。

塗装前にパーツを洗浄するときは、台所用中性洗剤を使います。こまかいパーツをなくさないように、１００円ショップなどで売っているプラスチック用ボールとザルのセットにパーツを入れて、歯ブラシや毛の腰が強めの筆でこすって洗っていきます。洗い終わったら、水ですすいでザルで水を切り乾かします。乾かすときは自然乾燥だと時間がかかるので、キッチンペーパーで水分を拭ってから、塗れていない新しいキッチンペーパーを敷いた上に並べて乾かします。スジ彫り部などに水分が残ったまま塗装すると水の上を塗膜が覆ってしまうので注意しましょう。急いでいるときはドライヤーの風を強くして水分と飛ばしながら乾かすこともあります。

手で洗うのが面倒だったり、小さすぎるパーツが多いときは、メガネなどを洗浄する用の超音波洗浄機があると便利です。水に中性洗剤を数滴たらしてスイッチを入れれば、数分で油分と削り粉を除去できます。洗剤を入れた場合は手で洗ったときと同様水ですすいでおくようにします。

なお、初めに述べたようにプラモデルのパーツは洗わなくても塗装自体はできますが、レジンキャストキットは一部のキットを除いてパーツに離型剤がついていてサーフェイサーごと剥がれることがありますので、基本的にパーツを中性洗剤で洗浄します。プラモデルのパーツ同様歯ブラシなどでこすって洗って乾かせばいいのですが、私の場合は、成型時の変形を直すのも兼ねて、中性洗剤を入れた水を鍋で沸かしてパーツを煮てしまうこともあります。また、ソフビキットの場合は、パーツの変形を直すのと同時に離型剤を除去するために、基本的に必ず洗剤入りの水で煮ます。ソフビは煮るとフニャフニャになりますので、箸などで取り出し、歪みがない状態にしつつ流水にあてて冷やして硬く戻します。■

▲細かいパーツの洗浄には超音波洗浄機があるととても楽。実勢価格5000円以下で購入できますので試してみてください

疑問!!

コクピットやインテークのところはいつ塗装して組み立てればいいのでしょう？

組み立て、塗装の順番はどうすればいいですか？その① 飛行機の場合

質問その67
飛行機モデル

プラモデルはジャンルごとに製作の工程順を変えたほうがより楽にきれいに仕上げやすくなります。なかでも注意したほうがいいのが、先にすべて組み立ててからだと塗りにくいジャンル。その代表が飛行機モデルで、とくにコクピットやインテーク、ジェットノズルは先に塗っていかないと作業しにくいため、そこから工程を組み立てましょう。

Q&A

プラモデルの各ジャンルのなかでも組み立てと塗装の工程が行ったりきたりしてややこしいものが多いのが飛行機モデル。コクピットやジェット機のインテーク内などは先に塗装をしたパーツを挟みこんでおかないと、あとで非常に塗りにくくなります。

①コクピットの工作と塗装

タミヤの零戦のキットのようにあとでコクピットを胴体内に収められるようになっているキットもありますが、基本的にはコクピットを先に塗装まで終わらせてから胴体内に挟み込みます。コクピットパーツのゲート処理をして組み立て、基本塗装後にスミ入れまで終わらせます。

②胴体のゲート処理などの工作と胴体内壁の必要箇所の塗装

胴体パーツのゲート処理をしたうえで、コクピットや脚収納部など、胴体内壁が完成後にも見える箇所の塗装をします。

③インテーク／ジェットノズルなどの整形工作と内側の基本塗装

ジェット機の場合は、インテーク部を組み立ててしまうとダクト状の内部が塗装できなくなることが多いので、インテーク部の整形処理と内部の塗装を先に済ませます。また、脚収納庫内が別パーツで奥まったところが塗りにくそうな場合も先に工作と塗装をすませておくようにします。

④胴体と主翼の貼り合わせ

コクピット、インテーク（と場合により脚収納庫）の工作／塗装が終わったら、必要なものを胴体パーツに挟み込んで接着します。胴体と主翼の接着を終えたら、パーツの合わせ目を瞬間接着剤やパテで処理して表面処理をします。

⑤胴体の基本塗装

胴体と主翼（場合により尾翼も）の組み立て／整形作業が終わったら、コクピット（とインテーク／ノズル）をマスキングして基本塗装をします。

⑥脚収納部の塗装

脚収納部をマスキングで塗り分ける場合、脚収納庫と本体色はどちらを先に塗ってもほとんどの場合塗り分け可能ですが、多くの場合は胴体色を塗ってから外面側をマスキングして脚収納庫を塗り分けたほうがマスキングが楽にできるでしょう。

⑥脚などの小パーツ類の整形と塗装

ここでは便宜上⑥としましたが、本体以外のパーツの工作／塗装は胴体の作業と平行して行ない最後に組み立てますので、どの段階で作業しても問題ありません。ただ、脚収納庫カバー外面など、本滝色を塗るときに同時に塗ったほうが効率的な箇所もあるので⑤のときに同時に塗ると楽です。

⑦デカール貼り／スミ入れ／ウェザリング

脚などの小パーツ類のデカール貼り／スミ入れは最終組み立て前ならいつ行なってもOKです。胴体と小パーツ類はツヤ消しコーティングまで最終組み立てをする前に済ませておいたほうが、塗装時に持ち手などが付けやすく作業性が良いです。

⑧最終組み立て

胴体と小パーツの塗装やウェザリングをすべて終えてから組み立てます。

飛行機モデルは、機体形状やパーツ構成で工程が変わってきますので、事前に説明書をよく見てどの段階でどこを塗るかをよく考えて作業にあたりましょう。■

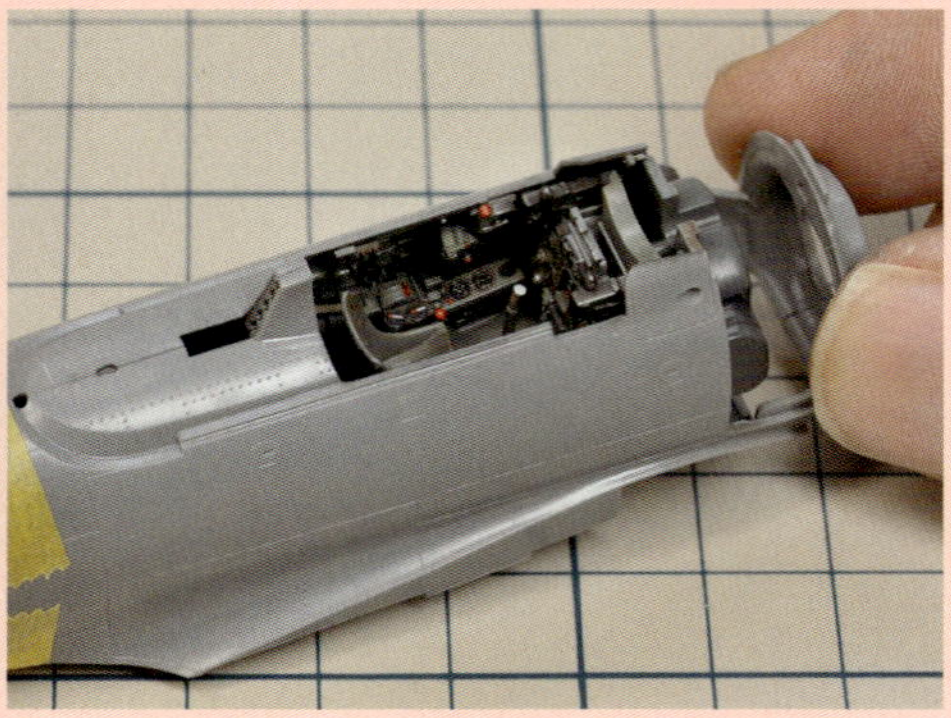

▲コクピットは跡から胴体に収められるキットもありますが、ジェット機のインテークはほぼ先に工作と塗装をすませておかないといけないポイントになります

疑問!!

先にすべて組み立ててしまうと塗り分けができなくなったりしませんか？

組み立て、塗装の順番はどうすればいいですか？ その② AFVの場合

Q&A

質問その68

AFVモデル

すべてのパーツを組み付けてからでも基本塗装ができますので、全ジャンルのなかでもっとも工程順がわかりやすいのがAFVモデルでしょう。ただ、基本塗装を終えたあとウェザリング工程は、どのような技法をどのように重ねていくのかモデラーによって作法が分かれてきます。ここではわかりやすいパターンで解説してみることにします。

AFVモデル（戦車模型）は、ウェザリング以外の工程がもっともはっきり分けられてわかりやすいジャンルでしょう。基本的にすべてのパーツを組み上げてから塗装をすることができます。

すべて組み立ててしまうと奥まったところが塗れないのではという疑問があるかもしれませんが、AFVモデルでエアブラシや筆が届かないようなところは塗っても見えません。また、塗り分けのマスキングはどうするの、と思われる方もいるかもしれませんが、ほとんどのAFVには転輪のゴム部くらいしか境目がくっきりとした塗り分けはないので、筆塗りやエアブラシの細吹きをすれば、組み立て後でもちゃんと塗り分けることができます。

基本的に先にすべて組み立ててから塗れるAFVモデルですが、モデラーによって分かれるのが、転輪と履帯（いわゆるキャタピラ）を「組み付けてから塗る派」と「バラバラで塗る派」。バラバラに塗るメリットは、転輪／履帯の塗り分けがしやすいことと、履帯のウェザリングがしやすいところですが、ここはどういう仕上げにしたいかと各モデラーの好みによりますので、一概にどちらが正解とは言えません。

AFVモデルと言えば欠かせないのウェザリングですが、いろいろな技法を重ねていくことが多く、どのような仕上げにするかによって使われるウェザリング技法やその施す順が変わってきます。なので、ここではわかりやすい一例を紹介しておきます。

①パーツのゲート処理と整形、一部パーツの合わせ目消しと組み立て

基本的にすべてのパーツを説明書の順でゲート処理→表面処理→組み立てまでします。普通は足周り→車体→砲塔→OVM（車外装備品）類の順で工作を進めていきます。先述したように、転輪と履帯は本体に組み付けない場合もあります。

②基本塗装

AFVモデルではウォッシングをしたり、OVM類をエッチングパーツなどでディテールアップすることが多い（近年はキットにあらかじめエッチングパーツが同梱されているものも多いです）ので、基本塗装前にはプラサフを吹く場合が多いです。その後、ラッカー系塗料で本体（と転輪／履帯）に基本塗装をします。迷彩パターンがある場合は基本塗装の段階でラッカー系塗料で迷彩柄を塗り分けておきます。

③細部塗り分け

OVMなどの細部で色や質感が異なる箇所を筆塗りで塗り分けます。

④ウォッシング

基本塗装を終えたら、エナメル系塗料で全体にウォッシングをします。このウォッシングによりスミ入れをしつつ、全体のトーンを整え、同時に拭き取り時に塗料を適宜残すことでタレなどの汚れをつけます。

⑤ドライブラシ／チッピング

こすれや剥げを筆で描き込みます。ドライブラシは少量の塗料を付けた筆でこすりつけるように、チッピングは細筆で小傷を描くようにします。

⑥パステル／ピグメントでの汚し

粉末状の顔料を筆でそのままぶしたり、アクリル系うすめ液などでペースト状にして塗ることで、砂埃や泥の汚れを再現します。パステル／ピグメントでの汚しは触ると取れてしまうので、普通は最後に行なってそのまま飾っておくようにします。■

▲基本的にはすべて組み立ててしまっても塗り分けできますが、履帯は分けておいたほうが塗り分け後のウェザリングも作業がしやすくなります

疑問!!

そのままバラバラで塗装を進めていくとパーツが多くてとても大変です……

組み立て、塗装の順番はどうすればいいですか? その③ ガンプラの場合

ガンプラはスナップフィットなので、すべてのパーツがバラバラの状態で塗装すれば工程は非常に単純できるのですが、マスターグレードなどパーツ数が多いキットの場合は、すべてのパーツをバラバラに塗ろうとすると手間がかかります。なるべく手間を減らしつつマスキングをしないで塗り分けるにはいくつかのコツが必要になるでしょう。

質問 その69

キャラクターモデル

&A

ガンプラの場合、基本的には工作をすべて終えてから塗装に進むというふうに工程を分けやすく、工作順が比較的わかりやすいジャンルなのですが、ポイントはそのパーツ数の多さをどうするかでしょう。

PG、マスターグレード、RGなどでは、基本的にパーツの状態で色分けがされていて合わせ目を消す必要がある箇所もほぼありません。また、スナップフィットなので、一部の関節ギミックなどを除けばいったん仮組みしてもばらすことができます。なのですべてのパーツがバラバラの状態でき、そうするとマスキングでの塗り分けをほとんどしないですみます。ただ、すべてのパーツをバラして塗るとなるとパーツ数が多いので持ち手を付けたり、ひとつずつ塗っていく際の手間が大変かかります。

平均的なマスターグレードでも総パーツ数は数百になりますので、できれば同じ色のところをある程度組み合わせて塗りたくなります。そういう場合は、塗装用にフレームをもうひとつ用意するか、多少塗膜が厚くなるところができるのには目をつぶって外装をフレームに取り付けて塗り、その後、外装を外してフレームにフレーム色を塗り重ねるようにすると、マスキングをしないでも比較的手間をかけないで外装/フレームを塗り分けることができるでしょう。

古いキットや一部のHGUCなどでは、関節部などを挟み込んでから外装の合わせ目消しをする必要があるものがあります。こういったキットでは、素直に、関節を塗る→関節を挟み込んで外装を接着→合わせ目消し→関節をマスキングして外装を塗装、というふうにするか、後ハメできるように関節部などを改造するかを選びます。

①工作

組み立て説明書では、頭、胴、腕、脚というふうにユニットごとの手順になっているのでそのように作業をしてもよいのですが、パーツ数が多いですので、はじめにすべてのパーツのゲート処理と整形処理を行なってしまうと効率的です。ただし、左右で似ているけれど形状が異なるパーツなどもあり、ランナーから切り離してしまうとパーツ番号がわからなくなってしまう場合は、パーツの裏などに番号を彫っておくと間違いを防ぐことができます。

②サーフェイサー

金属製パーツを使っている場合や塗り分けでマスキングを多用する場合以外はサーフェイサーは吹かなくてもかまいません。ただ、サーフェイサーレスで塗装する場合は、塗装前に一回パーツを水と中性洗剤などで洗浄したほうが無難です。バラバラのまま塗る場合は、パーツが多いので超音波洗浄機があるととても便利です。

③基本塗装

すべての基本色をラッカー系塗料で塗り分けます。金属質感を塗装で出したい箇所は後ほど塗り分けるようにします。

④スミ入れ/デカール貼り

デカールのキワにスミ入れ塗料が流れると汚くなるので、基本的にはスミ入れをしてからデカールを貼ったほうがきれいに仕上がります。デカールの上にスミ入れをしたい場合は、デカールを貼ったあとにラッカー系塗料のツヤありクリアーでコーティングをしてからスミ入れをしましょう。

⑤ツヤ消しコーティング→組み立て

すべて組み立てるとツヤ消しコーティングの際塗料が回り込みにくところがざらついたり白化することがあるので注意。■

▲フレームは、組んでしまって塗るほうが手間がかからないだけでなく、関節部やダボに塗料がのってキツくなりすぎることも回避できます

疑問!!

ツルピカに磨いて仕上げるにはどういう順番で塗って組み立てる？

組み立て、塗装の順番はどうすればいいですか？その④ カーモデルの場合

Q&A

質問その70

カーモデル

工程順的にAFVモデルの対極にあるのがカーモデル。カーモデルはボディー関係のパーツにクリアーコーティングをして磨いたり研ぎ出しをしたりする都合で、基本的にすべてのパーツを塗って仕上げてから最後にすべてのパーツを組み立てていきます。工程順としてはある意味わかりやすいのですが、組み立てには細心の注意が必要です。

カーモデルは、内装などを除くほぼすべてのパーツを別々に塗装していき、最後にすべてを組み立てていきます。そのため塗装を施したパーツを接着していく必要があり、工程自体はわかりやすいのですが、組み立てる順番と接着の方法のジャッジが難しいジャンルと言えるでしょう。

カーモデルでパーツがばらばらの状態で塗装する理由は、ボディーをグロス（ツヤあり）仕上げにするところにあります。

グロス仕上げにする場合は、パーツを磨く場合がほとんどなので、組み立ててしまうとパーツが磨きにくくなってしまいます。また、F1モデルなどではサスペンションアームがむき出しで複雑な形状の空力パーツが付いているので、組み立ててしまうとマスキングでの塗り分けが困難ですし、ボディーだけツヤありに磨いて仕上げるのはほぼ不可能。そこで必然的に各パーツを塗装後クリアーコーティング→磨きまで仕上げてから組み立てていくことになります。

塗装後に組み立てることの難しさは、塗膜が溶けるプラスチック用溶剤系接着材や白化しやすい瞬間接着剤がつかいにくいところにあります。そのため、カーモデルでは、外装パーツの接着に塗膜を侵さないエポキシ系接着剤やクリアーボンド系接着剤を使用することが多いです。これらは接着材の硬化に時間がかかるものが多いため接着に固定が必要な場合が多く、接着時に固定がしやすいような組み立て順を考えて作業を進める必要が出てきます。

また、F1モデルをカウルオープンで製作するときに、パイピングを追加したりする場合は、どの段階でどのパイピングを塗って組み付けていくかをよく考えて作業しないと奥まったところが塗れなくなったり、奥まった接着面が小さいところがうまく接着できなくなったりします。

①各パーツのゲート処理／整形

ゲート処理／整形はさきにすべてのパーツを終えてしまい、仮組みをしながら組み立て工程のことを考えておくようにします。

②内装の塗装／組み立て

ボディーがクローズドのいわゆる箱車の場合は、車内を塗装しながら組み立ててしまいます。F1などのオープンタイプの車では、ハンドルなどの小パーツは組み付けず、塗り分けだけを済ませておきます。

②ボディーなどの下地処理

ボディー、バックミラーなど、グロス塗装をする部分は、サーフェイサーを吹いてから磨いて下地処理をしておきます。やや厚吹きしてツヤが出るようにしたサーフェイサー塗膜が硬化してから、1000番～2000番の紙ヤスリ／フィニッシングペーパーで水研ぎして表面を平滑に磨いておくことで、基本塗装のツヤ出しがしやすくなり、その後の工程もやりやすくなります。

③ボディなどの基本塗装→デカール貼り

ラッカー系塗料でツヤが出るように基本塗装をします。その後デカールを貼ったらしっかりと乾かします

⑤クリアーコーティング／研ぎ出し

クリアーコーティングをし、塗膜が硬化してから紙ヤスリ／フィニッシングペーパーで研ぎ出しをします

⑥組み立て

ボディーから小パーツ類へと、内側から外側に順に組み立てていきます。ウインドウなどのクリアーパーツやタイヤ／ホイールは汚したり傷つけたりしないように最後に接着するようにします。■

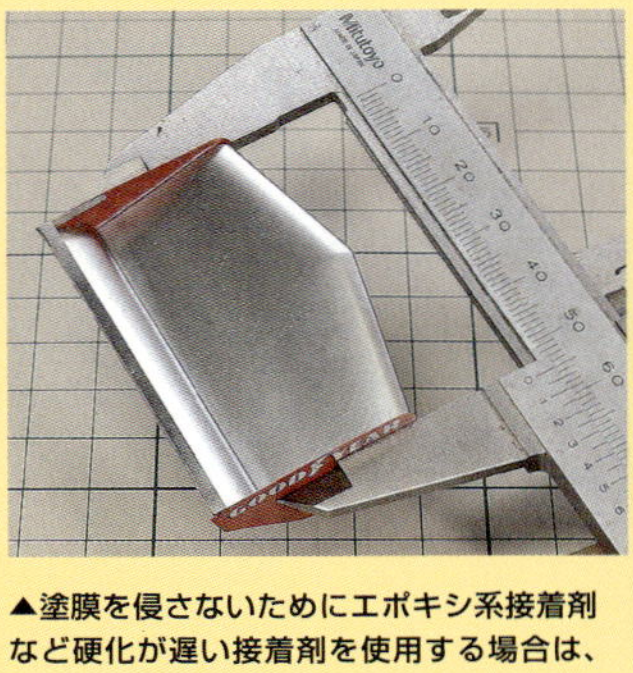

▲塗膜を侵さないためにエポキシ系接着剤など硬化が遅い接着剤を使用する場合は、固まるまで固定しておく必要があります

疑問!!

塗り分け、ディテールアップ、張り線の追加はどの段階で行なうのがいい？

組み立て、塗装の順番はどうすればいいですか？その⑤ 艦船の場合

質問その71
艦船模型

艦船模型は、とくに帝国海軍の艦艇はほとんどの場合グレー１色か塗り分けがあっても甲板くらいなので工程もわかりやすそうなものですが、実際のところは結構入り組んだ順で塗ったり組んだりしていかないと作業できない箇所がでてきてしまいます。1/700の場合はスミ入れが普通にできない場合などもありますので工程順には要注意！

Q&A

艦船模型の製作工程順は、いくつかの要素によって変わってきます。

まずは甲板がリノリウム張りかどうかと迷彩があるか。グレー1色の戦艦や巡洋艦などは、ストレートに組むなら、すべて組み立ててからでも塗れないことはないですが、リノリウム張り甲板や迷彩がある艦は、艦体と艦橋／艤装類などを接着する前に塗り分けておくようにしないとマスキングでの塗り分け塗装が難しくなります。

次は艦種。空母は飛行甲板の下に奥まったところができるので、そこを先に塗り、艤装類を組み立てておく必要があります。なので、飛行甲板は別に塗装をしておいて、艦体側の塗装／組み立てが終わってから接着するようにします。

もうひとつは、ディテールアップをするかどうか、また、どの程度するか。艦船模型のディテールアップはエッチングパーツを使うことが多いですが、塗装前に接着するか別に塗装しておいて接着するかによって、工作のしやすさや組み立て後の強度が変わってきます。また、戦艦の艦橋、空母の甲板下の奥まったところや、戦艦／巡洋艦の武装類が密集したところは、組み立て／ディテールアップ工作／塗装の順をよく考えておかないと、ピンセットが入らないところが出てきて工作が非常にしにくいかできなくなってしまうところが出てきます。

とくに悩むのがエッチングパーツで手すりを追加する場合。グレー1色の艦なら、何も考えずに接着してから塗装をすればいいのですが、リノリウム甲板を塗り分けないといけない艦では、先に接着をするとマスキングがしにくいです。かといって艦隊とエッチングパーツの手すりをそれぞれ塗装してから接着しようとすると、塗膜の上から接着するということになり強度や接着材のはみ出しなどが気になりますし、エッチングパーツをどうやって別に塗装しておくかというのも問題になります。

①艦体の整形→接着
艦体パーツを整形し、接着して合わせ目を消します。空母の場合は甲板パーツも整形しておくようにします。

③甲板の塗り分け
リノリウム張り甲板、空母の飛行甲板の木甲板部分を先に塗り、リノリウム張り／木甲板部分をマスキング。

②艦橋など大きな構造物の整形→接着
艦橋や煙突、主砲塔など、大きな構造物本体の整形をして組み立てます。

③各部のディテールアップ
艦橋や煙突、マストなどは艦体に接着せずに個別にディテールアップをしていきます。艦体舷側の手すりはまだ接着しません。

④小艤装類の工作
機銃などの小艤装類を整形し、場合によりディテールアップします。

④基本塗装
艦体、艦橋、飛行甲板、主砲、煙突、マスト、小艤装類を組み立てずにそれぞれ艦体色で基本塗装し、スミ入れをする場合はここで個別にしておくようにします。

④組み立て
各構造物を組み立てていきます。舷側にエッチングパーツの手すりを付ける場合は別に塗っておいたものをここで接着します。

⑤張り線
張り線は最後に接着します。■

▲組み立て説明書のとおりどんどん組み立てていってしまうと作業しにくいので、艦体と上部構造物、艤装類は基本的に分けたまま塗装を進めていくようにします

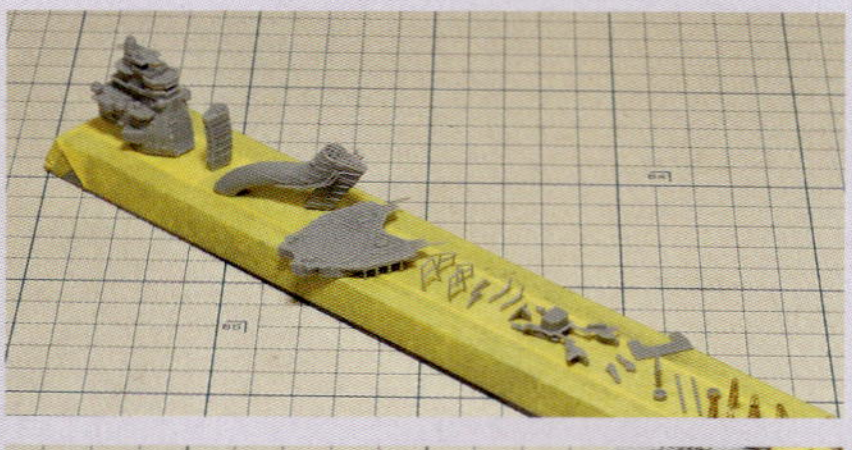

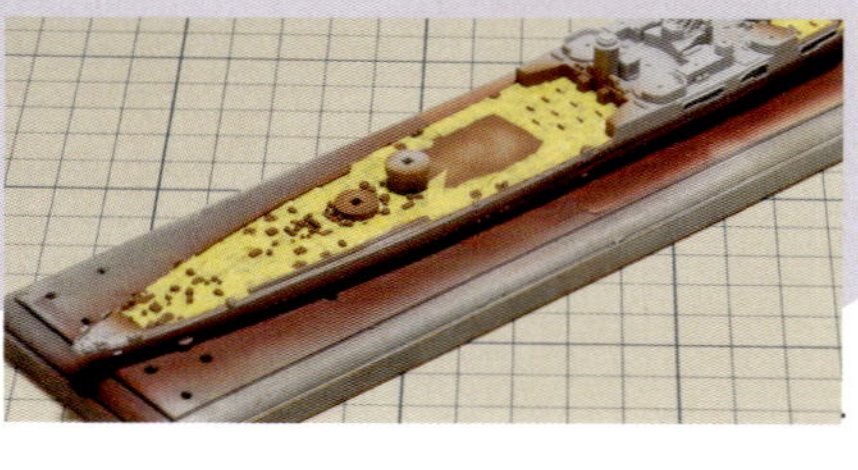

疑問!!

普通に接着するとパーツが透明なので接着跡がとても目立って汚く見えます

カーモデルのライトカバーやウインドウはどうやって接着すればいい?

Q&A

質問その72
カーモデル

カーモデルは基本的にバラバラの状態で塗装を済ませてからパーツを接着していきますが、必然的に塗装したパーツ同士を接着していくことになるので接着剤のはみ出しに非常に神経を使います。なかでもとくに問題なのがライトカバーなどのクリアーパーツ。接着面まで丸見えだったりするクリアーパーツはどうやって接着すればいい?

クリアーパーツの接着は、プラモデル製作における接着作業のなかでもとくに注意を要するものです。クリアーパーツは接着で曇ってしまったりすると失敗が目立ちやすく、直すのが難しいです。

とくにカーモデルのウインドウやライトカバーのクリアーパーツは非常に目立つところにり、接着がやっかいな箇所と言えます。そのうえパーツのフチのところまで透明だったりすることもあり、こういう場合は接着の跡が丸見えになってしまいます。

クリアーパーツをきれいに接着するために、まず重要なのが接着剤の選択でしょう。

クリアーパーツの接着には基本的にプラスチック用溶剤系接着剤と瞬間接着剤は使いません。プラスチック用溶剤系接着剤を使用すると、少しでもはみ出したところはパーツ表面が荒れて目立ってしまいます。また、瞬間接着剤はパーツが白化するリスクがあり、白化してしまうとクリアーパーツでは非常に目立ちます。低白化の瞬間接着剤もありますが、まったく白化しないわけではないので使用しないほうが無難です。荒れた場合も白化した場合も、パーツを600番の紙ヤスリくらいからコンパウンドを3段階使うくらいまで磨き直さない限りきれいな透明には戻りません。さらに言うと、クリアーパーツ側の失敗だけでなく、塗装してきれいに仕上げたボディー側がはみ出したり白化したりするとほぼ修整ができない大惨事になることがあります。とくにカーモデルのクリアーパーツの接着では使用しないことを強くおすすめします。

では何で接着するかなのですが、候補がいくつかあるので順にいきましょう。

まずはエポキシ系接着剤。2液式で化学変化で硬化するエポキシ接着剤は塗膜やクリアーパーツ表面を侵さないので、はみ出しだけに気を付ければきれいに接着できます。

ただし、硬化時間が5分～1時間程度と長いため、接着材が固まるまでは接着しているパーツがしばらく動かないようにする必要があります。硬化前ならばエナメル系うすめ液で溶けるので、手早く作業すれば少し粘度を下げて流し込んだりはみ出しをうすめ液で拭き取ることもできます。

硬化する時間が待てないという場合は、ガイアノーツのUVジェルクリアやスジボリ堂のUVクリアーのような紫外線で硬化する透明樹脂／接着剤を使うのもよいでしょう。これらは紫外線が出るLEDライトをあてることで硬化する透明樹脂／接着剤で、塗膜を侵さないで接着ができます。硬化させる前におちついて接着材の量をコントロールしてから硬化させることができ、硬化後も剥がせて、剥がした跡はコンパウンドで磨けば簡単にきれいになります。

また、ウインドウやライトカバークリアーパーツはそれほどしっかりと接着する必要がないので、エナメル系クリアーを流し込んでくっつけるという方法もあります。これだと基本塗装をラッカー系塗料で行なっておけばはみ出してもうすめ液で拭き取れます。強度も普通に飾っておくぶんにはとくに問題はないです。

接着剤の選択のほかにもうひとつポイントとなるのが、先述した「透明なので接着部が丸見えになる」問題。パーツ断面で接着する場合、フチのところまで透明なままにするクリアーパーツだと接着部がまる見えになってしまうことが多く、普通のパーツの接着のように接着材を塗って接着すると接着部が汚く見えがちです。とくにライトカバーは接着跡が見えやすいので、私の場合は、もっとも目立たなさそうなところで点留めすることが多いです。取れたらまた同じようにつければいいので、強度は無視して接着剤は極少にします。■

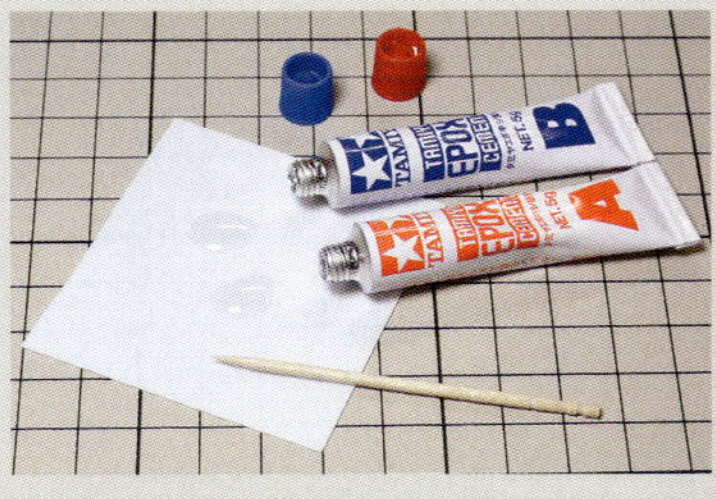

▲◀カーモデルのクリアーパーツの接着では、塗膜を溶かす溶剤系接着剤やはみ出すと除去が難しい瞬間接着剤を避けて、エポキシ系接着剤や紫外線硬化系接着剤を使うのが一般的です。強度はあまり要らないので接着剤の量を少なくしましょう

疑問!!

Q&A

カーモデルで使われているウレタンクリアーはとてもきれいなツヤになると聞きました

ウレタンクリアーを使ってみたいのですがメリットとデメリットを教えてください。

質問その73

マテリアル

ウレタン塗料は実車の塗装にも使われ強い塗膜が特長です。クリアーの場合は硬さだけでなく透明度が高いのも魅力で、粘度が高めななことをそれを活かして厚めに吹きつけてツヤを出すと、しっとりと塗れたように見える非常に美しい光沢感を出せます。ただし、使用する際はラッカー系塗料とは異なる注意点がありますので要チェックです。

ウレタンクリアーは、きれいな光沢が出せ塗膜が強いので実車の塗装でも使われている塗料です。うまく使うとウレタンクリアー特有の「濡れたような」美しいツヤが出せますが、模型で使用する際にはいろいろな注意が必要となります。

ラッカー系塗料が溶剤が揮発することで硬化するのに対し、ウレタン塗料は主剤と硬化剤が化学的に反応することで硬化します。揮発によって硬化しないということは、塗装後の表面のヒケがない（あるいはかなり少ない）ということです。塗膜は表面が平滑な状態だとツヤが出ます。塗膜表面が揮発によってヒケると凸凹ができてツヤが落ちてしまいますが、ヒケがないウレタンクリアーは、塗装直後に近いツヤを保ったまま硬化してくれます。実際にはエアブラシで吹きやすくするように多少うすめ液で希釈したりするのでそれが揮発するぶんはヒケますが、ラッカー系塗料とは比較にならないほどきれいなツヤを保ったままの状態で塗膜が硬化します。

それから、これはウレタンクリアーの種類にもよりますが、一般的なラッカー系クリアー塗料と比べて粘度が高いので、厚塗りでツヤを出したいときに、タレずに塗料を盛ることができます。タレる寸前まで塗料を多めに盛って表面に表面張力を発生させると、非常にきれいなツヤが出せます。

さらに、溶剤系塗料は溶剤がデカールを侵して溶かすことがありますが、ウレタンクリアーはデカールを侵しにくいです。また透明度が高く事後黄変が少ないのも模型製作では大きなメリットになります。

ここまではいいことづくめですが、実際の使用に関しては、模型用ラッカー系塗料と比べて慎重に扱う必要があります。

いちばん重要なところは、一般的なラッカー系塗料に比べて毒性が高いところ。模型用塗料では換気、マスクなどの使用が「推奨」されていますが、ウレタンクリアーを使う場合は「推奨」ではなく、必ずマスクを着用するようにしましょう。とくにDIYショップなどで販売されているタイプは直接吸い込むとかなり危険ですので、マスクをしたうえで極力屋内では作業をしないようにします。模型用として売られているウレタンクリアーのなかには毒性が低めでラッカー系塗料のクリアーに近い感覚で使用できるものもありますが、マスクだけは必ず着用するようにしましょう。

なるべく屋内で作業しないほうがいい理由は人体への有毒性のほかにもあります。ウレタンクリアーをスプレー塗装すると、硬化するまで長い時間塗料ミストが室内を漂うので、思わぬところに付着して表面をザラザラにしてしまうことがあります。離れたところにあったテレビやＰＣがザラザラに……なんていうこともあり、塗装ブースを使っていても塗料ミストが完全に吸い取り切れているとは限らないので、屋内での塗装は基本的におすすめしません。

作業上の注意もいくつかあります。まず、主剤と硬化剤の混合を指定どおりしっかりとすること。それから完全硬化までに数日から1週間以上かかるのでホコリなどの付着に注意すること。時間が経ってから吹き重ねると硬化の進行度の違いによってひび割れが発生することがあるので、なるべく1発できれいなツヤありの状態になるように吹きつけることにも注意しましょう。

硬化後は硬くなるので研ぎ出しをしようとするとラッカー系クリアーよりは手間がかかります。ただ、塗膜が硬くなるぶん削りすぎてデカールや下地が露出する事故は起きにくいので、地道に磨いていけばラッカー系クリアーの研ぎ出しと比べてむしろやりやすいかもしれません。■

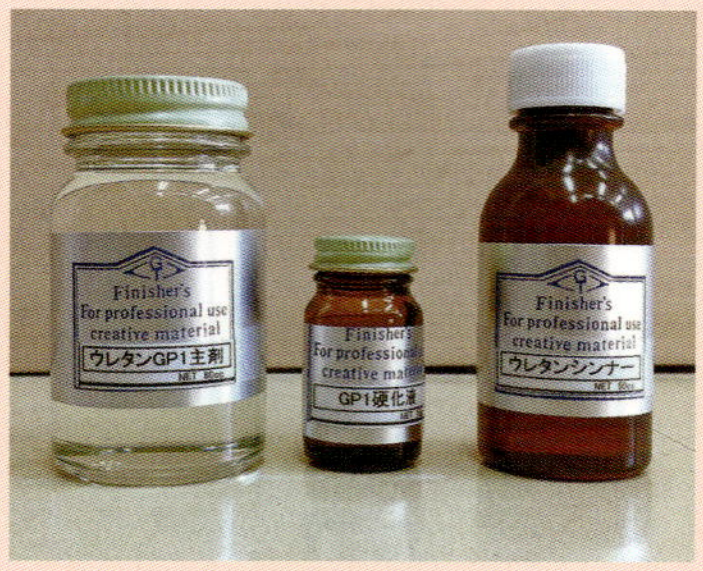

▲フィニッシャーズのウレタンクリアー GP1。模型製作に使いやすい成分になっていて、慣れればラッカー液塗料に近い感覚で使えます

▶DIYショップや車用品店で購入できるスプレー式の2液式ウレタンクリアーは、毒性が強く周辺への付着もしやすいので、使用の際にはかなり注意が必要。スプレー式のウレタンクリアーは実車用なので、1/20以下の模型に塗るにはあまり適しません

疑問!! ゴム製パーツは素材が柔らかいのでうまくヤスれないような気がします

ゴム製タイヤは、パーティングラインを整形したりデカールを貼ったりできますか?

質問その74 カーモデル

カーモデルなどのプラモデルにはゴム製タイヤパーツが付属していることがあります。ゴム製のタイヤパーツは、質感を活かして作ることで完成品のリアリティーを高めてくれますが、素材が柔らかいのでパーティングラインなどを加工しようとするとプラスチックパーツのようにいかないことがあります。これはどうすればいいのでしょうか?

Q&A

カーモデルにはゴム製タイヤが入っているものがありますが、結論から言うとパーティングラインを整形することはできます。F1モデルなどはタイヤがむき出しで目立ちますので、きれいに整形処理をすると見映えが大きく変わってきます（ちなみに、走行前という想定であえてパーティングラインを残す場合もあったりします）。

ゴム製タイヤのバリ／パーティングラインは金ヤスリや紙ヤスリで削れますが、素材が柔らかいので、手間をかけずにきれいに仕上げるにはコツと工夫が要ります。

紙ヤスリを手で持ってヤスっても削ることはできますが、削れにくいため形を崩しやいです。そこで私の場合はモーターツールを使って整形をしてしまいます。

まず初めに大きめのバリをニッパーを使ってむしるようにして取ってしまいます。それから自作した治具にタイヤをはめ、モーターツールに取り付けます。私の場合、1／20F1なら、シャフトが金属製のモーターライズF1キットのホイールを加工したものを治具として使ったりしますが、古いモーターライズF1キットを用意するのが大変なら、タイヤ規格が同じ適当なキットのホイールを用意して、ロックナット部分に穴を開け、長めのボルトを通してナットで留めたりしてもよいでしょう。

モーターツールでタイヤを回転させて紙ヤスリにあてますが、このときにひと工夫。そのままだと素材の柔らかさと熱で表面が荒れてうまく削れないことがあるので、潤滑と粗熱取りを兼ねて油を使います。油は何でもいいのですが、家にあるという理由でサラダ油を使ってしまうことが多いです。油を付けて削ると回転でゴム粉が混ざった黒い油が飛び散ります。衣服などにつくとやっかいなので、新聞紙で囲ったり、段ボール箱のなかで作業したりします。

紙ヤスリは400番~800程度を使い、時々パーツ表面を拭ってようすを見ながら仕上げます。手を止めて紙ヤスリに当てるとトレッド面（接地面）が不自然に平らになったりするので、モーターツールを持つ手は常にゆっくり上下に振るようにします。表面が整ったらタイヤを治具から外して中性洗剤で水洗いすれば整形完了です。

次はゴムタイヤにデカールが貼れるかについてですが、貼ること自体はできます。ただ、貼ったあと長く置いておくとゴムの経時変化により透明ニスのところが浮いたような感じになってくることがあり、そうなってしまうとても見映えが悪くなります。ツヤ消しクリアーを吹けばこのようなデカールの浮きを比較的回避できますが、完全に回避することはできないのと、せっかくのゴムの質感が活かせなくなるので、個人的にはデカール+クリアーコーティングでの仕上げはできる限り避けるようにしています。F1などのタイヤメーカーロゴで完成後のトラブルを避けたいなら、エッチング製ステンシルを使用してロゴを塗装してしまうほうがよいです。

とくに実車のタイヤロゴもステンシル塗装していた'90年代F1などのマシンを作るなら、ステンシルでの塗装仕上げにすると実写のタイヤロゴにあるフチのボケなども再現することができて、より実車に近い雰囲気で完成させることができます。

ステンシルがなかったり塗装ではない時代のマシンでは、タミヤのキットなどにも付属していることがある剥離デカールを使用すると、透明ニスがないのですっきりきれいに見せることができ、先述した経時変化でニスが汚く見える心配もありません。剥離デカールは貼り直しがきかないので、貼るときは位置がずれないよう気をつけ、しっかりと密着させるようにします。■

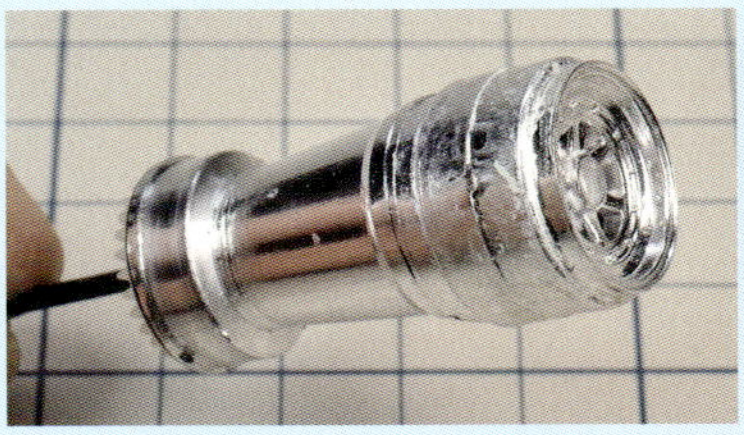

▲不要なキットで自作したゴムタイヤ整形用の治具。モーターライズのホイールだと金属軸があらかじめしっかり固定されているので治具に加工しやすいです。軸がぶれると狙ったところがヤスリにくいですので、自作する際は工夫してみてください

疑問!!

雑誌作例で見かけるF1やバイクのカーボン再現をマネしてみたいのですが……

カーボン地を模型で再現したいのですがどういう方法がありますか?

Q&A

質問その75

カーモデル

F1やスポーツカー、レーシングバイクの実車では、軽量化と強度を両立させるためにカーボンファイバーを使った素材が各所に使用されています。そのようなカーボンファイバーを使った素材のところは、繊維を編み込んだ「編み目」が見えていたりします。これを模型でリアルに再現するにはどういう方法があるのでしょうか?

F1やスポーツカー、バイクなどで「カーボン」製と言われる部分は、炭素繊維(=カーボンファイバー)を編み込んだものを樹脂で固めた素材(CFRP)などで複合的に構成されていて、カーボンコンポジット構造などと呼ばれています。このように作られたパーツは表面にカーボンファイバーの織り目(本項では便宜上カーボン地/カーボンの模様と表記します)があるのが見た目上の特徴です。

カーボンの模様は、カーボンファイバーの織り方によってさまざまなタイプのものがあります。また、ケブラー繊維が織り込まれて黄色っぽい模様のものや、繊維が入っていないいわゆる強化プラスチックなどいろいろな種類があるので、それをどこまで再現するかも模型の見せ場になります。

カーボン模様を再現する方法は主に3つ考えられます。ひとつはデカールを使用する方法。もうひとつは塗装で再現する方法。最後は表面にモールドをつける方法です。

カーボン模様を再現するデカールは各社から販売されています。実車のカーボン地は場所によって模様のパターンや向きが異なるだけでなく、素材や反射の具合によってさまざまな色味、質感に見えますので、それに応じてデカールを選んで使い分けるとよいでしょう。模様は、大まかに分けると市松模様(チェッカー模様。格子状に濃いところと薄いところが交互にあるパターン)と、スジ状模様(濃いところと薄いところがそれぞれ一直線に交互に並んでいるパターン)があります。実車資料を元にどちらのパターンがどの向きになっているか、大きさや色味を選ぶようにします。

キットに専用カーボンデカールがある場合はただ貼ればいいのですが、そうでない場合は1枚のシートできれいに貼るのは無理なので、自分で何枚かに分割して貼っていくことになります。分割して貼るときは、トレーシングペーパーなどにパーツの面形状を写し取って型紙を作り、それを元にデカールを貼るパーツ面より少し大きめにデカールを切り出し、それぞれ少しずつ重なるようにして貼り合わせていきます。デカールを分割するときは模様がなるべく揃うように貼り合わせていけば分割していないようにも見せられます。模様が揃わないところは下側などの見えにくいところにくるように調整して貼っていきましょう。

複雑な曲面のところは、デカール軟化剤を使ったうえでドライヤーか熱湯で暖めてデカールを柔らかくしてなじませていきます。また、デカールを貼ったあとはクリアーでコーティングしますが、その際クリアー塗料にオレンジやスモークなどの色味を足して表面の反射具合や色味にも変化をつけると、さらに実車の雰囲気を再現することができます。カーボン地デカールを貼ってクリアーコーティングする方法は正直非常に手間がかかりますが、そのぶんリアリティーのある仕上がりになります。

塗装で再現する場合は、パーツを先に黒で塗っておき、そこに目がこまかめの金属メッシュをあててグレーを吹きつけます。リアリティーという面ではいまひとつですが、簡単に雰囲気を出すことができます。

モールドをつける方法は2種あり、ひとつはサーフェイサーを厚めに吹いて半乾きの内にメッシュなどを押しつける方法。これもリアリティーはいまひとつですが時間をかけずにできます。もうひとつはデカールやのりがついたシートで表面にカーボン地のモールドがつけられたものがありますのでそれを貼るというものです。これは雰囲気よく仕上がるのですが、モールドがあるぶん硬めの場合が多いので、曲面にはなじませにく貼る場所を選びます。■

▲実車ではいろいろなパターンのカーボン地がありますので、それを再現できるようにデカールもいろいろなパターンのものがあります。代表的なのはスジ状に交互に色遅疑になっているものと、編み目(市松模様)状になっているものです

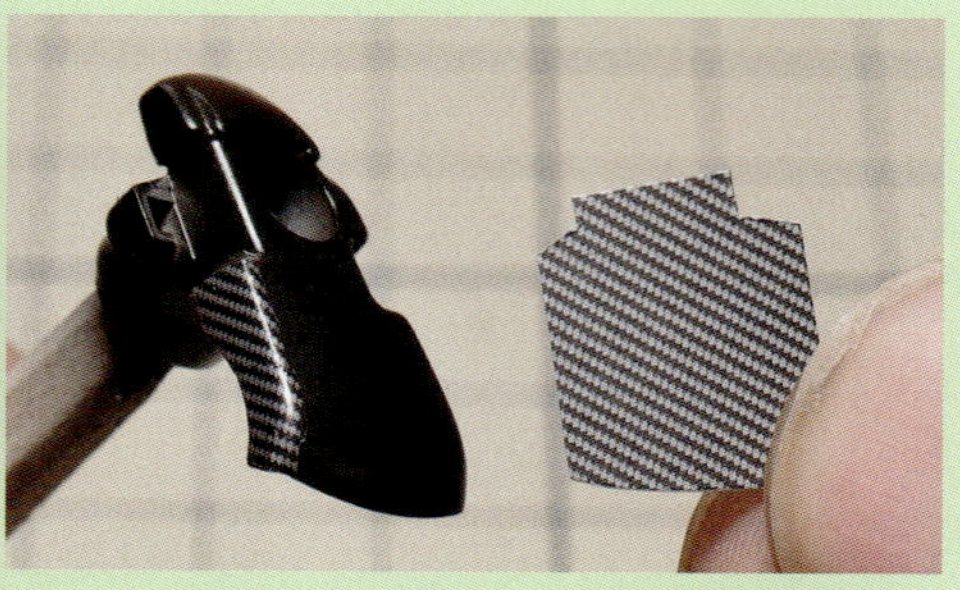

▲複雑な形状のパーツは、1枚のデカールではきれいに貼り込めませんので、適当に分割しつつ貼っていきます。模様がうまくつながるようにすれば、分割しているように見えなくすることもできます

疑問!!

自分の思った色味と違うのでメッキを剥がして
全塗装で仕上げたいとき……

メッキパーツのメッキを剥がしたいのですがうまく剥がせません。

質問その76
オールジャンル

Q&A

メッキパーツは、特有の質感を活かせると塗装では難しいリアルさや存在感を出すことができますが、表面のゲート跡やパーティングラインを処理したい場合や、色味／質感を変えたい場合は、いったん剥がしたくなります。メッキ剥がしは、使用する剥がし剤と注意点さえ押さえていればそれほど難しくないですので要点を整理してみましょう。

メッキパーツは塗装では出しにくいメタリックな質感で独特な魅力がありますが、アンダーゲートでない場合表面のゲート跡を処理すると塗装しなければいけなくなったり、作りたい色のイメージと違うので全塗装したいというときがあります。こういうときは表面のメッキをいったん剥がせば普通のプラモデルと同様に整形や塗装、接着ができるようになります。

メッキパーツのメッキは、模型用メッキはがし剤や塩素系漂白剤、コーラなどで剥がすことができます。しかしながら、パーツをそのまま浸けてもメッキがうまく剥がれないことがあります。これは、メッキパーツによってはメッキの上にコーティングがされていることがあるのが原因です。

一般にプラモデルのパーツに施されるメッキは真空蒸着メッキで、表面を滑らかにする下地コーティング用蒸着塗料を塗ったうえにアルミなどの金属を蒸着させています。アルミを使った蒸着メッキでは、パーツ表面はツヤ消しのシルバーになりますが、ほかの色味にしたいときやツヤを出したいときは、上からクリアー塗料でコーティングがされています（ホイールなどのメッキパーツを見ると表面が光沢でも裏の奥まったところはツヤ消しになっていたりしますが、これがメッキしただけの地の状態です）。このクリアーコーティングが、メッキが剥げにくいことがある原因です。

塩素系漂白剤（ハイターなど）などメッキを剥がしたいときは、まず表面のクリアー塗料のコーティングを剥がします。プラモデルのメッキパーツのコーティングは大抵ラッカー系塗料なので、ラッカー系うすめ液に浸けても剥がせることは剥がせますが、別項（36ページ）で解説しているようにパーツを脆くすることがあるので、模型用ペイントリムーバーやイソプロピルアルコール、無水エタノールなどを使ったほうがパーツ素材への影響を少なくできるでしょう（イソプロピルアルコール、無水エタノールを使うときは、揮発性が高く火気厳禁なので扱いには注意してください）。

剥がしていく手順ですが、まず表面のクリアー塗料をコーティングを剥がします。タッパーなどに模型用ペイントリムーバー／イソプロピルアルコール／無水エタノールなど、塗膜を剥がせる液体をパーツが浸る程度の量入れ、そこにパーツを浸けます。左右に2～3回傾けるようにしてパーツ表面に行き渡るようにしましょう。なお、ハセガワの「模型用メッキはがし剤」を使えば、表面のクリアー塗料コーティングとメッキ層、下地塗料をすべて一気に落とすことができますので、表面のコーティングを剥がす工程は要りません。

しばらく置いておくとクリアー塗料が落ちます。たとえばゴールドのメッキパーツなら、コーティング塗料を剥がすのに使った液が黄色になってパーツはシルバーになりますのでいったんパーツを取り出します。

タッパーの中を塩素系漂白剤（ハイターなど）などに入れ替えてパーツを浸けます。ハイターなど塩素系漂白剤を使用する際は手袋をして換気に注意するようにしましょう。ハセガワのはがし剤は中性洗浄剤なので台所用洗剤の感覚で使用できます。

浸けたあとメッキが剥がれてくるまでの時間はパーツによるのですが、一晩から3日くらい置いておくようにします。ときどき状態を確認するようにして、メッキが浮いて剥がれてきているようなら、浸けたまま表面に残ったメッキを歯ブラシなどでこすって除去していきます。大体きれいにメッキ層が取れたら、剥がすのに使った液から取り出し、よく水洗いをしてから乾かせばメッキ剥がし終了です。■

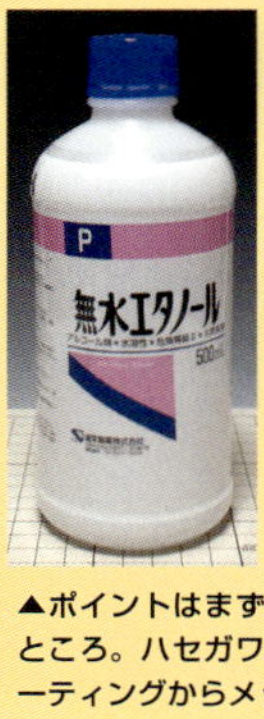

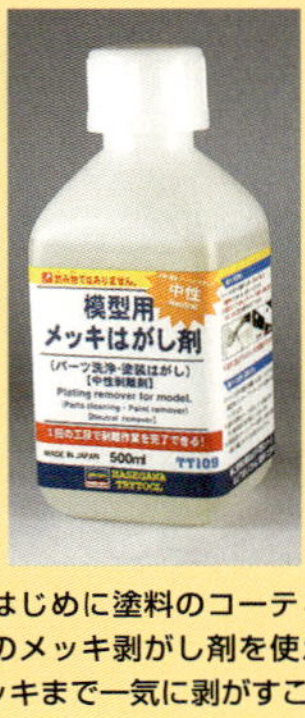

▲ポイントはまずはじめに塗料のコーティングを剥がすところ。ハセガワのメッキ剥がし剤を使えば、塗料のコーティングからメッキまで一気に剥がすことができます

疑問!!

はじめはいいのですが、何度も遊んでいるうちに
ビシッとポーズがつかなくなります

ガンプラの関節がだんだん緩くなるのですが対処する方法はありますか？

Q&A

質問その77
キャラクターモデル

ガンプラに代表される可動ロボットモデルは、完成後も動かしてポーズを変えたりものによっては変形させたりして楽しみたいものですが、あまり動かしているとはじめはしっかりとしていた関節ギミックが徐々にヘタってくることがあります。可動モデルなので仕方がない面もあるのですが、こんな対策もあるのでぜひ試してみてください。

ガンプラは関節ギミックによって可動しますが、何度も動かしていると次第に関節が緩くなりヘタってきます。

冷静に考えれば、プラスチックパーツの中に関節ギミックを詰め込んで可動したり変形したりするだけでもすごいわけで、そのうえいくら動かしてもヘタらないようにというのは虫が良い注文。とはいえモデラーとしては、せっかく完成させたガンプラなのですから、末永く動かして楽しみたいです。そこで、まったくヘタらなくなるわけではありませんが、なるべくヘタりにくくなる対処法をいくつか紹介しましょう。

ガンプラの関節は大別すると2種類に分けられます。ひとつはポリキャップによるもので、もうひとつはABSパーツによるもの。それぞれ対処法が変わってきますので分けて説明していくことにします。

まずポリキャップの関節について。ポリキャップ関節は、軟質素材のポリキャップの摩擦力で関節ギミックを保持しています。通常はポリキャップにプラパーツを挿し込むような構造になっており、ポリキャップ側にはポリキャップを固定／保持するためのダボや受け構造があります。

ポリキャップ関節がヘタる理由はいくつか考えられますが、そのなかでもよくあるのがポリキャップの変形。ポリキャップ関節は、ポリキャップがプラパーツを締め付けたり押し広げたりする力によって保持力を保ちますが、ポリキャップが広がってしまったり、伸びて細くなってしまたtりするとプラパーツに圧力がかからなくなって摩擦力が減り保持力が落ちます。

ポリキャップは軟質なので変形すること自体は避けられません。しかし、保持力が落ちるような形への変形をしにくくすることはできます。たとえば、ポリキャップが広がって保持力が落ちるような箇所は、周囲を硬い物で埋めてしまえば、ポリキャップが広がりにくくなって、その結果関節がヘタりにくくなります。

この方法がとくに効果的なのは、ボールジョイントの受け側ポリキャップのようなところ。受け側ポリキャップとそれがはまるプラスチックパーツの受け部の間をパテなどで埋めることで保持力が落ちにくくなります。このような箇所は股関節や足首関節によくありますが、全身のなかでもとくに大きな力がかかるところなので、隙間埋めの工作をしておくと安心です。ちなみに、ある時期以降のガンプラのボールジョイントは先端が平らになっていることがありますが、これはボールがポリキャップの奥まではまるようにすることで保持力を上げる工夫です。先端部のゲートはきれいに処理するようにしておくとよいでしょう。

また、ポリキャップはプライマーを使うと瞬間接着剤などで接着できるので、プラパーツの受けと接着しておくと位置がずれたり変形したりすることをある程度防げます。よくある筒の両側に軸が付いているような形状のポリキャップでは、スペースに余裕があればポリキャップの筒をプラ板の箱組みで囲うのも変形防止になります。

ABS製パーツの関節は、穴に軸を挿し込んで、ABSパーツ同士の摩擦力で保持する形状のギミックが多いです。これは摩耗や変形でヘタるため、根本的な解決策はあまりまりませんが、いくつか気をつけておくとよいこともあります。

これはポリキャップ関節も同じですが、軸やボール部のパーティングラインはきれいに処理しておきましょう。密着面積が増えて摩擦力＝保持力が増します。またABS関節では何度も抜き差しすると加速的にヘタってしまうので、一回挿し込んだら抜かないようにしましょう。■

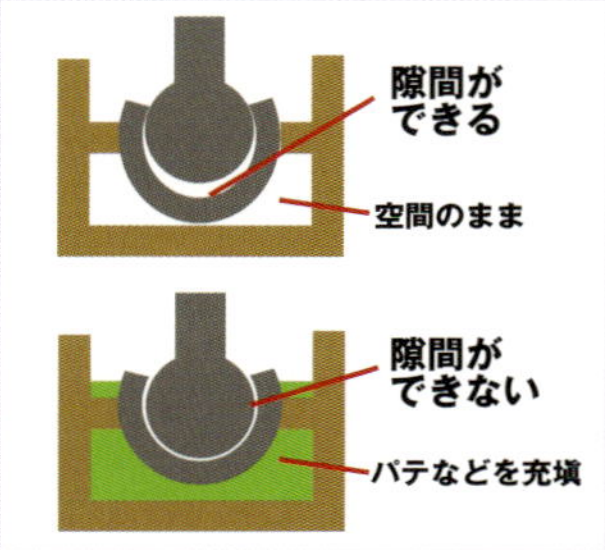

▲ポリキャップの周辺を埋めておくことで変形しにくくしておくと、変形で隙間ができず関節がヘタりにくくなります

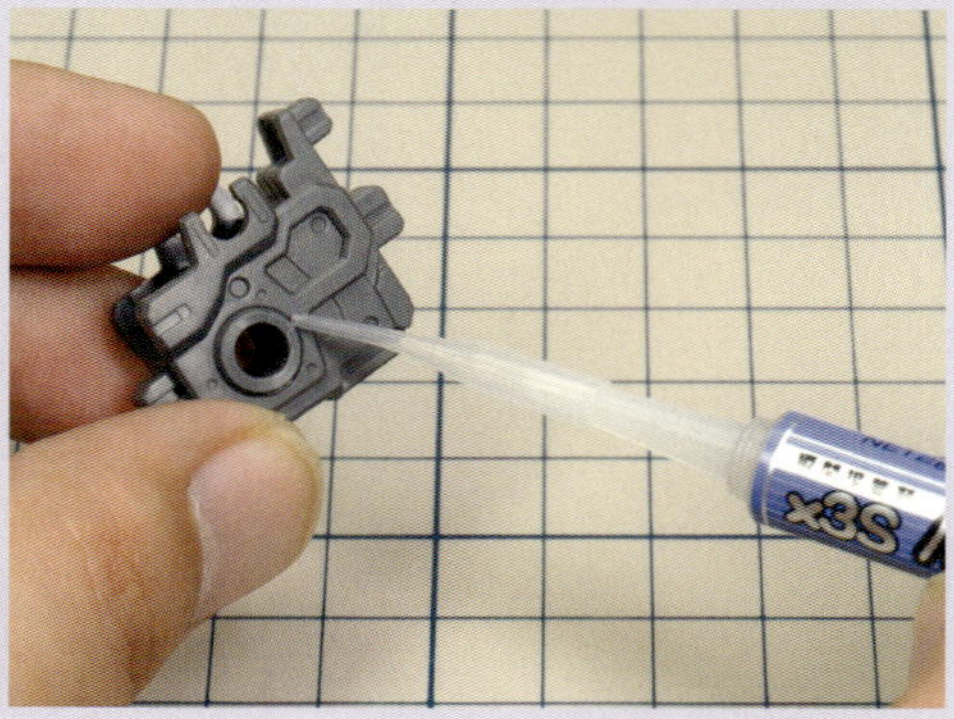

疑問!!

C面のCは、A、B、CのC……?
C面をつけるとはどういう意味なのでしょうか?

雑誌のガンプラの記事にときどき書いてある「C面」ってなんですか?

Q&A

質問その78

キャラクターモデル

金属加工や木工などでも出てくる用語、「C面」。要するに角のところを斜めに削ることで「面取り」と呼ばれたりもします。モビルスーツと言いますか、ガンプラの立体デザインにおいてはもはやなくてはならない要素となっているC面ですが、幅が揃っていないと見映えが悪くなるC面をうまく加工するのは意外と難しかったりします。

「C面」とは面取りをしてできた面のことを指します。Cは「Chamfer(角を削ぐ、面取りする)」からきています。面取りとは、材料の角を削り取って面を作ることで、C面は平面だけでなく曲面の場合もあります。

建材や機械材料に面取りを施す理由はいろいろあって、人が触ったときにエッジでケガをしないようにする、他の物とぶつかったときに破損しにくくする、ハメ合わせ部分のクリアランスを取る、型を製作するときの都合などの実利的な理由で加工が施されている場合と、デザイン/装飾的に施されている場合があります。身の周りのものをよく観察してみるといろいろなところに大小さまざまな形状のC面加工がされています(模型に関係ない余談ですが、料理で材料に面取りをするのは、煮崩れしにくくしつつ味を染みこませやすくするため)。

ガンプラのパーツには平面/曲面の大小さまざまなC面があります。これを実利的なデザインと捉えるか装飾的なものとするかは、機体デザインや見る人によって解釈が分かれるところでしょう。「人が触ったときの安全のためにというにはモビルスーツのC面は大きすぎるから装飾である」というような意見もありますが、C面には角を落とすことで衝突時に角に集中する力を分散させることで破壊を防ぐという工学的な意味合いもあるので、格闘兵器だと考えれば全身にC面処理が施されているのは至極当然という捉え方もできます。

このような架空兵器におけるC面の解釈の問題はさておき、モビルスーツデザインの全体的な傾向としてC面は増える傾向にあって、このC面をどのように処理するかで見映えが大きく変わってきます。C面は面とエッジの集合ですので、面やエッジ、そしてC面の幅がきれいに整っていることは、ガンプラでは非常に重要な要素です。

キットパーツのC面部分の表面処理をするにしろ、C面を新たに削ってつけるにせよ、C面を加工するときに難しいのは、削ることによってC面の幅が変わってしまうことでしょう。削っていくとC面の幅が広くなるので、ガンプラのように左右対称箇所が多いデザインでは、幅を揃えて加工するのがなかなか難しく、加工する場合は削りすぎないように注意が必要です。それでもエッジが直線状の箇所はまだ加工しやすいのですが、C面が曲面のR面取りのところは、削っていくとC面の両端エッジが平行でなくなってしまいやすいので、相当腕に自信がある型以外はなるべく触らないようにするほうが賢明でしょう。

C面を削ってつけたいときは平面の板などをあてた紙ヤスリや目がこまかめの精密金ヤスリを使いますが、慎重に削ろうと目こまかすぎるヤスリを使うとエッジを丸めてしまいやすくなります。紙ヤスリであれば400番くらいを使い、ヤスリをあてて動かす回数をなるべく少ない回数にして削ったほうが、エッジをシャープに出すことができるでしょう。ただし、先述したように削り具合によって幅が変わっていきますので、数回ヤスったら幅や面の具合を確認するようにして形を揃えていきます。

ガンプラのC面に関しては、追加するだけでなく、C面がついている箇所を減らしてみるというのも有効なテクニックです。C面がついている箇所を整理することにより、比較的簡単な改造で自分だけの個性的な完成品を作ることもできます。

C面をなくしたいときは、C面のところに大きめのプラ角材を接着し不要な箇所を削ればいいので、エッジがよれないことと エッジがシャープに出せているかに気を付ければ、C面を削る作業よりは簡単にきれいにできるはずです。■

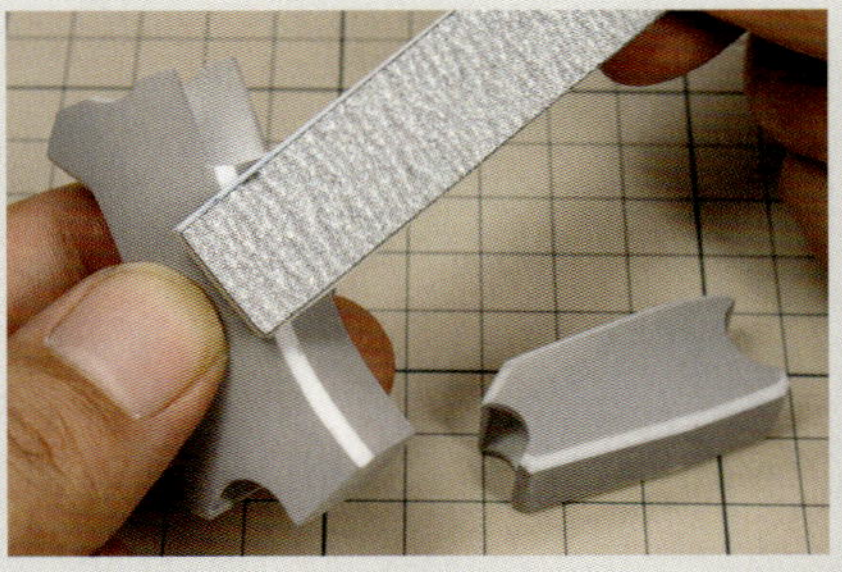

▲新たにC面を削ってつけるときは、一回サーフェイサーを吹くとよいです。削っているC面部分が目視しやすくなって、幅を揃えて削りやすくなるでしょう

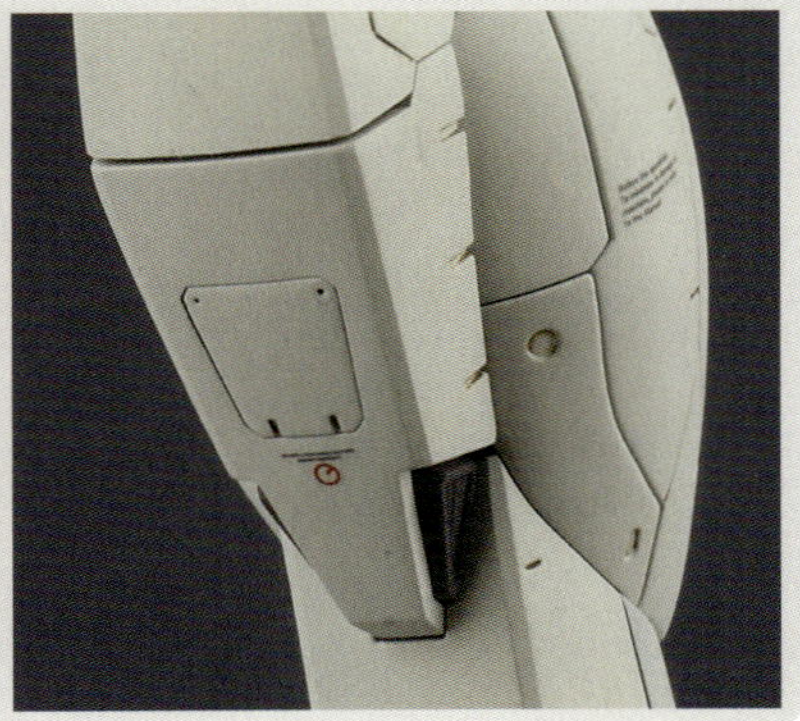

疑問!! スナップフィットで普通に組めるのだから そのままでいいような気がしますが……

Q ガンプラのパーツは接着したほうがいいですか? しなくても大丈夫ですか?

質問その79 キャラクターモデル

ダボをハメ合わせるだけで組み立てられるスナップフィットのキットは、接着剤不要で作れる手軽さが良いところですが、きちんと塗装して仕上げる場合や可動ギミックをよりしっかりと作っておきたい場合は、接着したほうがよい場合もあります。パーツを接着するかしないか、その基準はいったいどんなところにあるのでしょうか?

&A

ガンプラに代表されるキャラクター系プラモデルでは、ハメ込みだけで組み立てることができる、いわゆるスナップフィットが多くのキットで採用されています。

スナップフィットは凸と凹のダボを挿し込むことでパーツ同士を保持するようになっていますが、近年のキットはダボ部分の嵌合（ハメ合わせ）精度が非常に高いので、普通に組み立てていったときに緩すぎるとかきつすぎるとかいうことはあまりありません。なので、塗装をしないで組み立てる、いわゆる「パチ組み」で作るなら、ほとんどのキットはいっさい接着をしなくても組み立てることができます。

ただ、塗装をして仕上げる場合はパーツを取り付けるためというのとは別の意味で接着をしないといけないところ、しておいたほうがよいところもあります。

まず、本来デザインにないパーツの合わせ目のラインを消したい場合は、パーツ同士の合わせ目を接着します。あとで可動させたときの強度と作業性を考えると、瞬間接着剤や瞬間接着剤系のパテで接着するのがおすすめです（瞬間接着剤だとABS製関節も接着できます）。HGUCなどでよくある関節などを先に挟み込まないといけない構造の場合は、挟み込むパーツを先に塗っておいてから挟み込み、あとはマスキングで塗り分けていきます。工作に自信があれば、分けて塗れるようにパーツを切り分ける後ハメ加工をしてもよいでしょう、

接着しなくても見映え上問題はないけれど接着したほうがよいところとしては、関節ギミックが入ったフレームがあります。関節フレームはハメ合わせ部を接着しておくと関節がヘタりにくくなることがあり、このような接着の効果はとくにポリキャップを採用した関節ギミックで顕著です。

スナップフィットの可動モデルでは、組み立て後に何度も動かしているうちにフレーム外装パーツのハメ合わせが少しずつ外れてくることがあります。外装のハメ合わせが広がってしまうと、外装パーツの内側に収められたポリキャップのハメ合わせも緩くなります。そうするとポリキャップが本来動かないほうに動いてしまったり、ポリキャップを外から抑える力が弱くなったりなったりしてポリキャップが変形しやすくなって保持力が下がることがあります。こういうところはポリキャップを挟み込んでいる外装フレームパーツ同士や、外装フレームパーツとポリキャップを接着しておくようにすると、完成後に関節がヘタることをかなり予防することができます。

フレームパーツの外装パーツ同士を接着しておくとよい場合が多い箇所としては、力がかかる肩やヒザ、足首の関節フレームなどが挙げられます。また、可動指で手甲と手の平のパーツで挟み込むタイプの手は、手甲と手の平を接着しておくと何度も武器を持たせても指がぷらぷらになったり外れたりしにくくなります。

また、小さいパーツはダボも小さいためパーツの保持力が低い傾向があります。はじめはきちんとパーツの位置を保持できていても、製作中に仮組みを繰り替えしていったりするとだんだん緩くなってきて、いつの間にか取れてしまって紛失してしまうというようなこともあったりします。小さいパーツは完成前に念のため接着しておくようにするとよいでしょう。

なお、ガンプラのマスターグレード、パーフェクトグレード、RGなどではフレームと外装はほぼ別パーツ化されていますが、外装パーツを接着したいときは、基本塗装が終わってからのほうがよいです。先に接着してしまうと塗り分けがめんどうになりますので最後にしましょう。■

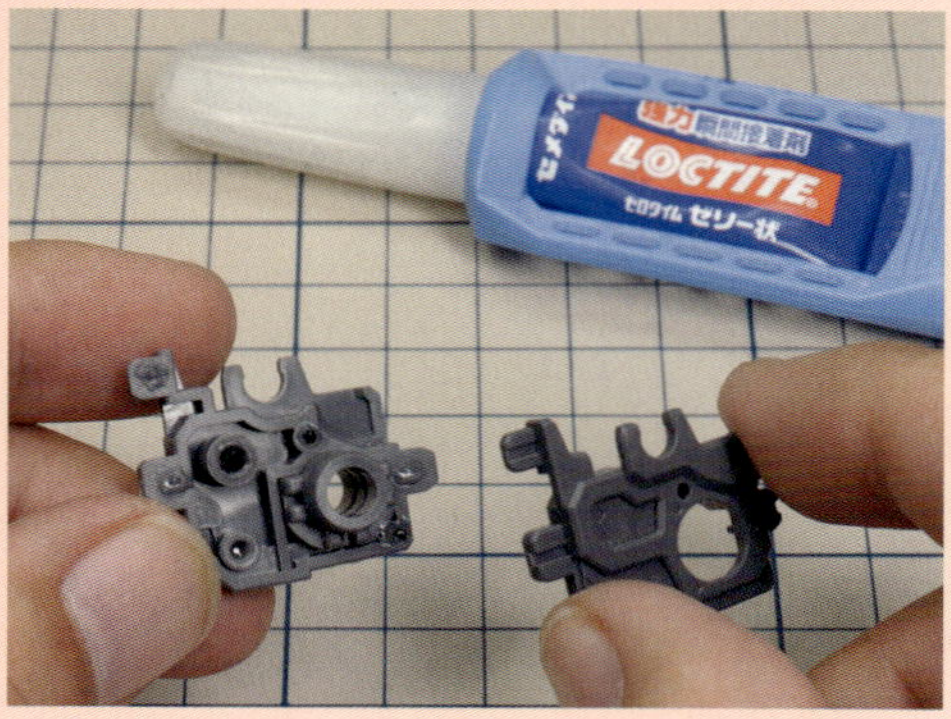

▶股関節やヒザなど大きな力がかかる大きめのポリキャップを挟み込むフレームパーツは接着しておいたほうがヘタリにくくなります

疑問!!

塗装して仕上げようとすると
最後の組み立てでキツキツになってしまいます

スナップフィットキットのダボに塗料がのるときつくなるのですがどうしたらいい……?

スナップフィットのプラモデルのダボは、固すぎず緩すぎず絶妙な塩梅で調整されていることにより、ハメ込みだけで組み立てることができるようになっていますが、そこに塗料がのるときつくなりすぎてしまうことがあります。ダボがきつくてもはまらないことはないですが、そのままにしておくといろいろと都合が悪いことも……。

質問その80
キャラクターモデル

Q&A

近年のプラモデルは3D CADによる設計と金型工作技術の向上の恩恵で精度が上がりました。モデラーは繊細なモールドや昔は考えられなかったようなパーツ分割による再現度の向上などの恩恵を被っていますが、精度が上がったことによって引き起こされた悩ましいこともあります。

そのひとつが「塗装後のパーツの合い」でしょう。パーツの精度が上がってぴったりと合うことは基本的には良いことなのですが、塗装をして仕上げる場合、キットのパーツの合いがあまりにぴったりすぎると、塗装をしたときに塗膜の厚さで逆に合わなくなってしまうことがあります。皆さんも、仮組みしたときは合っていたのにいざ最終組み立てになったらなぜかパーツがハマらない、というような経験をされたことがあるのではないでしょうか?

接着して組み立てるプラモデルの場合は、接着する合わせ面の塗料をうすめ液で拭き取ったり削ったりすれば、手間はかかるもののこの問題は解決します（もちろん合わせ面をマスキングをしておいてもよいのですが、さらに手間がかかります）。しかし、ガンプラのようなスナップフィットキットの場合は、この「塗膜の厚さ」問題が気づかないうちにクリティカルな失敗につながることがあるので注意が必要です。

スナップフィットのキットは凸と凹のダボを挿し込んでパーツを固定します。このダボは、あらかじめ緩すぎず固すぎずの絶妙なハメ込み具合になるように調整されていますので、ここにさらに塗装がのって厚い塗膜ができると、ハメ合わせがきつくなります。多少きつくなってもハメること自体はできる場合が多いので、ぎゅっと押し込んでしまっていることもあるかと思いますが、じつはこれが危険だったりします。エナメル系塗料などでのスミ入れをすると条件によってパーツが割れることがあります（必ず割れるわけではありません。条件や対処法など詳細は36ページ参照ください）。

このスミ入れでパーツが割れる現象の原因としてもっとも警戒しておいたほうがよいのがスナップフィットのダボ部分です。スナップフィットのハメ合わせは、凹側のダボを凸側のダボで押し広げることで保持力を得ているので、構造上常にパーツに力がかかっています。この力が脆くなったパーツを押し広げて割ってしまうわけですが、塗膜でダボがきつくなるとこのパーツを押し広げる力はさらに強くなり、スミ入れで割れるリスクが上がってしまいます。

対処法としてはダボ部分に塗料がのらないようにすればいいのですが、ガンプラなどの場合ハメ合わせのダボが非常にたくさんあるので、マスキングをするという選択肢は手間がかかりすぎるので除外します。また、うすめ液で拭き取るのも、非常に手間がかかるのとうすめ液でハメ合わせ部分を脆くすることがあるのでおすすめしません。よくやられているのは、エアブラシで塗装するときに細吹き気味にしてダボのある裏側になるべく塗料をのせないようにするというのと、パーツ同士をある程度ハメた状態で塗装することでしょう。

塗料がのらないようにする方法以外で効果的なのは、ダボのナナメ切りです。これは凸側のダボをナナメに切ることでダボにかかる力を減らしてパーツのハメ外しをしやすくするテクニックですが、塗膜によってきつくなってしまったダボに対する対処法としても有効です。あまり短く切りすぎるとハメ合わせが緩くなりますが、そういうところは最後に接着すればすみます。きつすぎるよりは緩いほうが安全ですので不安なところは切っておきましょう。■

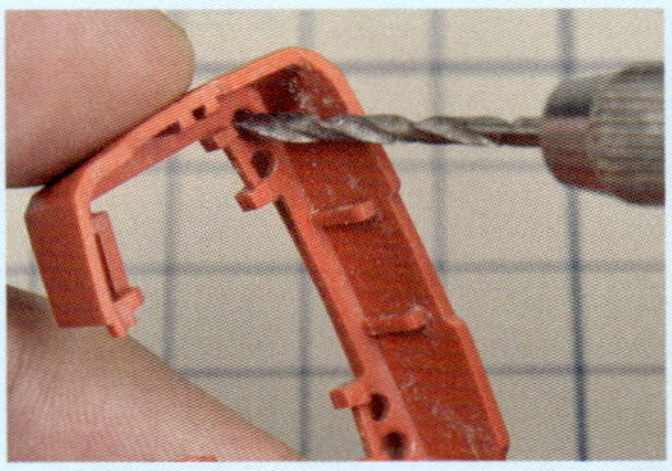

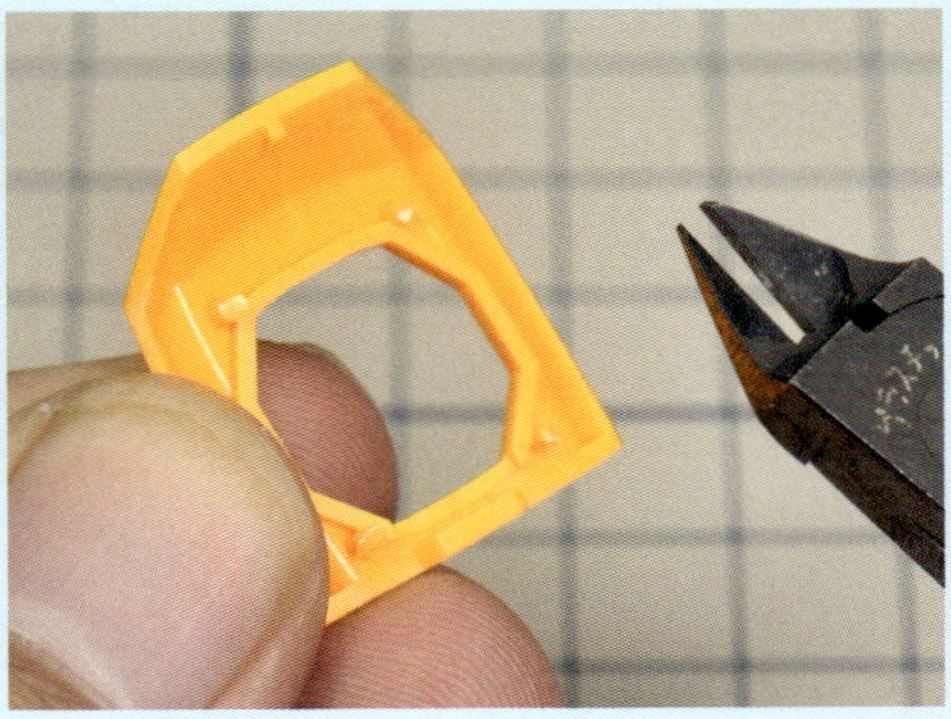

▲ダボの斜め切りをするときは、切った跡のダボ棒の尖った側がパーツの内側のほうにくるようにするのが基本。ダボ棒の頭ににディテールが彫ってあるときなど、ダボ穴側を少し拡げたほうがいい場合もあります

疑問!!

どちらも薄めたエナメル系塗料を塗る
同じウェザリング技法のように見えます

フィルタリングとウォッシングは同じことですか?何か違うのですか?

Q&A

質問
その81
ウェザリング

薄めたエナメル系塗料や油彩絵の具を筆などで塗りつけることで、塗装面にさまざまな表情をつけたり同時にスミ入れをしたりする技法がウォッシングです。それでもういっぽうのフィルタリングはどうするかというと、こちらも薄めたエナメル系塗料や油彩絵の具を筆などで塗りつけていきます。このふたつの違い、はっきり答えられますか?

模型のテクニックで言うところのウォッシングは、主にエナメル系塗料や油彩絵の具をうすめ液で薄く溶いたものを模型に筆で塗っていく技法です。英語だと「wahing（洗う）」で、海外モデラーは薄めの塗料を塗る系の作業を「～ wash」というふうに称する傾向があるように思われます。

ウォッシングというと、「薄めに塗った塗料を綿棒で拭き取る」技法というイメージの方もいらっしゃると思いますが、余分な塗料を筆で吸い取るようにして拭き取ったり、筆でぼかすだけにしたり、塗るだけでおしまいという場合もあります。

要するに模型に薄めの塗料を塗れば「ウォッシング」なので、「ウォッシング」は技法の行為自体を表している用語です。その効果にはいろいろなものがあり、①全体のトーンを整えたり逆に変化を付けたりできる、②スミ入れができる、③タレなどの汚れを付けられる、などが代表的なところでしょう。ウェザリングテクニックの細分化と深化が進んだ近年のＡＦＶモデルシーンでは、同じ薄い塗料を塗る技法でも、狙う効果ごとにフィルタリング、ピンウォッシュというように用語／技法を使い分けるようになってきました。

先述した効果のなかで、①の「塗装のトーンの変化」を目的にしてウォッシングを施すことは一般に「フィルタリング」と呼ばれています。薄い塗料でフィルターをかけるようにして色味を変化させることからきた用語と思われます。

トーンを変化させるフィルタリングでもっとも一般的なのは、全体に茶系を重ねることで全体のトーンの差をなくしつつ色に深みを出すという手法。基本塗装の状態で彩度が高すぎるところがあったり場所ごとに彩度や明度に差がありすぎるとリアリティーやスケール感を損ないますが、全体に同じ色をのせることでトーンの差が小さくなり、同時に適度に彩度を落とすことができ、全体が落ち着いた雰囲気になります。

このようなトーンを落ち着かせる技法のみをフィルタリングと言っている向きもありますが、変化のさせ方はもっといろいろあります。エアブラシで基本塗装をすると均一に塗ることができますが、ＡＦＶや飛行機モデルでは、あまり均一すぎるとリアリティーを損なう場合が多々あります。そういうときは、フィルタリングで適度な色ムラをつけたり部分的に色味を変えたりすることで、リアリティーを出したり経年変化感や使用感を出すことができます（拭き取るときに適度に塗料を残せば、同時に汚れを表現することもできます）。

また、フィルタリングは彩度を落として落ち着かせるだけの技法ではありません。鮮やかな色でフィルタリングすれば沈んだ色を鮮やかにすることもできます。

それならはじめから鮮やかな色で塗ればいいのではないかと思われるかもしれませんが、初めから鮮やかな色で塗るのとくすんだ色に鮮やかな色でフィルタリングした色では、色味の感じが変わってきます。また、渋めの色調でまとめたなかに鮮やかなワンポイント色を入れたい、というような場合にも鮮やかな色でのフィルタリングは有効でしょう。筆塗りでのフィルタリングであれば、面や部分ごとに色味の塩梅を変えていくことも簡単にできますので、とても発展性があるテクニックです。

どのような効果のフィルタリングが良いかは、アイテムや塗装色、製作するモデラーの好みによって変わってくるでしょう。ただひとつだけ確実に言えるのは、フィルタリングによって色表現の選択肢が広がれば、完成品はより豊かな表情を見せてくれるはずだということです。■

▲最近はフィルタリング用として販売されている塗料もあります。写真はGSIクレオスのMr.ウェザリングカラー フィルタ・リキッド。基本色を塗装した上にこれを重ねていくことで、塗装の色調に深みを増してリアリティーを増すことができます

Q&A

疑問!!

実物で同じ色のところの色を模型で変えちゃったらヘンになっちゃいませんか?

「カラーモジュレーション」ってどういう効果がある技法ですか?

質問その82

ウェザリング

スケール模型、とくにAFVモデルのウェザリングにはいろいろな技法がありますが、そのなかでもちょっと独特なのがこのカラーモジュレーション。実物をそのままに再現するのがスケールモデルと思いきや、実物にない色分けやグラデーションを模型に施すことで、絵画的とも言える手法で立体感を強調するテクニックです。

カラーモジュレーションとは、模型の塗装色において面ごと、あるいは面のなかで色を変える技法です。模型では基本塗装を単色で塗ると単調になりやすいのでウォッシングなどで面のなかに変化をつける技法が使われてきましたが、それならいっその こと面ごとに色味を変えてしまおうというのがカラーモジュレーションの考え方で、ゲームの3DCGの表現をヒントに考案されたものと言われています。

平面上に描画（レンダリング）される3DCGは、すべての面が同じ色のままでは立体として認識されません。そこで、3Dデータ上で想定された光源によって作られる反射や影を計算して、光源を表現する面ごとの色の差や面の中のグラデーションを描画することで擬似的な立体感を生み出します。この面ごとや面のなかに色の差をつける見せ方を立体に適用したのがカラーモジュレーションです。

面ごとや面のなかで色を変えて塗るといっても、もちろん元になった実物はそのようになっているわけではありません。物体は、光がある方向から当たることで明るい面と影の面ができ、面ごとに明るさや色味が変わって見えることによって人の眼で見たときに立体感を感じさせます。模型を単色に塗ったとしても光をあてて影を付ければ立体的に見えるわけですが、この「立体的に見える＝面ごとに明るさや色味が違う」というようなことを、あらかじめ塗装で施してしまうのがカラーモジュレーションです。たとえば、上の面は明るい色で下側の面を暗く塗っておいたり、面のなかで上側が明るくいグラデーションに塗ると模型の照明の状態に関わらず上から光が当たっている状態を演出することができます。

これは絵画において平面で立体を表現するために面ごとの色を変えたりグラデーションをつけるのと同じ発想で、その意味では絵画的な手法と言えるでしょう。ただし、絵画では光源位置を1点に想定して破綻なく写実的に描くことができますが、立体の模型ではいろいろな方向から眺めることができ実際に光もあたるため、厳密に光源を想定して面の色を決定すると、ほかの方向から見たときや実際の光源の位置によっては違和感を生じてしまいます。そこで模型のカラーモジュレーションでは、絵画のように光源を想定して写実的に再現するというよりは、「面ごとに変化をつけることで存在感を強調する」ということに主眼が置かれていることもあります。

このような面を強調するカラーモジュレーションは面の情報量を増やすというよりは面自体を強調する技法だと言えます。面の中を充実させる＝情報量を上げることで全体の見映えを上げるのではなく、面の境目をはっきりさせることで、面がなるべく多くあるように見せて存在感を強調します。

小さな模型は、大きな実物と比べると光をあてたときに角度の差が小さな面同士の影の差がつきにくく、普通の照明だと全体がのっぺりして見えがちです。面を強調するカラーモジュレーションは、このような見え方を強制的に変える「立体だまし絵」的な技法とも言えるでしょう。面を多く見せることが目的の場合、面ごとに統一されていない方向に方向にグラーデーションをつけたり、普通に光をあてるとできないようなグラデーションをつけることもあります。絵画的な意味での「写実」としてはおかしなことになるのですが、単色ベタ塗りでは得られない存在感を手軽に出すことができます。カラーモジュレーションは塗り方次第でいろいろな効果が出せ、ほかのウェザリング技法と合わせることもできる、なかなか奥が深いテクニックと言えます。■

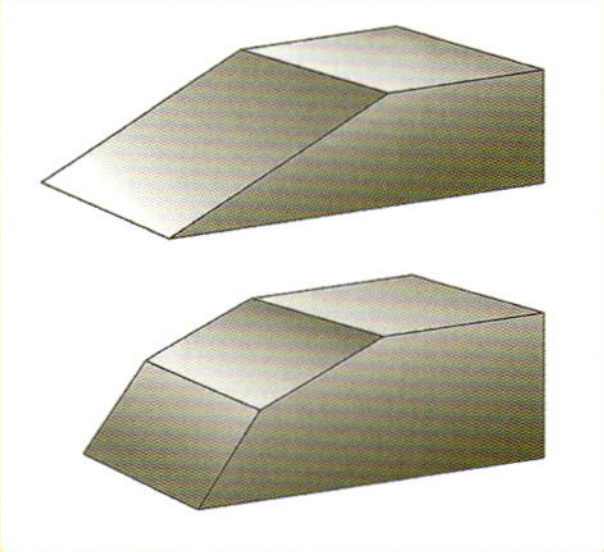

▲面ごとに色調を変えたりグラデーションをつけてしまう技法がカラーモジュレーション。写実的ではない場合もあります

疑問!!

久しぶりにAFVモデルを作ろうとしたら
カタカナ語のテクニックがよくわからない……

チッピング、ドッティング、ピンウォッシュ、ストレーキングとはどういう技法ですか？

模型雑誌などでは海外モデラー発祥のウェザリングテクニックがいろいろと紹介されていますが、これらカタカナのテクニックのなかには具体的な技法の内容がよくわからないものもあったりしませんか？ ここでは、ここ10年くらいの間に一般化してきたウェザリングテクニックのなかからいくつかについてその内容を紹介してみます。

質問 その83

ウェザリング

Q&A

私がAFVモデルをはじめた20年くらい前は、シェーディング（当時は「越智塗り」と言われていました）のうえにウォッシングを重ねてドライブラシをしたら完成、というのが流行で、AFVのウェザリングはわかりやすかったのですが、その後、とくにここ10年くらい技法の細分化が進み、たくさんのカタカナの技法の見出しが戦車模型雑誌を飾るようになりました。AFVモデルに詳しくない方は見慣れないものもあると思われますので、、そのなかでもよく使われるチッピング、ドッティング、ストレーキングについて説明してみます。

チッピングは「chiping＝欠けること」からきた用語で、塗料の剥げを再現するウェザリング技法のことです。筆などでこまかく描き込む方法、スポンジで塗料をのせていく方法などがあります。筆で描く場合は水溶性アクリル塗料のファレホを使って面相筆で描き込むのがやりやすいでしょう。ファレホは隠蔽力が高く発色が良い塗料で、乾くとツヤ消しになり筆ムラが出にくいのが特徴で、上から描いているのに下地が出ているような雰囲気にできます。描くチッピングの最大のコツは、傷をなるべく小さめにし、同時にランダムに描いていくこと。なんとなく描いているといつのまにか大きさや並び方が揃ってきてしまい、不自然な感じになってしまいますので、意識してランダムにすると自然になります。また、こすれやすいエッジや人が持つところなど、塗装が剥げそうなところを意識して作業していくこともポイントです。スポンジを使う場合は、スポンジにファレホなどの塗料をつけ、それをパーツに軽く押しつけるようにしていきます。この方法だと、簡単にランダムで小さい模様が描けます。

ドッティングは、作業としてはウォッシングと呼ばれることもあります。複数の色の塗料をドット＝点状に塗っておき、それをうすめ液を浸した筆でのばしていくことで、ランダムに色味を変えて色に深みを出したり、経年変化や風化した感じを出したりします。全体に同じ色でウォッシングをするのと比べてよりこまかくランダムに色味を変化させることができるので、とくに単色塗装の場合には大きな効果を発揮します。

使う色は場合によりますが、退色した感じになる白、変色した感じになる黄色、汚れてくすんだ感じになる暗色などを基本として、そこに基本塗装の補色（基本塗装が緑なら赤系など）を足したりすることで、より色味を複雑に見せることができます。

ドッティングは、エアブラシで行なうと均一すぎて単調になる基本塗装をより複雑な色味に見せるためのテクニックです。ドットを描くときに使う色、ドットを描く場所、伸ばし方によって千差万別に変化や表情をつけることができますが、やりすぎたりわざとらしくなるとかえって不自然になりますので注意しましょう。

ピンウォッシュは、非常に狭い範囲にウォッシングを行なうことで、要するにスミ入れのことです。ただ、ピンウォッシュと言う場合は、通常うすめ液を浸した筆で余分な拭き取りつつ馴染ませます。

ストレーキングは、「streak＝スジ」をつける技法で、主に雨だれや、油、錆びが流れたものを塗装で再現するウェザリングです。作業として行なうこと自体はエナメル系塗料や油絵の具を塗ってうすめ液を浸した筆でのばすのでウォッシングやドッティングと同じですが、塗料をのばすときに重力の方向にスジが残るようにするのがストレーキングです。筆でスジに強弱をつけるようにしてランダムさを出すと自然な汚れのたれに見えるようになります。■

▲塗料を延ばすときに筆目を活かしてスジ状に塗料を残すことで、汚れがタレたところを再現するストレーキング

▲点＝ドット状に置いた塗料を筆などでのばしていくことで、塗装面の色に変化をつけていくのがドッティング

▲傷を描いていくのがチッピング。ファレホなどを使い筆で描いていく場合やスポンジなどで描いていく場合などがあります

疑問!! アルコール剥がしで塗ったというすごいリアルな戦車模型を見ました!

「アルコール剥がし」は何を使ってどうすればいいのですか?

Q&A

質問その84
ウェザリング

AFVモデルのウェザリングテクニックはこの20年ほどで目覚ましく進化し続けてきましたが、近年編み出された技法のなかでも、汎用性の高さと、なによりそのリアルさで多くのファンを生み出したのがこのアルコール剥がし。一度やってみるとやみつきになるほどの魅力を持った技法なのですが、そのやり方ってご存じでしょうか?

アルコール剥がしは、AFVモデラーの竹内邦之氏が、うすめ液とアルコールを間違えてアクリル系塗料を薄めてしまったことから生まれた技法で、アルコールによって塗料を溶かすことで車体に溜まった土埃などの自然な表現ができるというテクニックです。この20年ほどでAFVモデルにおけるウェザリングテクニックはかなりの進化を遂げ、いろいろな技法が生み出されてきましたが、なかでも、このアルコール剥がしはとくに画期的な「発明」のひとつと言っても過言ではないでしょう。

アルコール剥がしが楽しいのは、筆で塗ってすぐ乾いて結果が見えるところではないでしょうか。みるみるリアルに汚れていくので、どんどん汚したくなります。ドライブラシやピグメント汚しをはじめてやってみたときも同じような楽しさがありましたが、アルコール剥がしの簡便さとそこから生まれるリアリティーはそれ以上のものがあります。また、結果があまりうまくいっていないと思えば、さらにアルコールを塗ったり、塗料を塗り足したりということをそのまま追加で行なっていくことができるので、やめどきを見失って夢中で汚してしまう魅力をもった技法です。

手順としては、①基本塗装をする、②アクリル系塗料をうすめ液と水で薄める、③筆やエアブラシで薄めた塗料を塗る、④半乾きのうちにアルコールを浸した筆で全体にアルコールを塗って塗料を剥がす、⑤場合により塗料を追加で塗り、さらにアルコールで剥がす、というふうに行ないます。

アルコールはランプなどに使われる燃料用のものを使います。これは薬局などで購入することができます。いちばんの注意点は、揮発性が高い燃料用アルコールを使うので火気は厳禁ということ。作業中は換気をしてマスクを着用するようにしましょう。また、触れると肌荒れを起こすことがあるので、なるべく直接触れないように気をつけて作業をしましょう。

燃料用アルコールは浸透力が高く揮発が早いのが特徴で、先に塗ったアクリル系塗料にしっかり染みこんで溶かし、その後すぐに揮発するので、アクリル系塗料の顔料が自然な状態で流れ、流れたところに定着します。これは、パーツ上で実物で土埃が雨などで流れてから乾いて固まるのと同じ「流れる→たまって固まる」という過程が短時間に起きているということなので、自然になるのはある意味あたりまえとも言えましょう。塗料が再定着したあとは表面がツヤ消しになりますので、とても自然な雰囲気の土埃が再現できます。

剥がす塗料はタミヤのアクリル系塗料がもっとも相性が良く、土埃ならバフを使うのが基本でしょう。アクリル系塗料は、うすめ液だけでなく水を混ぜて溶いてきます。こうすることでアクリル系塗料の食いつきが弱まって、アルコールを塗ったときに塗料がより流れやすくなります。

また、アルコール剥がしをする前の下地となる基本塗装はラッカー系塗料で行ない、ツヤありか半ツヤにしておくようにします。この技法は一度溶けた塗料が自由に流れるところがミソなので、下地がツヤ消しだと塗膜の凸凹に顔料が入り込んでしまって流動性が落ち自然な感じで流れて溜まらなくなります。そうなると全体が白っぽくなってしまいますので注意しましょう。

アルコール剥がしをしたあとは、さらにエナメル系塗料でウェザリングを重ねることやアクリル系塗料でのチッピングなどが可能です。ウォッシングなど他の技法と組み合わせていくことで多層的な汚しを施すことができ、さらに自然でリアルな雰囲気を追求することができるでしょう。■

▲上からさらにエナメル系塗料や油彩絵の具を使った別種のウェザリングを施せるので、やり方によっては日乗員重層的でリアルな汚し塗装にできます

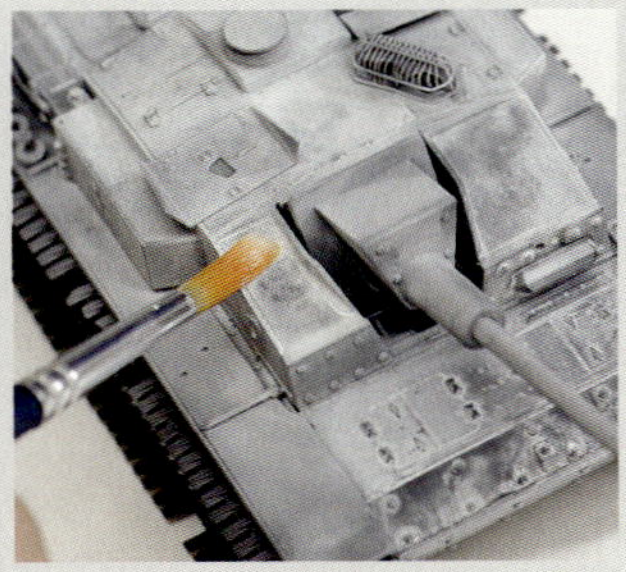

▲タミヤアクリル塗料を塗ったうえにアルコールを筆塗りして顔料を流すことにより、自然な汚れや剥げた感じを出せます

▶アルコール剥がしに使うのは燃料量アルコール。薬局などで購入することができますが、揮発性が高く火気厳禁ですので、取り扱いには注意してください

疑問!!

パーツが小さかったり薄かったりすると塗るときに持つところがありません

エアブラシ塗装で持ち手がつけられないときはどうしたらいいのでしょうか?

Q&A

質問その85

オールジャンル

エアブラシ塗装をするときは、生乾きの塗面を触って指紋をつけてしまったり塗料や接着剤がついて指で触ってパーツを汚してしまったりしまわないように、通常はなんらかの持ち手をパーツにつけて塗装作業をします。でも、なかにはパーツが小さかったり薄かったり挟むところがががなかったりして持ち手がつけられないときがあります。

エアブラシや缶スプレーで塗装するときは、パーツを直接持つと乾いていないところを触って指紋がついたりといった事故が起きやすいので、基本的にパーツに持ち手を付けて塗装するようにします。

持ち手が簡単に付けられるのは、クリップなどで挟めたり、ダボなどの穴に棒を挿すことができるパターンです。穴があっても穴の径と棒の径はそのままだと合わないことが多いので、そういうときは棒を削ったり、マスキングテープを巻いて太くしたりして調整して固定します。私の場合は、ナイフでサクサク削れて太さを調整しやすい割り箸とテーパーが付いているので調整の手間が省けるつまようじ、それからプラモデルを作ればたくさん余るランナーをよく使います。挟むパターンでは、はさんでそのまま置ける目玉クリップが便利です。

なかには挟むところや挿す穴がないというパーツもありますが、ほとんどは工夫すれば持ち手がつけられます。

飛行機の脚収納庫カバーのような板状のパーツで挟むところがない場合は、両面テープで割っていない割りばしに貼って塗ります。貼っているところは塗れないので、片面塗って乾かしてから反対面を塗るようにします。塗膜がもっていかれないように、両面テープは表面を触って粘着力を少し落としておくようにします。

エッチングパーツなどの極小パーツは、別項でも説明したように、枠に付いたままにして枠をはさんで持ち手にします。ゲート跡はあとで筆塗りでリタッチします。

やっかいなのは、飛行機モデルの本体部分を塗るときでしょう。飛行機モデルはレシプロ機にしてもジェット機にしても胴体と翼のパーツを接着し、合わせ目処理をしてから基本塗装に進む場合が多いですが、胴体と翼を組み立ててしまうととても持ち手がつけにくいことが多いです。置いて上面と下面を順に乾かしながら塗ることもできますが、塗装面を下にして直接置くのはいろいろと気を使います。そこで私の場合は、レシプロ機ならカウリングを取り付けないで胴体最前部に、ジェット機ならアイリス板など先端部を取り付けないでノズル部にむりやり棒を挿して持ち手にしてしまうことが多いです。スケールにもよりますがこの2箇所の穴は結構大きいので、割りばし1本などではほとんどの場合固定できません。そこで割りばしをマスキングテープで束ねたり、そこにキムワイプなどを巻いたりして太さを調整します。あまりグラグラしていると塗装中に狙いがずれたり、最悪塗装中に本体パーツが落下することもあるので注意が必要です。

どうしてもそのままだと持ち手が付けられなさそうなときは、見えないところや目立たないところにピンバイスで1㎜径程度の穴を開け、そこに真ちゅう線を挿すなどして持ち手にすることもあります。レジンキットの場合はこのパターンが多いです。

戦車のようにすべて先に組み立ててしまうものは置いて塗りますが、くるくる回る台などがあると、回すときにいちいち模型を持ち上げなくて済むので便利です。AFVモデルでは、ウェザリングに進むと表面を触れなくなってきますが、このような台を使うか、車体下面の見えなくなるところに両面テープで箱などを貼り付けて持ち手にすると上側の表面を触らないで作業を進めていくことができます。

艦船の洋上模型では、艦体は底面に両面テープを貼ってベースに貼り付けて塗り、環境や艤装類は両面テープでベースや割り箸などに貼り付けて塗ります。なお、フルハルモデルの艦体は、半分ずつ乾かしながら持って塗ってしまいます。■

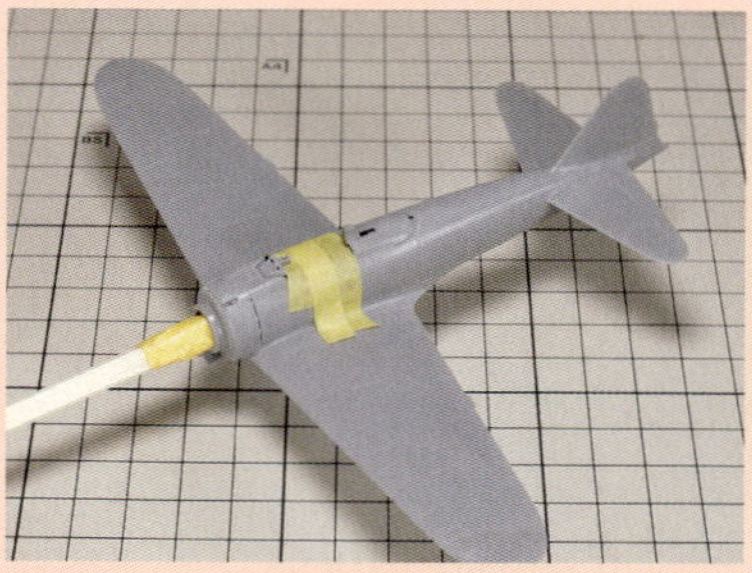

▶薄いパーツは両面テープで貼り付けて持ち手をつけますが、塗装面側を貼るときはマスキングテープをはさんで貼ると塗膜が剥げにくく安心です

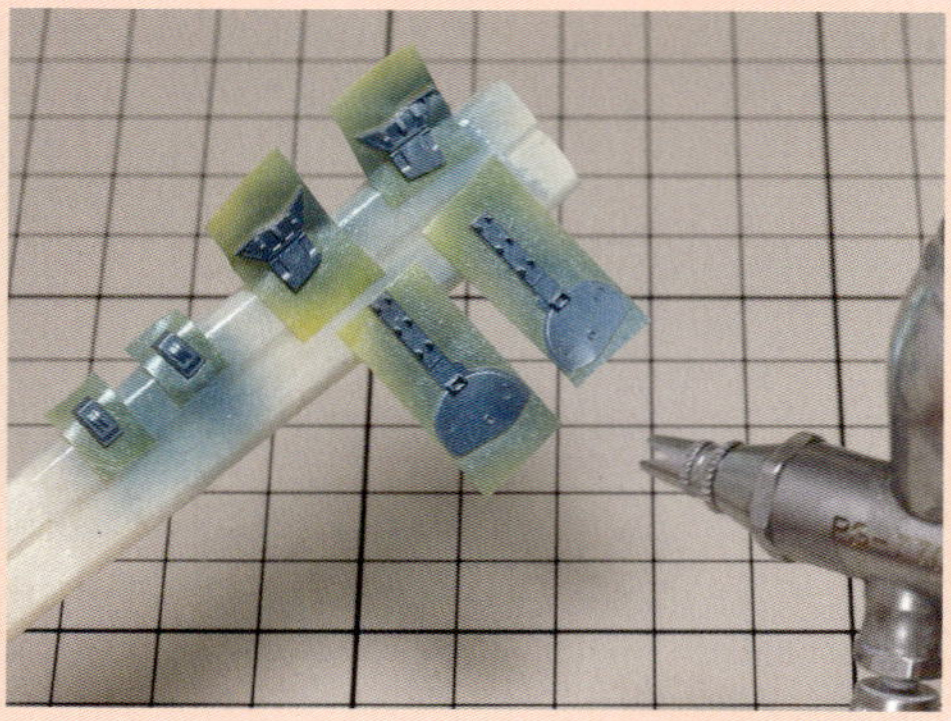

疑問!!

Q&A

塗膜の段差をヤスると言われても どうやってどれくらい削ればいいのやら……

クリアーコートをしてからの研ぎ出しがうまくできません……。

質問その86

カーモデル

研ぎ出しとは、デカールの段差を目立たなくするためにクリアーコーティングした塗膜表面の段差部分を削るテクニック。削るときは1000番以上の紙ヤスリを使って水研ぎしますが、なにせ塗膜の表面だけを削らないといけないので慣れないうちは塗装やデカールが剥げないかかなりコワイです。そんな研ぎ出しのコツとは……?

模型製作で言う「研ぎ出し」とは、デカールを貼った上からクリアーコーティングをして、クリアー層を研いでデカールのフチのところの段差をなくす技法のことです。

プラモデルなどのキットに付属する一般的な水転写デカールはいわゆるシール/ステッカーと比べると薄いですが、それでも境目には段差ができます。デカールは印刷の上に透明なニスがのせられていますが、この透明ニスは印刷部分からはみ出した余白があり、貼っただけだとこの余白も結構目立ちます。また、デカールは普通に貼ると半ツヤくらいになるので、グロス塗装やツヤ消し塗装のところに貼っただけだと、ツヤ感が揃わず浮いた感じ見えたりもします。あまり気にしないのならよいのですが、スケール模型としてのリアリティーや見映えを重視する場合には研ぎ出しを行なうと先述の点をすべて解消できます。

手順としては、①デカールを密着させてからしっかりと乾かし、②クリアーでコーティング、③1000~1500番の紙ヤスリ/フィニッシングペーパーで段差を削る、④2000番まで磨いたあとコンパウンドで仕上げる、となります。塗膜を下地やデカールが露出しないように削る必要があるので比較的繊細な作業が必要になりますが、うまくいかない場合にはいくつかのパターンが考えられますので、理由と対処法を解説してみましょう。

まずはクリアーコーティングに関わる失敗。ラッカー系塗料のクリアーでデカールが溶けるのは、デカールの密着が甘い場合と、一気にクリアーを吹きすぎている場合です。デカールは浮いているところがあると格段に溶けやすくなるので、貼りっぱなしで終える場合に比べ入念なチェックをしましょう。軟化剤や熱湯などを使って密着させますが、そのぶんデカールが柔らかくなりますので、時間を置ききちんと乾かしてからクリアーを重ねるようにします。クリアー吹きつけの際は、1回目は濃いめの塗料を薄めに吹きつけて一回時間を置いて乾かします。こうすることでデカールの上に固まったクリアーの層ができて、そのあとツヤを出すためにクリアーを厚吹きしてもデカールが溶けにくくなります。

次は研ぐ作業での失敗について。先述したように研ぎ出しではコンマ数㎜の厚さの塗膜を削ってデカールの段差を消します。削りすぎるとデカールや下地が露出したり、悪くするとそれらが剥げてしまいます。まず気をつけないといけないのは段差を消すときの紙ヤスリ/フィニッシングペーパーの番手で、1000番は思ったより削れますので要注意。ただ、剥げるのが怖いからといきなり目がこまかすぎるヤスリをあてると、なかなか段差が消えず、結果的にヤスリを当てすぎて周囲のエッジ部だけがが剥げてしまうということもあります。初めはよく削れる1000~1500番を使い、最小限の回数のヤスリがけで段差が消えたら即止めるというのがコツ。エッジのところはとくに剥げやすいので、基本的にはヤスリをあてないようにします。

クリアー層を削っていて下の基本塗装が部分的に出てきてしまう場合は、ヤスり方の問題のほかに、下の基本塗装塗装塗膜の平滑さが足りていない場合があります(基本塗装が凸凹していると、凸のところが出てきやすくなります)。研ぎ出しをするときは、サーフェイサー/基本塗装の塗膜を極力平滑に仕上げておくのも、トラブルを避ける重要なポイントでしょう。

最後にもうひとつ。デカールのニスの余白を切っておくと段差が大きくなりますので、研ぎ出しをするときはニスの余白を切らないのが基本となります。■

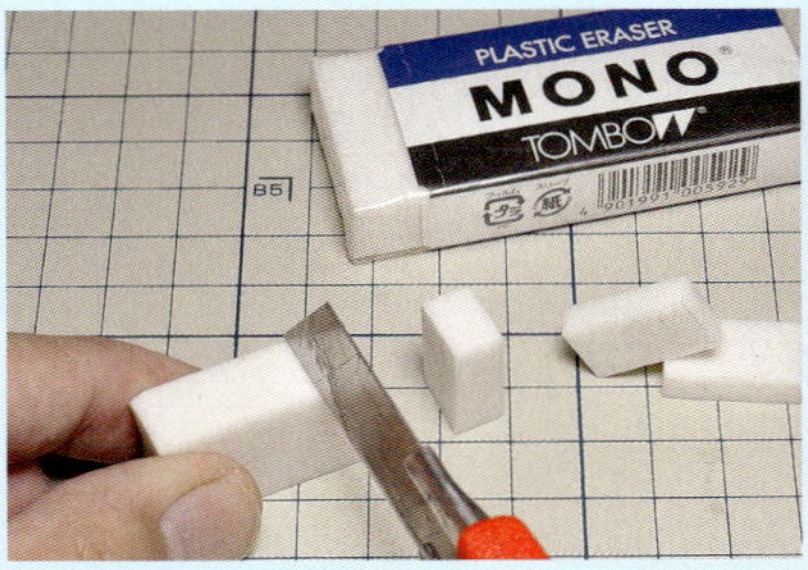

▲塗装面をヤスって磨くときは消しゴムをブロック状に切ったものをあてると、面に均一な力で紙ヤスリをあてつつ、塗膜に深い傷をつけにくくなります

疑問!!

いつもキャノピーの塗り分けの細い枠がよれて汚くなってしまいます

飛行機のキャノピーを塗り分けてきれいに仕上げるには?

Q&A

質問その87

飛行機モデル

飛行機モデルのキャノピーは大抵クリアーパーツとなっていますが、枠の部分はモデラーが塗り分けないといけません。フリーハンドの筆塗りで描いてしまうのでなければ、マスキングをして塗り分けということになりますが、これがなかなかきれいにいきません。きれいに塗り分けるためのポイントはどこにあるのでしょうか?

飛行機モデルの工作のなかでもとくに苦手な方が多いようで、よく質問されるのが、クリアーパーツのキャノピーをきれいに塗り分けて仕上げる方法です。

クリアーパーツのキャノピーを塗り分けるときは、フリーハンドの筆塗りできれいな枠を直線上に塗るのはかなり難しいので、普通はマスキングをします。マスキングしたあとは筆塗りでもエアブラシ塗装でもよいのですが、このマスキングがなかなかやっかいです。きちんとマスキングできていないと塗り分けがよれて目立ちますし、枠が多いレシプロ機は作業量も多くなります。うまくマスキングするためにはどうしたらいいかについて考えてみましょう。

手早くマスキングできて曲線部分にも対応しやすいのが、大きめのテープを貼ったりマスキングゾルを塗って乾かしてから境目をナイフで切る方法です。

切っていく方法でマスキングする際のポイントは、まず、ナイフの刃を常に良く切れる状態にしておくこと。切れ味が落ちたと感じたらすぐ新しい刃に交換します。切れ味が落ちてくると力が入って刃先が逸れたり、テープに引っかかってラインがずれる原因となります。それと、完全にフリーハンドで切るのではなく、キットの枠のモールドをガイドにしてそこに刃をあてながら切るようにすると逸れにくくなります。

また、マスキングテープを貼るとどこが枠なのかわかりにくいので、つまようじなどでテープを押しつけてパーツの形が浮き出るようにしておくと作業がしやすくなります。切る場所がわかりやすいようにセロハンテープでマスキングをしてもよいのですが、凹凸や曲面になじまないのでパーツ形状によっては難しいです。

テープを貼ったりマスキングゾルを塗ってから切る方法は、ナイフの刃先が逸れるとクリアーパーツに傷をつけてしまい、キズが深めだと磨いてもリカバリーはほぼできません。ナイフの扱いに自身がない方にはおすすめしないでおきます。

失敗してもリカバリーしやすいのは、小さく切ったマスキングテープでマスクしたいところを埋めていく方法でしょう。枠の形にぴったり合わせて貼り込んでいくには結構な手間がかかりますが、ずれたら剥がしてやり直せばよいので、じっくりと作業すれば安心してマスキングができます。

マスキングテープは自分で定規などで細切りにしてもよいのですが、細くカット済みのマスキングテープが市販されていますので、これを使うと簡単に境目のラインをきれいに出しやすくなります。塗り分けラインが曲線のところは、フリーハンドで切ったテープを貼っていきます。ぴったり合うように切るのは難しいので、目見当で近しい曲線を切り、合わないところは貼り合わせで埋めていきます。適当に何回か切っていると大体ちょうど良い形のものがでてきますのでそれを使うようにします。

まずは境目の輪郭のところを貼り、輪郭がきれいに決まったら、内側を大きめのテープで埋めるようにし、最後につまようじなどで隙間が残らないようにしっかり密着させます。隙間が心配なところには、目止めとしてマスキングテープの上からマスキングゾルを塗っておくようにすると、隙間から塗料が吹き込んで色がついてしまう事故が起きにくくなります。

どれだけていねいに作業しても、塗料がはみ出したり塗り分けラインがよれることはあります。こういうときは、筆塗りでリタッチしたり、部分的に塗料を剥がして整えます。塗料を剥がすときは、本来の境目のところをナイフで軽くなぞってからつまようじでこすると簡単に剥がせます。■

▲マスキングテープの形状がちょっとだけパーツ形状に合わないときは、よく切れるニッパーで切ると形を揃えやすいです。ちなみにマスキングテープ専用のニッパーなども市販されています

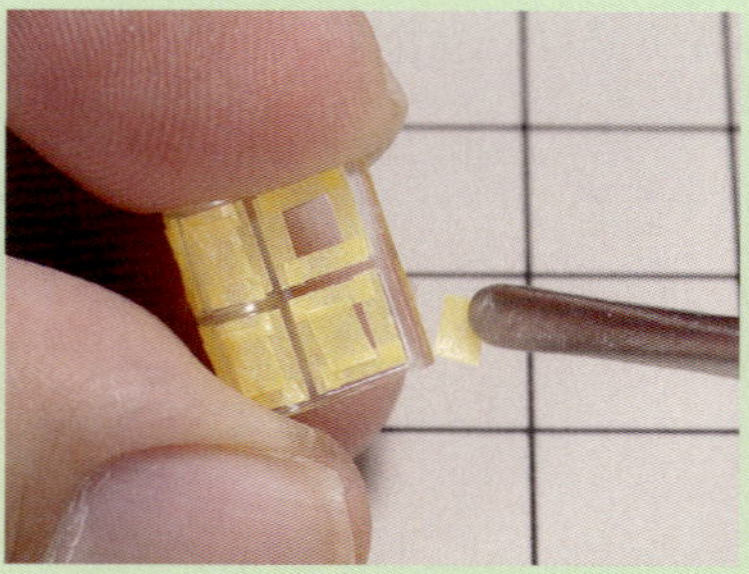

▲手間はかかりますが、安心してできるのがマスキングテープのこま切れを貼る方法。合う形のテープを切るには少々のコツと根気が要ります

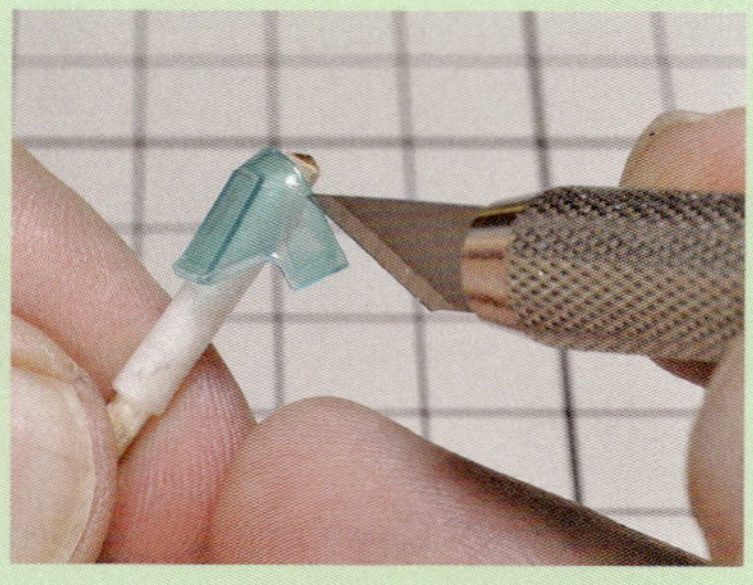

▲マスキングテープを貼るにしろマスキングゾルを使うにしろ、ナイフで切る方法は一発勝負。失敗すると傷がついてしまいます

疑問!!

1/700の艦船模型にスミ入れをしたら綿棒だと拭き取れなくなった……

艦船模型のスミ入れはどうやってすればいいのですか?

Q&A

質問その88

艦船模型

1/700艦船模型はそのスケールの小ささと密集するディテールゆえに、ほかのプラモデルのジャンルだと普通にできることができなかったりして困ることがあります。塗り分けやエッチングパーツの接着もそうですが、とくに困るのがスミ入れではないでしょうか。普通にスミ入れすると綿棒で拭き取れない……こんなときどうすればいい?

艦船模型、とくにもっともメジャーなスケールである1／700は、他ジャンルのプラモデルと比べると極端に縮尺が小さいため、他ジャンルだと悩まないことで困ることがいろいろあります。そのなかでも難しい問題のひとつがスミ入れでしょう。

艦船模型は、複雑な艦橋構造、所狭しと詰め込まれた武装など細密なディテールが艦上を埋め尽くしている場合が多く、とくに縮尺が小さいと、スミ入れの際に綿棒などできれいに拭き取るのが困難です。他ジャンルだと、すべてではないにしてもある程度パーツを組み立てた状態でスミ入れをすることが多いですが、艦船模型ではそうすると綿棒が差し込めないところが多発して困ったことになってしまいます。

とくにエッチングパーツで手すりなどのディテールアップしてしまった場合などは、綿棒が届いたとしても、綿棒でエッチングパーツのところを拭き取ろうとすると、せっかく取り付けたエッチングパーツが綿棒で押されることで取れてしまったりします。

艦船模型にスミ入れをしたい場合は、手順ややり方にコツがあります。ひとつは、「拭き取らない」でスミ入れをすること。綿棒で拭き取ろうとするから困るので、薄めのエナメル塗料の塗りっぱなしでスミ入れをすればよいわけです。いわゆるウォッシングに使うときのような薄めにしたエナメル塗料を、スミ入れをしたいところだけに面相筆で流していきます。はみ出したところはうすめ液だけをつけた筆でのばせばきれいになります。ウォッシングのように全体に塗ると色をつけたいところとそうでないところのコントロールが難しくなったり細い機銃砲身などが折れやすくなったりするので、手間はかかりますが場所ごとに少しずつ流していくのがおすすめです。

もうひとつは、なるべくバラバラの状態でスミ入れをすること。艦体、艦橋、マスト、砲塔／機銃などは分けて基本塗装をして、組み立てる前にスミ入れをすることで格段に作業性が良くなります。

それから、すべての箇所にスミ入れをしようとしないのもポイント。スミ入れをしたほうが見映えが良くなりそうなところはスミ入れをしつつ、作業性が極端に悪いわりに目だたないところ、スミ入れをすると汚くなりそうなところはあえて部分的にスミ入れをしなかったとしても艦船模型の場合は、そこだけが完成後に目立ってしまうことはあまりありません。むしろ汚いところは悪目立ちしますので、冷静に判断してスミ入れしないところも作ってみましょう。

そもそも1／700艦船模型の完成品では、雑誌作例などでもスミ入れをしていないものがよくあります。スミ入れを「ディテールの陰影を強調して密度感を上げる」ことでリアリティーや模型的な見映えを上げるための技法だとすると、艦船模型ではもともとスケールに対して過剰気味なディテール表現がされており立体的なメリハリも強めなので、ロボットモデルや航空機モデルなどと比べて、スミ入れをしなくても充分見映えがするという特性があります。さらに言うと、スミ入れをして陰影や密度感を強調する代わりにエッチングパーツなどでディテールアップをして模型的な見映えを上げる、という手法を採ることもできます。このような考え方で仕上げられた艦船模型完成品は、スミ入れをしていなくてもほとんど気になりません。ヘタにスミ入れをして汚く見えてしまうくらいなら、あえてスミ入れをしないというのは艦船模型では有効なテクニックなのです（ちなみにカーモデルでもスジ彫りを細く深くしておくことで、あえてパネルラインにスミ入れをしないという手法があります）。■

▲かなり薄めに溶いたエナメル系塗料を使い、塗りっぱなしでスミ入れすれば綿棒で拭き取る必要がなくなります

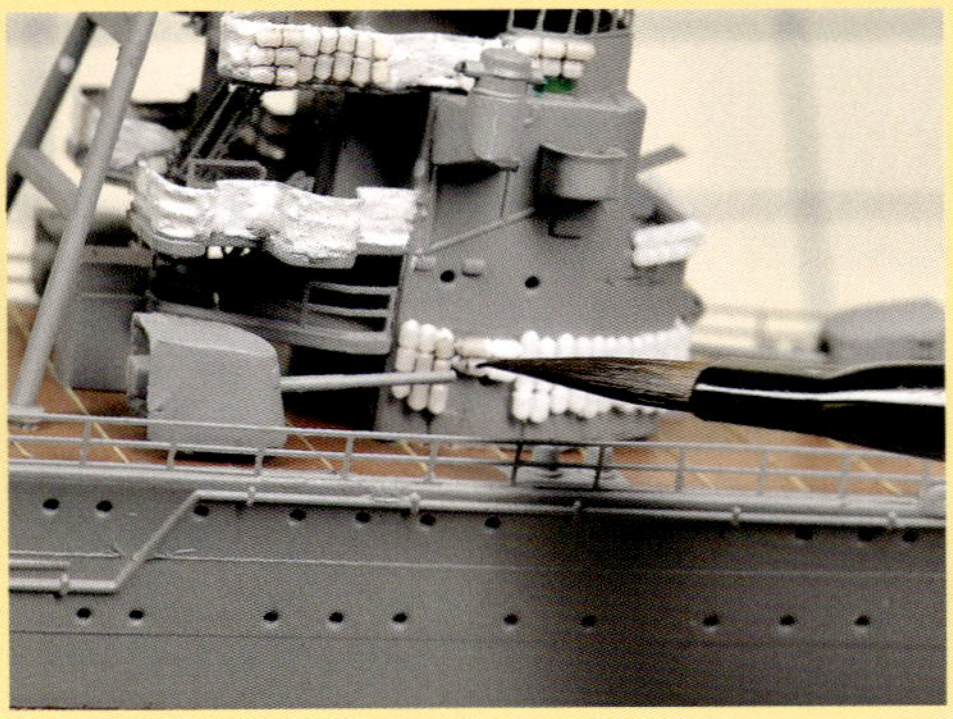

疑問!!

木甲板シートと塗り分けで再現する方法、はたしてどっちが本物に近いのか？

1/700艦船模型の木甲板はどうやって再現するのが正解……ですか?

質問 その89
艦船模型

1/700は実物の1mが約1.4㎜になってしまう世界。そもそもなにもかも実物どおりに再現するのは難しいのですが、そんな1/700艦船模型のなかでもとくにどうやって再現するか判断に迷うのが木甲板の仕上げ方です。塗り分けて雰囲気を出すか、別売りの木甲板シートを貼って素材の質感を活かすか……あなたはどっち派でしょうか？

Q&A

結論から言うと、木甲板再現の縮尺模型としての「正解」はあることはあると思いますが、その再現法は模型の表現としてはあまりおすすめできないです。1／700というスケールは縮尺が小さすぎて、スケールモデルとして実物の縮小を考えようとすると、いろいろ問題が起きてきます。模型上の1㎜が実物の70㎝ですので実艦で50㎝以下の寸法は模型だとほとんど誤差の範囲になってきます。仮に木甲板の板の幅が広めにみて20㎝だったとすると1／700では0・28㎜……。普通のスジ彫りは0・3㎜以上幅がある時点で、この幅で木板の境目を縮尺通り再現するのはほぼ不可能です。

もうひとつ、見え方の問題があります。1／700で30㎝離れて模型を見たときにそれを縮尺換算すると、実艦を210m離れて見ている状態になります。210m離れて見たときに、はたして20㎝の幅の板目が見えるのかというと、光や空気の状態にもよるでしょうし実際に試したわけではないですが、実際の艦船の離れたところから撮られた写真を見て類推するに、たぶん一枚の褐色の板にしか見えないと思われます。

以上を考え合わせると、「縮尺模型」としては、「木甲板は、モールドなしで、まだらではあるが褐色1色で塗る」というのが正解ということになります。しかしこれでは模型としてまったく見映えがしないので、キットにはモールドが入っていますし、製作の際は板目の塗り分け塗装をしたり、木甲板シートを貼ったりするわけです。

木甲板を模型で再現するときの板目の塗り分け塗装と木甲板シート貼り付けは、どちらも正解とは言えないのと同時に、それぞれに良いところと難点があるので、どちらか一方だけが良いとは言い切れません。

メーカーの純正アフターパーツとして売られている木甲板シートは、キットパーツに合わせてあらかじめカットされているので、貼るだけで木のような質感を得られるシートです。板目も再現されていて、手軽に木甲板をドレスアップできます。難点は、ほとんどのものは質感が生木のようなので、貼っただけだといまひとつリアリティーがないところ、厚みがあるのでスケール感を損なう、1000円から1500円程度の費用がかかる、といったところです。質感に関しては汚しを施して変えることができます。厚さに関しては、そのまま貼ると1㎜弱くらい上方に張り出してしまって目立ちますが、艦体パーツと甲板パーツが別パーツのキットなら合わせ目部分を削り込んでかさ下げすることも、手間はかかりますが可能です。コストに関しては各人の感覚なのでなんとも言えません。

いっぽうの板目の塗り分け塗装法は、細切りのマスキングテープを使って板目を塗り分けていくことで、木甲板部分を単調に見せないようにする技法です。微妙に色調を変えた木甲板色6色程度を使い、幅1㎜／長さ7㎜程度に切ったマスキングテープを貼っては塗り、貼っては塗りというのを繰り返して色分けしていきます。縮尺模型としては明らかにオーバースケールかつ色の再現もオーバーなのですが、単色ベタ塗りと比べると格段に模型の見映えが上がります。いちばんの難点はとにかく手間がかかることで、大型空母の飛行甲板ともなると、木甲板の塗装だけで一日作業になります。コストは細切りマスキングテープと塗料代だけなのでほとんどかかりません。

どちらにしても、模型としての「見立て」＝ディフォルメなので、最終的には好みの問題になります。今後はまたべつの見立てによる技法が発見されるかもしれませんので、皆さんも1／700の木甲板の新たな再現法を考えてみてください。■

▲右が貼るタイプの木甲板シートを使用した作例で、左は板目の塗り分け塗装法でマスキング塗装仕上げした作例。どちらの仕上げ法にもリアリティーがある部分とディフォルメされている部分がありますので、縮尺模型としてどちらがより正しいとは言い切れません

疑問!!

模型雑誌で見た張り線を追加した艦船模型に憧れるけれど……難しそう！

艦船模型に張り線を追加したいのですがうまく接着きません。

質問その90
艦船模型

艦船模型のディテールアップといえば、エッチングパーツの手すりと並んで効果が大きいのが張り線の追加工作。省略されている張り線を再現することで完成品の見映えがグッと上がります。しかしながら、極細の線材を塗装を終えた艦本体に接着しなければならないので工作の敷居は高め……うまく接着するコツはどこにあるのでしょう？

張り線によく使われるのは、モデルカステンのメタルリギングに代表される黒染め済みの金属線で、これの元は鮎の友釣り用のテグスです。あらかじめ黒染めされているので塗装する必要がなく、強度が高いのが特長です。これを瞬間接着剤で塗装を終えた本体に接着していきます。

張り線追加工作を難しくしている原因の大半は、接着の難しさにあると言えます。1／700でよく使われるのは0・3号以下の細さの線材ですが、太めの0・3号でも直径は0・1㎜。リアルな再現を目ざすときに使うもっとも細い0・04号などでは、直径は0・04㎜。これを塗装を済ませた本体に瞬間接着剤で接着しないといけません。もちろん、キットでは張り線の追加は想定されていませんので、接着のためのダボのようなものも一切ありません。

このような張り線の接着をうまく行なうためにはいくつかのポイントがありますが、そのなかでも重要なのが、接着時に線材をどうやって接着位置で動かないように保持しておくかです。あたりまえですが、接着時にパーツ同士が動いてしまっているとうまく接着できません。大きなパーツならば持つ手が多少震えていたりしても接着できますし、パーツ同士の位置が1㎜以上ずれていてもずれたまま接着できます。しかし、直径0・1㎜を切るような線材だと、ピンセットを持つ手が震えてたった0・5㎜ずれてしまうだけでもパーツ同士が接していない状態になってしまい、うまく接着できなくなってしまいます。

まず、張り線を追加するときは、長めの線材を接着してから、余分なところを切るようにします。先に正確な長さの線材を切り出さなくてよいというのもありますが、長めのままで接着すると、「点で接着」するのではなく「線で接着」できるようになります。人の手だと、接着が終わるまでの時間をその物が3次元上の1点でまったく動かないように固定し続けるのはかなり難しいです。0・1㎜以下の一点を所定の場所にぴったりと合わせ続けるとなれば、ほとんど不可能と言ってもよいでしょう。しかし、細くても線上の5㎜くらいの幅のなかのどこかで接着できればよいということならば、話はまったく変わってきます。点より線のほうが接着が格段にしやすいのです。

また、線材を接着するときは、接着箇所が高い位置にあるほうから低いほうへと順番に接着するようにします。このとき、初めに接着する側は先に線材に接着剤をつけて接着し、あとで接着する側は位置を合わせてから接着箇所に接着材をつけるようにします。このようにすると接着しやすいのにもちゃんと理由があります。

初めに接着する側はとにかく本体側にくっつけばいいのですが、張り線は適度に張らないといけないので、あとで接着する側では線材を適度に持ち上げたり引っ張ったりしないといけません。ただ接着できればいいというのと、細い線材を適度に持ち上げつつ引っ張って位置を調整しながら接着しないといけないというのは接着時の固定の難易度に大きな差があります。そこで、接着がしやすい「低い側」を難易度が高い、跡で接着する側にします。高い側をあとにすると線材を持ち上げないといけなくなり、持ち上げるとの位置合わせを同時にする必要が出てきて難しいのですが、低い方をあとにすれば、上側で接着された線材は線材の硬さで自然と垂れ下がってくれるので、ちょっとした位置調整だけですみます。

「長めにしてあとで切り揃える」「上から下の順で接着する」のふたつを実践すれば張り線はかなり接着しやすくなります。■

▼張り線工作の定番マテリアル、モデルカステンのメタルリギング。黒染めされているので塗装の必要がなく、金属線なので強度があります。はじめからついている巻きグセを活かすことで、自然な張り線の垂れを再現することができます

▲長めの線材を接着してからニッパーで余分を切るようにします。こうすると点と点をぴったり合わせなくてよくなり接着しやすくなります

疑問!!

写真がうまい人のブログを見るとため息が出ます。やっぱり一眼レフを買わないとダメ……？

完成品をSNS/ブログ用に上手に撮影したいのですが全然うまく撮れません。

質問その91

etc

写真をきれいに撮るには一眼レフを買わなければならない、というのはひと昔まえの常識。ここ数年のスマホは一眼レフもかくやという性能になってきました。とはいえ、撮り方次第で写真は良くも悪くもなります。小さな模型の撮影は、風景や人物を撮るのとは別のテクニックが必要ですので、これだけは押さえておきたい基礎中の基礎を……。

Q&A

昔は高価な一眼レフを使いこなしてこそうまく写真が撮れるというものでしたが、近年のスマホの普及により手軽にきれいなデジタル写真が撮りやすくなりました。しかし、スマホのカメラやコンパクトデジカメ（コンデジ）はどちらかというと風景や人物撮影を簡単きれいに撮りやすいような仕様になっているので、小さい模型をうまく撮影するにはちょっとしたコツが必要です。ここでは、スマホやコンデジを使って、なるべく簡単かつきれいに模型を撮影するための注意点を解説してみます。

まずは、照明＝光を被写体にしっかりと当てること。写真は光を写し取るものですので、当然のことながら被写体に当たる光はとても重要です。カメラには「感度」（ISO感度）というものがあります。暗いところでは感度を上げて明るく撮れるようにするのですが、そのぶん画像は荒れます。スマホやコンデジではこの感度がオートの場合が多いので、暗い被写体を撮ると勝手に粗く写ってしまいます。

また、模型の立体感や色味、ツヤ／質感は光の当たり具合で変わって写ります。写真のライティングは奥が深いので難しい話はさておくとして、暗すぎると色がきちんと出なかったりそもそも細部が見えなくなったりしますので、まずはまんべんなくきれいに光が当たるようにしてみましょう。

次に気をつけたいのが被写体＝模型との距離。カメラのレンズは、近寄れば近寄るほど広角に写り歪みが大きくなるのと同時に被写界深度が浅くなってピントが合う幅が狭くなります。スマホやコンデジのレンズは景色や人を撮るときに絵が広く写るようにもともと広角気味のものが多いですが、それを使って写真のフレームいっぱいに模型が写るようにすると、かなり歪みが大きくてピントが浅い写真になってしまいます。

そうなると、模型のフォルムが変わって見えてしまったりピントが合っていないため模型がよく見えないということになります。

そこで、模型を撮影するときはなるべくカメラと模型を離して撮るようにします。離れて撮ることで歪みを少なくし、ピントが合う幅を広くすることができます。離れて撮ると周囲に余白ができて気持ち悪いかもしれませんが、余白は写真アプリの機能などでトリミングしましょう。寄って撮った写真と離れて撮ってからトリミングした写真では、同じ被写体でもかなり見え方が変わります。なお、離れて撮ってトリミングするとそのぶん画像サイズが小さくなりますが、近年のスマホ／コンデジは高解像度なので、SNSやブログなどの解像度で使うぶんにはまず困らないはずです。

それから意外と多い失敗が、「ピントが合っていない」、あるいは「ブレている」というパターン。スマホ／コンデジのオートフォーカスは顔認識技術の進歩により人には非常にピントが合いやすいですが、それ以外のものだとあらぬところにピントが合ったまま撮られてしまうことが結構あります。また、三脚やスタンドを使えばブレないと思われるかもしれませんが、指でシャッターを押している限りかなりの確率でブレます。ピントのズレとブレにはいろいろな予防法がありここでは書き切れないので割愛しますが、ひとつだけはっきり言えることは、「ピントが合っていなかったりブレていたら撮り直す」ということです。

人物写真の場合は表情なども含めて同じ条件になるように何度も撮り直すのはなかなか難しいですが、模型の場合はセッティングさえそのままにしてあれば撮り直しはとても簡単。ピントが合っていてブレていない写真が撮れるまで、「こんなもんか」とあきらめずに撮り続けてください。■

▲離れて撮れば、歪みが少なくなりピントも模型の手前から奥まで合うようになります。このように撮ってからトリミングした尾が左側の写真。模型が隅々まで見えつつ、ポルシェ 956の流麗でスマートなフォルムが歪まずに写りました。あまりに離れすぎるとレンズやセンサーの解像度の限界で画像が粗くなりますので、被写体の幅が画像幅の半分くらいになるようにするのがひとつの目安です

▲よくあるダメなパターン。画角いっぱいに被写体を収めようとして寄りすぎたために、フォルムの歪みが大きく奥までピントが合っていません

疑問!!

いつもプラモデルしか作らないのですが作りたい車種がメタルキットしかない！

メタルキットを作ってみたいのですが気をつけたほうがいいことはありますか？

Q&A

質問その92

etc

ここで言うメタルキットとは、主にホワイトメタル製のパーツのキットのこと。1/43カーモデルキットに多いメタルキットには、プラモデルとは別の魅力と利点があります。ホワイトメタルのパーツは、特有の工作法にさえ慣れてしまえば、経年変化が少なく塗装や磨きもしやすい素材ですので、一度は製作してみることをおすすめします。

メタル＝金属製キットといえば、1／43カーモデルによくあるホワイトメタル製のキットや鉄道模型のSLなどのエッチング製キットが代表的なものでしょう。金属製キットの良いところは、完成後の素材の変形がほぼないところと重量感があるところでしょうか。カーモデルのようにツヤを出して仕上げる模型の場合は、素材の変形やヒケによってツヤが損なわれることがあるので、まったくヒケず変形もしにくいメタルキットだと長期保存も安心です。

メタルキットには、プラモデルとは違う製作上の注意点がいくつかあるので、製作手順に挙げてみます。

まず、ホワイトメタル製パーツの表面には離型剤として使われる「キラ粉」と呼ばれる粉が付着していますので、まずこれを洗い流します。金属ワイヤーブラシでこすってても取れますが、結構深めの傷がつくことがあるので、歯ブラシなどを使い水洗いするのをおすすめします。パーツのゲート跡や段差を整形するときは、パーツがプラスチックより硬いですので、金工用精密金ヤスリを使います。金ヤスリで荒削りをしたら、あとはプラモデル同様400番～600番の紙ヤスリで表面を整えます。

メタルキットがプラモデルといちばん違うのは、接着とパテ埋めです。塗装前に接着する箇所や合わせ目処理などは、基本的にホワイトメタル／ハンダで溶接します。もちろん瞬間接着剤で接着したりポリエステルパテなどで埋めてもいいのですが、ホワイトメタル／ハンダで溶接すると事後のヒケがいっさいないので、完成後にうっすら跡が浮き出してきたというようなことがおきません。また、エッチングパーツのウィング類などは溶接すると接着面積が狭くても頑丈に組み立てられます。

溶接する際は、ハンダを流しやすくするフラックスと余ったゲート部のホワイトメタルやヤニなしのハンダを使いますが、溶接後はすぐに水で洗ってフラックスを除去するのを忘れないようにしましょう。

ホワイトメタルのパーツにパテ代わりにホワイトメタル／ハンダを盛るときは熱しすぎるとパーツ自体も溶けてしまいますので注意が必要です。W数が小さめのハンダごてと低温ハンダを使うようにすると、ハンダ部がパーツ本体より先に溶けるのでパーツ本体を溶かしにくくなります。ただ、低温ハンダを使っても熱しすぎると溶けますので、ハンダが溶けてパーツと馴染んだらすぐにこて先をスッと抜くようにしましょう。また、溶接中に熱が伝わって先に溶接した箇所のハンダが溶けることもあるので、溶けると困るところは周辺を水で塗らしたティッシュペーパーをかぶせて冷やしておいたり放熱クリップを取り付けるようにすると溶けにくくなります。

工作を終えたら、プラサフで下地を作ります。金属パーツのときは、必ずプライマー入りのサーフェイサーを使うようにしましょう。サーフェイサーを吹いたら磨いて、あとはプラモデルと同様に塗っていきます。

塗装においてプラモデルと違うのは、熱して乾燥できるところ。プラモデルだとパーツが溶けたり変形しますが、メタルキットなら乾燥機や白熱灯をあてて高温にすることで、焼き付け塗装のように速くより硬く塗膜を硬化させることもできます（塗料の種類にもよりますので注意が必要です）。

塗装を先にしたパーツの組み立てでは、溶剤系接着剤が使えないのとパーツが重めなので、塗装後のパーツ接着は主にエポキシ系接着剤を使うことが多いです。とくに力がかかるところは、工作時に真ちゅう線などを溶接しておいてダボにすると頑丈に作ることができます。■

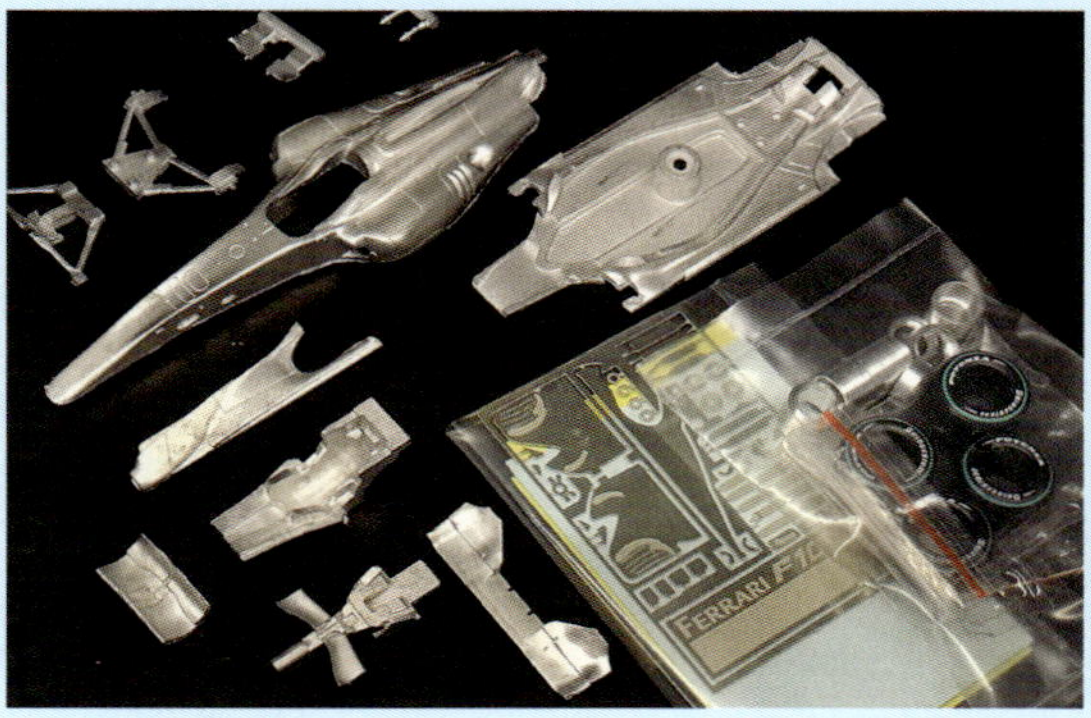

▶タメオ製の1/43 フェラーリF10のキット。ホワイトメタルのボディー周りにエッチングパーツのウイング、印刷済ゴム製タイヤを組み合わせる構成で、デカールはカルトグラフ製です。近年のタメオ製キットは完成品も販売するために非常に組みやすくできていて、素材の扱いにさえ慣れれば、プラモデルとあまり変わらない組み立ての難易度です

疑問!!

Q&A

とても時間をかけ苦労して仕上げた完成品。お気に入りなので大事にしたいです

完成品をなるべく長く飾りたいのですが、どうすればいいですか？寿命はどれくらい？

質問その93

etc

せっかくがんばって製作した完成品は長く飾って楽しみたいものです。経時変化による劣化を完全になくすことはできませんが、対策をしておくかどうかで時間が経ったときの完成品の状態は大きく変わってくるでしょう。なかでも模型完成品の大敵なのが、直射日光や蛍光灯などが出す紫外線。模型もしっかりUVケアしましょう

せっかく苦労して製作した完成品ですから、なるべく長く良い状態で飾っておきたいのがモデラーというものでしょう。寿命が何年とは一概に言えませんが、私の手元にある完成品のなかには20年くらい前に製作したカーモデルもあり、それはかなりきれいな状態でそのまま残っています。なので、環境が良ければ模型完成品は10年以上はきれいな状態で保つと思われます。よく瞬間接着剤など接着剤の劣化が言われますが、私の経験では10年くらい保存した模型で接着剤の劣化によりバラバラになったというような例はありません。

模型に限りませんが、物質を劣化させる大きなふたつの原因は光と空気です。別項でも触れましたが、空気中の酸素はいろいろなものを劣化させます。かといって、真空状態で飾るというわけにはなかなかいかないので、酸素による劣化は避けられません。ただ、経験上、デカールを貼りっぱなしにするよりクリアーコーティングしたほうがきれいな状態のまま置いておけるようです。これはクリアー層でパーツやデカールに空気が触れなくなるからと思われます。

空気に関してもうひとつ言いますと、空気中の湿度がもたらすカビは完成品の大敵です。日本は多湿ですので、油断しているといろいろなところにカビが生えますので、住環境や飾っている環境によっては除湿剤を使うなどするとよいかもしれません。

もうひとつの原因の光ですが、光のなかで完成品を大きく劣化させる原因となるのが紫外線です。紫外線は樹脂や接着材も脆く劣化させますが、それよりも影響が大きいのが褪色。紫外線があたりすぎると、デカールの印刷や塗装色が色褪せていまいます。この紫外線が多く含まれているのが太陽光と蛍光灯です。直射日光が当たるところに置いておいたり蛍光灯の近くに飾っていると、１年も経たないうちに結構なスピードで色褪せが進行してしまいます。

対処法ですが、展示する際は陽が当たらないところを選び、紫外線が出ない蛍光灯、ＬＥＤの照明で飾るとよいでしょう。ＵＶカットクリアーを使うのもよいですが、やはり元から絶っておいたほうが安心です。おすすめの照明はＬＥＤで、電気代が安く済むのとあまり熱を発しないのがよいです。ショーケース内に照明を入れると蛍光灯でも結構な熱さになります。あまり温度が上がるとプラスチックパーツやレジンパーツは変形してしまうことがあります。

ＬＥＤなら照明の色味を昼光色、中白色、電球色といろいろ選べますので、飾る物やシチュエーションに合わることができます。また、最近は貼るだけで使えるテープ式ＬＥＤがついに１ｍ１０００円くらいまで値下がりしてきましたので、それを使えば比較的安価で簡単にショーケースや展示棚などに照明を施すことができます。

これまで照明付きのショーケースというと巨大だったり高価だったりしてなかなか手が出しにくかったのですが、照明なしのガラス窓のショーケースなら大きさもいろいろあって価格も安いですので、照明を自作すればかなり安価に模型を飾るショウケースが手に入ります。

飾っておくときにひとつ気をつけたいのが、カーモデルのタイヤなどゴム／塩ビ製パーツはプラスチックを溶かす性質があることです。カーモデルをプラスチック製のケース／ベースなどの上に置いて飾っていると、そのうちプラスチックが溶けてタイヤがくっついてしまいます。ガラスやアクリルのようなゴム／塩ビで溶けないものの上に置くか、スペーサーを噛ませてほんの少しだけ浮かせるようにしておけば、台とゴムパーツの溶着が防げます。■

▲先だっての東日本大震災では、ショーケースが倒れて大切な完成品が破損してしまったという話を多く聞きました。飾り棚には転倒防止の突っ張り棒を入れておくなど、地震対策もしっかりとしておきたいところです

▲裏がのりつきテープになっているテープLED。これを貼ってACアダプターを繋げば、飾り棚の模型ををきれいに照らすことができます

疑問!!

パッと見た感じ、パーツが塊っぽいだけでプラモデルと同じようにも見えますが……

レジンキャストキットの作り方がわかりません。

Q&A

質問
その94
etc

レジンキャストキットは、柔らかいシリコーン形で整形するためプラモデルでは再現が難しい形状のパーツが作れるので、原型の再現度が高い複製をキットにできるのが魅力です。素材もプラスチックに近い硬さなので同じような感覚で切削工作ができますが、プラモデルにはない工作上の注意点もありますのでまとめてみました。

少数生産のガレージキットに多いのがレジンキャストキット。これは「レジンをキャストして作られたキット」を指します。「レジン」とは元々は松ヤニなどの天然樹脂を指しますが、転じて合成樹脂一般を指すようになり、模型でレジンと言えば2液混合式の硬質発泡ウレタンのこと。キャスト(cast)は本来鋳造を意味しますが、流し込み成型一般を指す用語として使われています。なので、わかりやすく言うと、「型に発泡ウレタンを流し込んで成型して作られたキット」がレジンキャストキットです。

レジンキャストキットは通常シリコーン型で作られます。シリコーン型は抜き方向をあまり気にせず繊細な原型のモールドをそのままに再現できるのが特長ですが、型が柔らかいため離型剤を使わないで複製すると型が早く傷みます。なので、市販されているレジンキットのパーツには離型剤がついています。この離型剤は塗料をはじくことがあるので、レジンパーツのキットを作るときはまずはじめにパーツを洗浄して離型剤を落とす必要があります(なかには離型剤を使っていないキットもあります)。

離型剤を落とすときは専用の洗浄液も市販されていますが、中性洗剤をつけた歯ブラシでこすれば除去することができます。

レジンパーツがプラスチック製パーツといちばん異なるのは、プラスチック用接着剤ではパーツが溶けないため接着できないというところでしょう。なので、レジン性パーツを組み立てるときは、瞬間接着剤かエポキシ接着剤を使います。ムクのレジンパーツはプラモデルのパーツと比べると重いですので、力がかかる箇所はエポキシ接着剤のほうが安心です。

通常のレジンキャスト製のガレージキットはプラモデルのようにハメ込みで組み立てられたり、可動ギミックが入っていたりはせず、ほとんどはムクのパーツ同士を接着するようになっています。しかし、先述したようにレジン性パーツは重いですので、接合部には真ちゅう線などを入れて補強するのがセオリーとなっています。この真ちゅう線を挿し込む工作は慣れないと位置がずれたりして意外と難しいかもしれません。対処法はいくつかありますが、①パーツ同士を合わせて外側に4つ印を描き、印同士を×に結んだ交点に軸穴を開ける、②大きめの穴を開け、そこにエポキシパテを詰めたところに軸を挿しパーツ同士を合わせて硬化するのを待つ、のどちらかでほとんどの場合はうまくいくと思います。

シリコーン型を使ったレジン成型では、原型の形状や複製のやり方によっては型の合わせ目=パーティングラインができないように複製することもできますが、大抵の場合は型を分割しているので、パーティングラインがパーツを1周しています。そこで、ヤスリやナイフを使ってパーティングラインの段差を処理します(処理の仕方はパーティングラインがある箇所の形状によるので、ここでは割愛します)。

塗装に関しては、模型用塗料で塗れますが、レジン製パーツはプラスチック製パーツと比べると比較的塗料の食いつきが弱いことがあるので、プライマーサーフェイサーで下地処理をするのが一般的です。なお、フィギュアのキットなどで、ピンク系の色のレジンで複製されたパーツ地を活かす塗装法(いわゆるサフレス塗装)の場合はサーフェイサーは吹きません。

レジンキャストキットは、離型剤の処理と接着剤の種類にさえ気をつければ、基本的にはプラモデルと同じような感覚で製作できます。パーツ数が少なめでむしろプラモデルより楽に作れるキットもありますのでぜひチャレンジしてみてください。■

▶多くのレジンキャストキットでは、パーツはムクの塊状態のものがバラバラになって入っています。とくにダボなどがないキットも多いので、自分で位置合わせをして金属線などで補強しながら作っていきます。整形の精度が高いキットほどパーティングラインの処理がしやすいのですが、成型の精度はキットによっていろいろなので、組み立ての難易度には非常にバラつきがあります

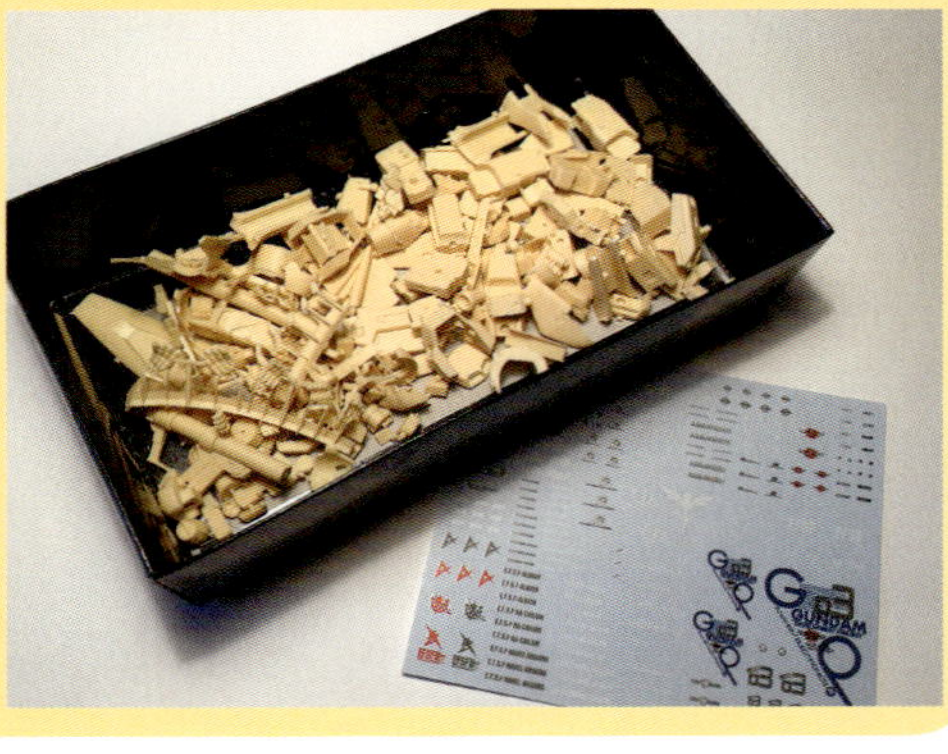

疑問!!

徹夜でプラモデルを完成させて次の日明るいところで見たら……何か違う！

展示会に完成品を持っていったら家で塗ったときと色が違う……!?

Q&A

質問その95 etc

早く完成した状態を見たくて徹夜で塗装作業を進め、一晩明けて明るいところでパーツを見たら、「ん!? なんだか色味がおかしいぞ？」という経験をされたことがないでしょうか？ あるいは家で製作した完成品を展示会に持っていって飾ったら、なんだか色味がヘン……。このような現象は光の「演色性」という性質によるものです。

物は光によって色が変わって見えます。塗装したときと同じ照明の下で見ているぶんにはとくに気にしなくてもいいのですが、製作場所と飾る場所の照明環境が異なる場合は注意が必要です。

照明の光を選ぶために絶対に知っておきたいのが「演色性」というキーワードです。同じ物体でも光源の光の波長によって色が変わって見えますが、このような光源の性質を演色性と言います。太陽光（基準光）で見たときを基準として色の見え方を比較する尺度として平均演色評価数というものがあり、太陽光で見たときを100として「Ra90」などと数値化されています。模型を塗装するときに使う照明用ライトでも、一般的に高演色と言われるRa90以上のライトを選ぶようにすると太陽光下で見た時との差が小さくなります。演色性が低いライト下で塗装して太陽光下に持っていくと色の鮮やかさや色味が大きく変わって見えますが、演色性が高いライト下で塗装をすれば太陽光下で見ても違和感が出にくいということになります。

一般的に入手しやすい照明では、白熱灯の演色性がもっとも高く、蛍光灯とLED照明は明るいかわりに演色性は低めのものが多い傾向があります。最近はLED照明も演色性が高いものが出てきましたので、それを選ぶのも良いでしょう。なお、「電球色」と銘打ったLEDライトや蛍光灯が多数販売されていますが、それらのほとんどはオレンジ系のフィルタをかけたり赤系の光源を足すことで色味を変えているだけなので、「電球色」だからといって白熱電球のように演色性が高いわけではありません。最近は差別化のためにRa値をパッケージに記載したりWebサイトでデータを公表するようになりましたので、照明を購入する際は確認して指標にしてください。

もうひとつ照明を選ぶ際に注意したいのがライトの「色温度」。これは光の色を数値で現すためのもので単位はK（ケルビン）です。おおざっぱに言うと色温度の数値が高いほど青っぽく、低いほど黄色から赤っぽく見えます。たとえば白熱灯やスタジオ撮影用のタングステンライトには演色性値がRa90や100といったものがありますが、これらは大抵色温度が低いです。色温度が低い＝赤っぽく見えるのに色の再現度が高い？ と思われるかもしれませんが、Ra値はあくまで8つ規定色における見え方の忠実度の指数を平均した値なので、色温度と関係ありません。また、撮影用ライトの色温度はカメラのフィルムの種類やデジタルカメラのホワイトバランスで合わせるため、適正に撮れば撮った写真が赤っぽくはなりません。しかし、これらの高演色光源で照らして肉眼で見ると、当然模型はやや赤みがかった暖色系に見えます。

晴天昼間の太陽光のように色温度が高くRa値が100に近く照度も高いという照明用ライトは残念ながらいまのところありません。つまるところ演色性と色温度のバランスで選ぶことになりますが、最終的には製作した模型をどのような光源下で見る（見せる）か、また見る側の好みも大きなファクターになってきますので、自分の展示スペースの照明や、イベントやコンテストに出品する場合なら会場のライティング環境に合わせてもいいでしょう。

まとめると、演色性が低い照明で作業していて演色性が高い照明のところに持っていくと発色などが悪く感じることはよくありますが、演色性が高い照明で作業しておけば、演色性が低い照明のところに持っていってもあまりヘボくなったようには見えません。できればなるべく演色性が高い照明下で塗装をするようにしましょう。■

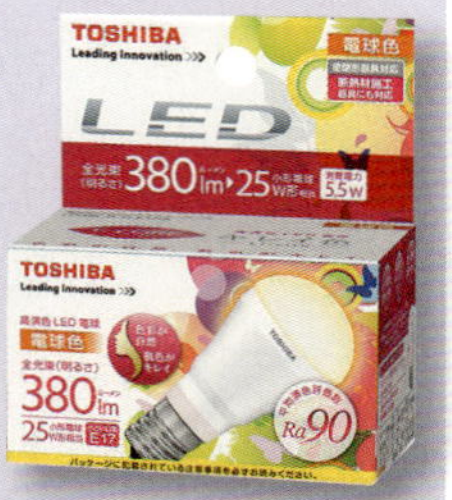

▲右が演色性が低い照明で御歌状態で、左が演色性が高い照明で見た状態。演色性が高い照明では赤などの色味がはっきりきれいに見えます。演色性が高い照明は、肉屋や生鮮食品店の照明などにも使われていますが、昨今は演色性を明示したLED照明も増えてきています。ひとつの基準はRa値が90を超えているものを選ぶことで、なかにはRa98などといった電球も販売されています

疑問!!

Q&A

模型を作るのがとても好きなので
できればこれでメシを食っていきたい!!

プロモデラーになりたいのですが、どうすればなれますか?

質問
その96

etc

雑誌の仕事などに関わっていると新人モデラーさんなどにときどき聞かれるのが、「どうやったらプロのモデラーになれるのですか？」という質問。もちろん資格のようなものがあるわけではなく、プロになるための道筋もあるようなないような感じなのですが、たしかなことが言える範囲でお答えしてみることにしましょう。

プロモデラーと言っても何か資格があったりするわけではないので、「小説家」とか「ミュージシャン」などと同じで自分が「プロモデラー」だと自称すればそうなのですが、一般的には雑誌などで作例を発表していたり完成品を販売して対価を得ていたり、商品原型を製作していたりすると「プロモデラー」ということになります。

ただ、正直なところを言うと、模型を作ることだけで生計を立てているプロモデラーは極少数と思われます。私もいちおう肩書きがいちおうプロモデラーということになっていますが、模型製作以外の原稿執筆や企画参加の比重のほうが大きかったりします。雑誌作例だと制作費は数万円から10万円程度ですので、ひとつの製作にかかる時間を考えると、それだけで生計を立てるのは難しいものがあります。

私の知っている範囲でプロモデラーとして生計を立てている方のほとんどは、商業原型師か、雑誌やネット上に作品を発表する傍ら完成品を販売したり工具ブランドを立ち上げたり、というような活動を平行して行なっていたりします。なかにはプラモデルメーカーで完成例を製作するというような仕事もありますが、プラモデルメーカーは数が少ないですのでかなり限られた人しか従事できないでしょう。

キットを作って完成品を販売するような業態に関しては、現在はなかなか厳しい状況になってしまいました。'90年代くらいまでは、いまほど完成品がなかったため、ガレージキットを製作したりプラモデルを改造して作り込めば比較的高価に売れました。それで生計を立てるのも比較的やりやすかったのですが、近年は完成品の数が豊富なうえにクオリティーが高くなってしまったので、商売としてやる場合は数をこなさないといけない状況になっています。比較的完成品が手薄なジャンルとしては艦船模型や怪獣系が挙げられますが、ひとつ製作して数十万、というようなケースはレアになってきていると思います。

原型製作の仕事に関しては、ベンダートイや携帯ストラップなどまで含めれば世のなかに立体物／模型が溢れている時代なので仕事の数自体は多いと思われますが、発注者の意図に沿ったものをいちから製作することが前提なので、高い工作スキルと相応のコミュニケーション力が必要になります。また、近年はＰＣ上で３Ｄデータで造形されることも多いので、そちらの知識が求められる場合もあるでしょう。

ではどうやってプロモデラーになるかですが、初めに書いたとおり資格があったりするわけではないのでケースバイケースです。多くの場合は持ち込みやブログ／ＳＮＳ、模型サークル経由で雑誌作例モデラーになったり、ワンダーフェスティバルのような即売会系イベントでキットを販売／展示するところからプロになる方が多いです。

とくに原型師になりたい場合、即売会系イベントは模型メーカーも多数参加していて、担当者が新人発掘に目を光らせていたりもします。イベント会場でメーカー担当者の目に留まる物を発表すればそこで声をかけられることがあると思います。

また、大手老舗プラモデルメーカー以外の模型メーカーや模型雑誌は、表立って募集をしていなくても常に腕がいいモデラーを探していますので、恐れずに持ち込みをしてみるのもいいでしょう（持ち込みをする際は事前の問い合わせを忘れずに）。仮に採用されなかったとしても、仕事の内容や条件を具体的に聞くことができたり、自分の模型技術に足りないところがはっきりしたりしますので、プロを目指しているなら損はしないと思います。■

疑問!!

なんとなくはわかるんだけど……
どうすればスケール感が出せる？

模型雑誌によく書いてある「スケール感」ってどういうことですか？

Q&A

質問その97 etc

「スケール感」という言葉は便利な言葉で、縮尺模型のリアリティーをひと言で言い表せてしまうためいろいろな場面で使われますが、そのスケール感を生み出している要因にはさまざまなものがあります。たとえばフチを薄くする工作から空気感を演出する塗装法まで、スケール感を生み出すさまざまな要因について考えてみましょう。

模型雑誌の記事にはよく「スケール感」という言葉が使われています。一般的にはスケール感と言えば「大きいと感じさせる」ことを言う場合が多いようですが、模型で言うところのスケール感は、「実物が大きいものであることを感じさせる」ことから転じて「縮尺模型としてのリアリティー」のことを言っている場合がほとんどです。

縮尺模型としてのリアリティーとは、「小さい模型なのに実物をよく再現して見える」ということで、そこには大きく分けるとふたつの重要な要素があるように思います。ひとつはディテールの細密さと実物の再現度の高さ、そしてもうひとつは実物を見たときの雰囲気や見え方の再現度の高さです。

縮尺模型は実物を小さく縮めて再現したものです。1／100なら1mを1㎝にするわけですが、プラモデルの場合はいろいろな制約があるため、なかなか実物の寸法を完全に縮尺することはできません。

まずはパーツの厚さや細さ。プラモデルのパーツはあまり薄いと強度がなくなったり成型できなかったりするので、薄いものでも1㎜程度の厚みが必要です。すると、たとえば1／48の1㎜は実物の4・8㎝に相当しますので、それ以下の厚さは再現しにくいです。キットではパーツのフチを斜めに落とすなどで薄く見えるように工夫されていたりしますが、それでも限界があります。パネルラインを模したスジ彫りは、1／48の模型で幅0・5㎜だったとしても実物では2・4㎝。パネルの隙間がかなり空いていることになってしまいます。そこで、このような縮尺上の正確な寸法とパーツの寸法の差をなるべく近づけるようにするとスケール感が出せます。具体的には、フチを薄くする、エッジをシャープに立てる、スジ彫りを細く彫り直す、細いところを尖らせるというような工作をします。

また、プラモデルでは大きさ的な制限やコスト的な制限により実物のディテールが一部省略されていることがよくあるので、そういったところを縮尺寸法にのっとって追加することでも再現度が上がります（一般的にディテールアップと言います）。ただし、何もかも再現するのは難しく工作の精度が落ちると逆にスケール感を損なうこともあります。実物のパネルラインは段差があるだけで隙間はなかったりして、厳密に縮尺するならスジ彫りはおかしいということになりますが、スジ彫りにすることで模型に密度感が出せるというようなこともあります（こういうアレンジを「模型的ディフォルメ」と言ったりします）ので、スケール感を出すには再現するところとしないところのメリハリが重要になります。

もうひとつ実物を見たときの雰囲気を再現するうえで重要な要素は、「模型を見る距離感」でしょう。1／48の模型を30㎝離れたところから見るとき、縮尺で換算すると実物を14・4m離れたところから見ているのと同じことになります。ぴんとこないという方は14m離れて戦闘機や車やビルを見てみてください。間に空気があると、全体の彩度が落ちたり白っぽくなって色同士が馴染んで見えるはずです（こういう見え方の効果を利用した絵画のテクニックを空気遠近法／色彩遠近法と言います）。また、離れるとツヤが消えて見えたり、好天野外であれば空の色が移って全体が青みがかることもあります。こういった見え方を模型の塗装に盛り込むことで縮尺模型の見え方のリアリティーを上げることができます。模型にツヤ消しコーティングをしたりウォッシング／フィルタリングをすると、全体が白っぽくなったり彩度が落ち着いたりツヤが整ったりするので、実物を野外で見ている雰囲気に近づけることができます。■

▶スケール感を出すための第一歩は、実物で薄いところや抜けているところをそのように再現してみること。プラスチックパーツの厚みがそのまま見えてしまっていると、いかにもプラモデルとしか見えません。また、近い物は色が鮮やかに、遠い物は彩度が落ちて白っぽく見えますが、塗装の味付けとして彩度を少し落としたり全体を白っぽくしたりすると、実際に模型を見ている距離感以上の距離感を演出できてスケール感が出せます

疑問!!

最近のプラモデルは高すぎて買えない!?
昔は半額ぐらいだったような気が……

昔はもっと安かったのに なぜ近年のプラモデルは高価なのですか?

Q&A

質問 その98

etc

模型雑誌上でもネット上でも「プラモデルは高価になってしまった」というような言説を目にすることがよくあります。たしかに20年前のプラモデルは数千円ぐらいでしたが、いまは1万円を超えるようなキットはザラです。ここだけを見るとプラモデルは2倍以上に高くなってしまったように思えますが、はたしてそうでしょうか?

プラモデルの価格はスケール（大きさ）やパーツ数、エッチングパーツなどのオプションパーツ類が含まれているかどうかで変わってきますが、いまだと、20～30㎝大のそのジャンルのメインとなるスケールで4000円～6000円くらいが相場といったところでしょうか。私はアラフォーですが、私が子供だったころのプラモデルはたしかに2000円くらいまでのものがメインだったような記憶があります。このような価格だけを見るとプラモデルは数倍高くなってしまったように感じます。しかしよくよく考えてみると、プラモデルはむしろ安くなってきているのではないか、というのが現時点での私の答えです。その根拠を説明してみることにします。

まずはじめに、なぜプラモデルには安いイメージがあるのでしょうか。

プラモデルは特異なマスプロダクツです。いまでも40年以上前の製品が価格もほぼ同じで普通に売られていたりします。モデラーはこれら旧製品と新製品の価格をついそのまま比べてしまいがちなため、「新製品は高くなった」という印象になるように思われます。この数十年間の間、価格が低いままの旧製品が売られ続けてきたため、このような状況はずっと続いてきました。

近年デフレなどと言われて忘れがちですが、'80年と比べると日本の平均物価は1・3倍以上に上がっています（'15年を100とした消費者物価指数で'80年は74・47）。また、大卒初任給で比べると、'80年の平均初任給は12万円足らず、いっぽう'15年は20万円を超えていて1・66倍になっています。単純に平均して考えると、'80年の価格を現在にあてはめるなら1・5倍相当になりますし、'70年代の商品であれば2倍くらいにして比較するのが順当なところでしょう。そうやって考えると、私が子供だったころに2000円くらいだったプラモデルが現在倍の4000円であれば、実質的には価格はほぼ変わっていないことになります。横に昔の価格のキットが並んでいると高くなったように感じてしまいますが、それは昔のキットが「安くなった」のであって、「新しいキットが高くなった」というのはおかしいように思われます。

先述した物価の換算だけだと、高くなっていないだけで安くもなっていない、ということになりますが、忘れてはいけない要素がさらにいくつかあります。

そのひとつが原油価格。プラモデルはプラスチック製ですので、原材料は原油あるいは原油精製品です。'79年の第二次オイルショックで原油価格が高騰、などと言ってもせいぜい1バレル／40ドル程度でしたが、'00年代に入ってからは1バレル／100ドルを超えるような状況となりました。そのぶんは当然価格に上乗せされることとなりますが、先述したように物価比で「高くなっていない」ので、これは実質的には値下げされているのと同じと言えます。

また、プラモデルの質の変化も忘れてはいけません。現在のプラモデルは精密化が進み、パーツ数が増えたりエッチングパーツなどが同梱されているのも普通となりました。'70～'80年代のキットと見比べれば一目瞭然ですが、パーツ数だけで言っても昔の倍くらいになっている製品が珍しくありません。これも実質的な値下げと言ってよいでしょう。また、海外メーカーが増えましたが、海外からの輸送料や為替の差分がそのまま高くなっているとも言い難いです。

4000円～という価格をどう捉えるかは最終的にはモデラー各人の感覚ですが、ひとつのキットをじっくり作れば1カ月以上楽しめるプラモデル、私は決して高くないと思うのですがいかがでしょうか? ■

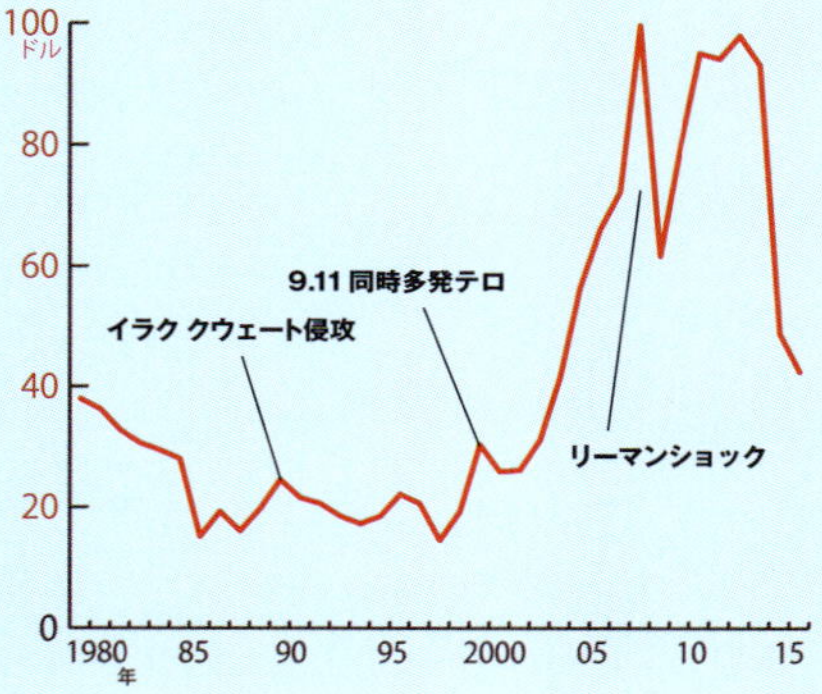

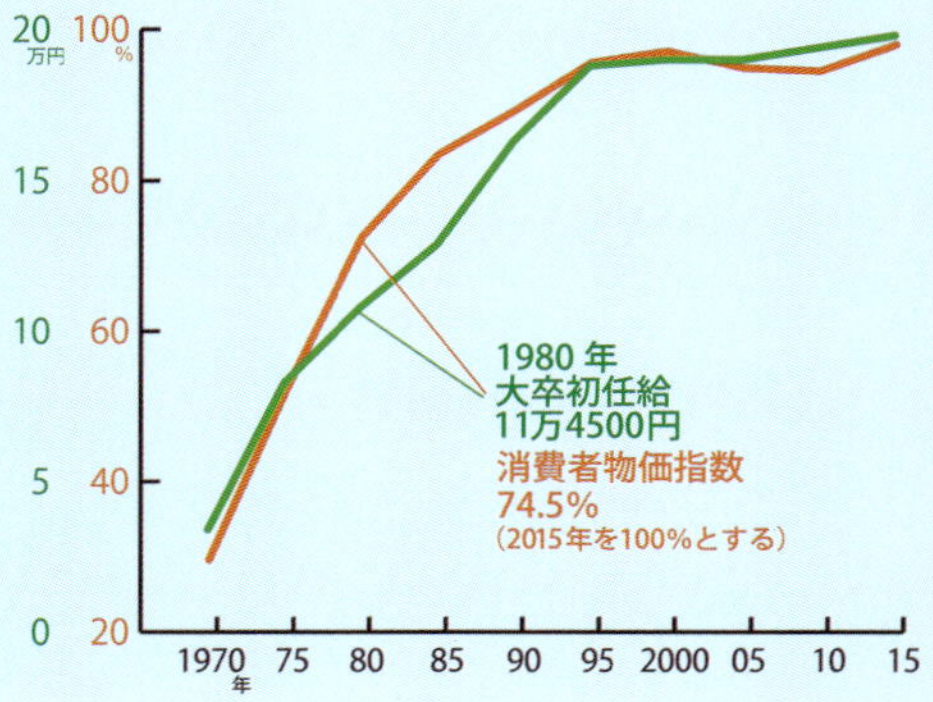

疑問!!

ほんのちょっとした違いなんだから
すぐにバリエーションキット化できるような……

Q 少し変えればできるバリエーションのキットがなかなか発売されないのはなぜ？

質問その99

etc

プラモデルの発売サイクルはなかなか長いです。発売告知からキット発売まで１年待ったなんてこともよくあります。たしかに新規開発のキットは主剤から設計までいろいろと大変そうですのでこれくらいかかってしまうのもわからなくはないのですが、ちょっと変わるだけのバリエーション機もなかなか発売されないのはなぜなのでしょうか？

&A

実物の兵器には、基本形は同じで各部がほんの少しずつ違っているバリエーションがたくさんあったりします。モデラー側からすると、「違いはほんのちょっとなのだから、いまどきCADで設計しているのだし、データをコピーして既存キットに変更を加えてどんどんバリエーションキットとして発売してくれればいいのに……」と思ってしまうかもしれませんが、実際にはバリエーションキットはなかなか発売されなかったりします。これはなぜなのでしょうか?

プラモデルは金型でパーツを成型しますが、この金型は彫るのに非常にコストがかかります。もちろん金型の大きさやパーツ形状でコストは変わりますが、パーツ数が少ない小さめの金型ひとつでも数百万くらいからで、ランナーが数枠以上ある一般的なプラモデルひとつぶんとなると数千万円を越えるようなオーダーになるそうです。そのうえ、金型には償却するまでの年数固定資産税がかかりますし、保管する場所代、メンテナンスにも費用がかかります。もちろんプラモデルを発売するのにかかるコストは金型代だけではありません。組み立て説明書とパッケージを新しくするとそれにもコストがかかりますし、メーカーの人件費もそこに上乗せされます。形状が9割方同じで仮に設計データの大半を流用でき、そこにほとんどコストがかからなかったとしても、新たなプラモデルを発売するということは、メーカーにとってはかなりの額の投資をするということなのです。

マーキングのみを変えたいわゆる「デカール変え」のバリエーションキットはわりと短いスパンで発売されますが、これは金型を新規に作らないですむからです。ちなみに、こういったデカール変えキットのパッケージが実物写真である例が多いのも、パッケージにかけるコストを下げることでよりキットを発売しやすくするためでしょう（大抵の場合、イラストを新規に描き下ろすより実物写真のほうがコストをかけないで用意できます）。また、一部だけレジンパーツが入っているバリエーションキットもありますが、これも金型を起こさないことでコストをかけずにバリエーション展開を充実させるための工夫です。プラモデルとレジンキャストキットではレジンキャストキットのほうが高価ですが、それはプラモデルの生産数が圧倒的に多い場合で、それほど販売数が見込めないマイナーなバリエーションキットだと、金型を起こすことと比べて数点のレジンパーツを作り起こすほうがコストが格段に下げられます。

それなら、共用部分を作って部分的に金型を差し替えて細部の違いを再現すればいいのでは?　と思われるかもしれません。実際、バリエーション展開に対応すべく共用ランナーにバリーションによって違うランナーを組み合わせることで細部の違いを再現しているキットもあります。ただ、これもそんなに簡単な話ではありません。いろいろなバリエーションに対応できるようにとどんどんパーツを分割していくと、パーツ数が増えてコストが増えるのと同時に、非常に組みにくいキットになってしまいます。金型のごく一部を入れ替えるという方法もありますが、金型が複雑になるうえに、一体で彫られた金型で成型されたパーツと比べると段差ができてしまったりして、結局製作の際にその処理に手間がかかってしまったりすることもあります。なかにはタミヤの1／72零戦シリーズのように、あらかじめ周到に練り込まれたパーツ構成とランナー組み替えによりバリエーションキット化をみごとに成功させている例もあるにはありますが、プラモデルのバリエーション展開は意外と難しいものなのです。■

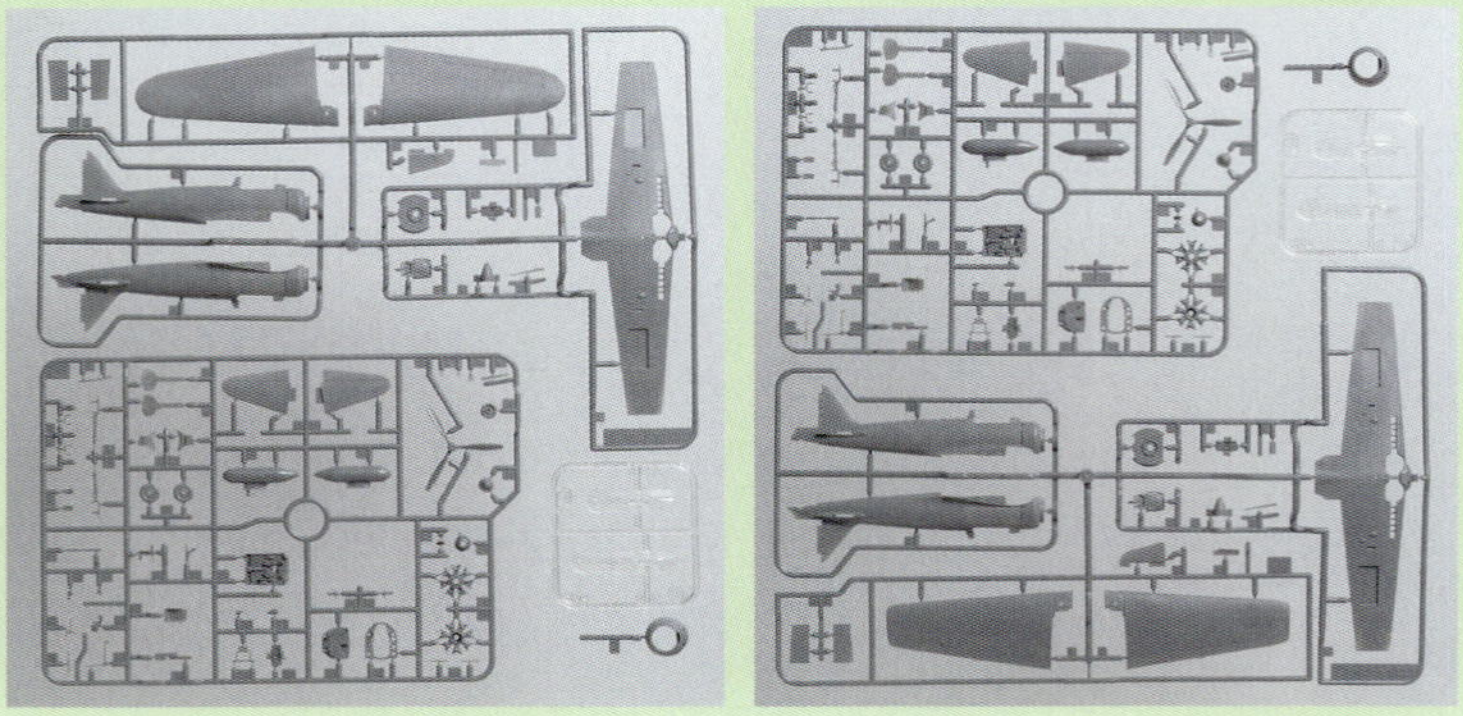

▶タミヤの1/72零戦は二一形、二二型、三二形、五二型のバリエーションが比較的短いスパンで発売され、各型の作り分けもばっちりですが、その秘密はランナーを見ればわかります。各型によって変更や入れ替えされるパーツ／ランナーがあらかじめ緻密に計算され、最小限の金型でバリエーションのランナーが作れるように工夫されています。ここまでやらないと再現度が高く組みやすいバリエーション機の展開は難しいということを表すひとつの例と言えます

疑問!!

1/12、1/24、1/32、1/48、1/60、1/72、1/100……なんでこんなに種類があるの!?

Q ジャンルによってスケールが異なったり1/43など中途半端なのはなぜですか？

質問その100 etc

プラモデルやレジン／メタルキットのスケールにはかなりいろいろなものがあります。日本人からすると1/24、1/48、1/100、1/144あたりはまだ理解できるのですが、1/43とかとか1/87とかになってくると「なぜそんな中途半端なスケールにするの？」と思ってしまいます。ここでは奥深い"縮尺"の世界を探ってみることにしましょう。

&A

プラモデルの発祥は、1936年にイギリスのフロッグが発売したフロッグ・ペンギンシリーズとされていますが、これはそれまでにあったソリッド模型の1／72というスケールを引き継いでいました。この1／72というスケールは、1フィート＝12インチのヤード・ポンド法を元にしたもので、6フィートを1インチに換算すれば1／72になります。また、2フィートを1インチに換算すれば1／24、4フィートを1インチに換算すれば1／48、12フィートを1インチに換算すれば1／144となります。また、ミニカーによくある1／18は、1ヤードを2インチに縮尺したものです。その後レベルなどもこのヤード・ポンド法を元にしたスケールを踏襲したために、スケールプラモデルでは12進法のスケールが世界規格となっていきました。

このように、イギリス、アメリカなどのヤード・ポンド法の国では12進数での寸法計算が一般的ですが、10進法のメートル法を採用しているフランスのメーカー、エレールなどからは1／100、1／50といったスケールでプラモデルが発売されます。同様にメートル法を採用する日本でも、昔は1／100や1／200のスケールモデルが多く販売されていました。

さて、ここから話がややこしくなってくるのですが、模型のスケールを把握するうえで忘れてはいけないのが鉄道模型。ドイツやイギリスを中心にプラモデルよりずっと古くから楽しまれてきた鉄道模型ですが、鉄道模型はスケールの基準が基本的に線路幅になっています。たとえば日本でも一般的なNゲージは、「線路幅（軌間）9㎜の規格」で9＝Nineの頭文字Nを取ったものです。なお、実際のスケールは1／148～160。幅があるのは国などによって軌間が異なるため。このスケールの幅が鉄道模型をややこしくしているのですが、この話は長くなるのでここでは割愛します。

さて、このような鉄道模型で基準となっているゲージが1番ゲージ、Oゲージ（O番ゲージ）、HOゲージ（16番ゲージ）。なお、HOとは「ハーフ・オー（Half O）＝Oゲージの半分の大きさ」という意味です。1番ゲージは軌間45㎜、Oゲージは軌間32㎜、HOは軌間16・5㎜で、それぞれNゲージ同様にスケールに幅がありますが、その代表的なスケールがそれぞれ1／32、1／43（1／45）、1／76（1／87）となります。このなかから、鉄道模型のアクセサリーとして作られたミニカーの1／43、大型航空機モデルの1／32などが日本では一般化しました。フジミの1／76AFVモデルや1／87建築用重機模型など、鉄道模型由来のスケール模型は数多くあります。

ここまでは一定のルールに基づいてスケールが先に決まっているパターンですが、模型の大きさありきでスケールが決まっていることも結構あります。

以前よく見られたのが「箱スケール」と呼ばれるようなキットで、商品価格の統一や流通の便からキット箱の大きさを先に決め、それに応じてスケールを割り出しているというものです。そのためシリーズ内でスケールがまちまちだったり、レベルの1／426のように中途半端な数になっていることもあります。近年は縮尺再現の厳密化やラインナップの拡充による同スケールでのコレクション性が重視されるようになってきたため、箱スケールの新製品というのはほとんど見られなくなりました。

また、箱を基準にするのに近い決め方で、ジャンルのメインとなる模型の大きさを20～30㎝大にして、模型の大きさから縮尺を割り出しているパターンもあります。20～30㎝大の模型は、人の眼で見たときに精密感とボリューム感のバランスが良く、小さすぎないので作り込みやすく、しかも大きすぎないのでコレクションにも適しているというほどよい大きさです。この「20～30㎝大」という模型としてほどよい大きさから割り出されているのがガンプラの1／100、艦船の1／700などです（なおガンプラの1／144は、スケールモデルの1／144を基準にしたわけではなく、1／100に対して「小モデル」として設計したものを計測したところ、たまたまほぼ1／144だったから、というのが理由のようです。1／60も同様）。

AFVモデルの1／35やF1モデルの1／20もそのジャンルを代表する20～30㎝大模型ですが、これらが1／32と1／24ではなく1／35と1／20になったのにはもうひとつ要因があります。それはモーター。これらのスケールが決められた当時は、主力となるプラモデル商品はモーターライズが当然でした。製品のモーターはマブチなどOEMのものを使うため自由に大きさを設計することはできません。モーターとギアボックスから逆算して作られたプラモデルのスケール近似値がのちに1／35と1／20として確立された、ということのようです。

最後に、フィギュアに特有の1／6というスケールは12インチ大フィギュアに由来します。12インチは30・48㎝。定かではありませんが、先述の「20～30㎝大」ということなのでしょう。G－ジョーやバービーなどがこの12インチ大ですが、海外のフィギュアは12インチ、8インチ、6インチ、4インチといった数値が大きさの基準になっていることが多いです。ちなみに、『スター・ウォーズ』のフィギュアで一般化した3・75インチ＝約10㎝大というサイズは、開発時にスタッフが親指と人差し指を拡げて示した幅が元になっているとか……。■

いまさら聞けない!?
プラモデル製作
Q&A

いまさら聞けない!?
プラモデル製作
Q&A

著●森 慎二
協力●モデルグラフィックス編集部
アーマーモデリング編集部

発行日 2017年2月30日 初版第1刷

発行人／小川光二
発行所／株式会社 大日本絵画
〒101-0054 東京都千代田区神田錦町1丁目7番地
URL; http://www.kaiga.co.jp

編集人／市村 弘
企画／編集 株式会社アートボックス
〒101-0054 東京都千代田区神田錦町1丁目7番地
錦町一丁目ビル4階
URL; http://www.modelkasten.com/

印刷・製本／大日本印刷株式会社

内容に関するお問い合わせ先: 03(6820)7000（株）アートボックス
販売に関するお問い合わせ先: 03(3294)7861（株）大日本絵画

Publisher/Dainippon Kaiga Co., Ltd.
Kanda Nishiki-cho 1-7, Chiyoda-ku, Tokyo 101-0054 Japan
Phone 03-3294-7861
Dainippon Kaiga URL; http://www.kaiga.co.jp
Editor/Artbox Co., Ltd.
Nishiki-cho 1-chome bldg., 4th Floor, Kanda
Nishiki-cho 1-7, Chiyoda-ku, Tokyo 101-0054 Japan
Phone 03-6820-7000
Artbox URL; http://www.modelkasten.com/

ISBN978-4-499-23205-0